Schwerpunkte Mansdörfer • Klausurenkurs im Strafprozessrecht

Klausurenkurs im Strafprozessrecht

Ein Fall- und Repetitionsbuch
für Studierende und Referendare

von

Prof. Dr. Marco Mansdörfer

ord. Universitätsprofessor an der Universität des Saarlandes
Direktor des Instituts für Wirtschaftsstrafrecht, Internationales und Europäisches
Strafrecht (WIE) an der Universität des Saarlandes

2., neu bearbeitete Auflage

Bibliografische Information der Deutschen Nationalbibliothek

Die Deutsche Nationalbibliothek verzeichnet diese Publikation in der Deutschen Nationalbibliografie; detaillierte bibliografische Daten sind im Internet über <http://portal.dnb.de> abrufbar.

Print: ISBN 978-3-8114-9087-1
ePub: ISBN 978-3-8114-9103-8

E-Mail: kundenservice@cfmueller.de
Telefon: +49 6221 1859 599
Telefax: +49 6221 1859 598

www.cfmueller.de

Satz: TypoScript, München
Druck: CPI books, Leck

Vorwort zur 2. Auflage

Lassen Sie mich an dieser Stelle zunächst Ihnen, liebe Leserinnen und Leser der 1. Auflage, ganz herzlich für die freundliche Aufnahme dieses Klausurenkurses in Ihr Ausbildungsprogramm danken. Ihr reges Interesse hat uns angespornt, die Darstellungen komplett zu überarbeiten und uns in verschiedenen Details nochmals zu verbessern. Mitarbeiterinnen und Mitarbeiter des Lehrstuhls haben in der nun 2. Auflage neben der studentischen Perspektive auch den spezifischen Blick eines Rechtsreferendars verstärkt eingebracht. Wir haben den Adressatenkreis daher ausdrücklich auf diese Personengruppe erweitert.

Tatsächlich war es nach Ablauf von vier Jahren aber auch notwendig, die inhaltlichen Ausführungen an verschiedene Gesetzesänderungen anzupassen und auf den neuesten Stand zu bringen. Wo sich Gesetzesänderungen abgezeichnet haben, aber bei Redaktionsschluss noch nicht in Kraft waren, haben wir auf diese Rechtsentwicklung und ihre möglichen Auswirkungen auf die Falllösung hingewiesen und eine alternative Lösung auf Basis der aktuellen Gesetzesentwürfe verfasst. Zugleich haben wir die Gelegenheit genutzt, den Klausurenkurs um ein Vertiefungsverzeichnis und zwei weitere Fälle zu ergänzen. Die neuen Fälle 19 und 20 sind Originalfälle aus dem Staats- bzw. Schwerpunktbereichsexamen, die mit dem Einverständnis der Prüfungsämter übernommen wurden. In der Summe behandelt das Buch jetzt 40 Standardprobleme aus dem Strafverfahrensrecht.

Für die Erstellung der Endfassung des Klausurenkurses bedanke ich mich bei meinem gesamten Lehrstuhlteam. Namentlich zu erwähnen sind meine Mitarbeiterinnen *Lea-Marie Berzl, Julia Kreutz* und *Sara Procopio.* Besonders hervorzuheben ist meine langjährige Assistentin Frau *Dr. Christina Ost.*

Die Erfahrung lehrt, dass trotz aller Mühe immer wieder kleine Fehler oder Unklarheiten bestehen bleiben. Für Anregungen seitens der Leserinnen und Leser habe ich gerne ein offenes Ohr ebenso wie für die Anregungen der Studierenden, die ich in der Vorlesung persönlich betreuen kann. Rückmeldungen erbitte ich an meine Lehrstuhl-Email: lehrstuhl.mansdoerfer@mx.uni-saarland.de.

Saarbrücken im Juni 2024 *Marco Mansdörfer*

Vorwort

Der vorliegende Klausurenkurs wendet sich an Studierende im Grund- oder Schwerpunktstudium sowie Referendare und soll helfen, das in der Vorlesung oder in der Referendarausbildung abstrakt erworbene Wissen zum Strafverfahrensrecht in eine gut strukturierte Falllösung umzusetzen. Angesprochen sind damit Studierende ab dem 4. Fachsemester. Die Umsetzung des abstrakten Wissens in eine konkrete Fallbearbeitung ist im Strafverfahrensrecht oft deshalb schwierig, weil Defizite in frühen Phasen des Ermittlungsverfahrens oft erst in der Hauptverhandlung oder im Rechtsmittel effektiv gerügt werden können. Anstelle eines einfachen Prüfungsschemas, das auf alle Fälle angewendet werden könnte, sind von der Haftbeschwerde über den Beweisantrag bis zur Revision vielfältige Einzelkonstellationen zu unterscheiden. Der Klausurenkurs zum Strafverfahrensrecht soll den Studierenden – ähnlich wie die entsprechenden Klausurenkurse zum materiellen Strafrecht – in die Lage versetzen, sich relativ schnell von einem Rechtsanwender ohne jedes Spezialwissen zu einem sicheren Kenner der Dogmatik des Strafverfahrensrechts und seinen Bezügen zum materiellen Strafrecht zu entwickeln. Am Ende soll es dem Studierenden gelingen, strafprozessuale Fragestellungen im Schwerpunkt- oder Pflichtfachexamen mühelos zu meistern.

Alle 18 Fälle sind in den letzten 10 Jahren in meinen eigenen Lehrveranstaltungen an der Universität des Saarlandes zur Vorbereitung auf die in der dortigen Prüfungsordnung vorgeschriebene Abschlussklausur getestet worden. Dabei sind alle Anregungen der Studierenden aufgegriffen worden und waren Anlass, einzelne Lösungen entsprechend zu überarbeiten oder noch klarer zu fassen. Die insgesamt 37 behandelten Problemkonstellationen sind durchaus gängig und müssen von Studierenden als „Standardprobleme" beherrscht werden. Der Klausurenkurs deckt gleichwohl nicht alle Probleme des Strafverfahrensrechts ab und kann die ergänzende Arbeit mit einem Lehrbuch bzw. den Besuch der Vorlesung nicht ersetzen. Die Lösungen weisen im Einzelnen ein recht hohes Niveau auf und sind in den höchsten Notenbereichen anzusiedeln. Der Studierende sollte sich also nicht entmutigen lassen, wenn er eine solche Lösung auf Anhieb nicht erstellt hätte. Der Studierende sollte aber am Ende in der Lage sein, ähnliche Fallkonstellationen entsprechend strukturiert und argumentativ zu lösen. Wer einen Problemkreis weiter vertiefen möchte, findet am Ende jeder Falllösung Hinweise auf ähnliche oder weiterführende Problemkonstellationen.

Für die Erstellung der Endfassung des Klausurenkurses bedanke ich mich bei meinem jeweils wechselnden Lehrstuhlteam und meiner immer freundlichen Sekretärin *Elke Völker*. Namentlich zu erwähnen sind insbesondere meine Mitarbeiterinnen und Mitarbeiter *Christina Ost*, *Victoria Voelker*, *Lisa Waldner*, *Lars Rojan* und *Adrian Wagner*. Besonders hervorzuheben ist aber mein langjähriger Assistent *Sebastian Kleemann*: Ohne seinen administrativen und fachlichen Einsatz wäre das Buch in dieser Form nicht erschienen. Lieber Herr *Kleemann*, Ihnen alles Gute auf Ihrem weiteren Lebensweg!

Herrn Professor *Werner Beulke* gilt mein Dank für die freundliche Unterstützung bei der Aufnahme des vorliegenden Buchs in die Reihe *Schwerpunkte Klausurenkurs*.

Die Erfahrung lehrt, dass trotz aller Mühe immer wieder kleine Fehler oder Unklarheiten bestehen bleiben. Für Anregungen seitens der Leserinnen und Leser werde ich ein entsprechend offenes Ohr haben wie für die Anregungen der Studierenden, die ich in der Vorlesung persönlich betreuen kann. Rückmeldung erbitte ich an meine Lehrstuhl-Email: lehrstuhl.mansdoerfer@mx.uni-saarland.de.

Gewidmet ist dieser Band meinem Sohn *Phil Xaver*, den wir in der heißen Phase der Entstehung dieses Buches in unserer Familie begrüßen durften.

Saarbrücken/Herbolzheim im April 2020 *Marco Mansdörfer*

Inhaltsverzeichnis

Aufbauvorschläge

Literaturverzeichnis

BeckOK-StGB/*Bearbeiter* § Rn.	*Bernd, v. Heintschel-Heinegg (Hrsg.)*: BeckOK-StGB, 60. Edition, Stand: 1.2.2024, München 2024.
BeckOK-StPO/*Bearbeiter* § Rn.	*Graf, Jürgen-Peter (Hrsg.)*: BeckOK StPO mit RiStBV und MiStra, 51. Edition, Stand 1.4.2024, München 2024.
Beulke/Swoboda Rn.	*Beulke, Werner; Swoboda, Sabine*: Strafprozessrecht, 16. Auflage, Heidelberg 2022.
Eisenberg Rn.	*Eisenberg, Ulrich*: Beweisrecht der StPO, Spezialkommentar, 10. Auflage, München 2017.
Engländer Rn.	*Engländer, Armin*: Examens-Repetitorium Strafprozessrecht, 11. Auflage, Heidelberg 2022.
Fischer § Rn.	*Fischer, Thomas*: Strafgesetzbuch mit Nebengesetzen, 71. Auflage, München 2024.
FS Fischer	*Barton, Stephan (Hrsg.); Eschelbach, Ralph (Hrsg.); Hettinger, Michael (Hrsg.); Kempf, Eberhard (Hrsg.); Krehl, Christoph (Hrsg.); Salditt, Franz (Hrsg.)*: Festschrift für Thomas Fischer, 1. Auflage, München 2018.
FS Heinitz	*Lüttger, Hans (Hrsg.); Blei, Hermann (Hrsg.); Hanau, Peter (Hrsg.)*: Festschrift für Ernst Heinitz zum 70. Geburtstag, Berlin 1972.
FS v. Heintschel-Heinegg	*Gierhake, Kathrin (Hrsg.); Bockemühl, Jan (Hrsg.); Müller, Henning Ernst (Hrsg.); Walter, Tonio (Hrsg.)*: Festschrift für Bernd von Heintschel-Heinegg zum 70. Geburtstag, München 2015.
G/J/T/Z/*Bearbeiter* § Rn.	*Gercke, Björn (Hrsg.); Julius, Karl-Peter (Hrsg.); Temming, Dieter (Hrsg.); Zöller, Mark A. (Hrsg.)*: Strafprozessordnung, 7. Auflage, Heidelberg 2023.
Graf/*Bearbeiter* § Rn.	*Graf, Jürgen-Peter (Hrsg.)*: StPO, Strafprozessordnung mit Gerichtsverfassungsgesetz und Nebengesetzen, Kommentar, 4. Auflage, München 2021.
Gröpl/Guckelberger/Wohlfarth § Rn.	*Gröpl, Christoph; Guckelberger, Annette; Wohlfarth, Jürgen*: Landesrecht Saarland, Studienbuch, 4. Auflage, Baden-Baden 2023.
Grünwald S.	*Grünwald, Gerald*: Beweisrecht der Strafprozessordnung, Baden-Baden 1993.
Heinrich/Reinbacher P. Rn.	*Heinrich, Bernd; Reinbacher, Tobias*: Examinatorium Strafprozessrecht, 2. Auflage, Baden-Baden 2017.
Hellmann Rn.	*Hellmann, Uwe*: Strafprozessrecht, 2. Auflage, Heidelberg 2006.
Joecks/Jäger § Rn.	*Joecks, Wolfgang; Jäger, Christian*: StPO mit Nebengesetzen, Studienkommentar, 5. Auflage, München 2022.
Kindhäuser/Schumann § Rn.	*Kindhäuser, Urs; Schumann, Kay*: Klausurtraining, Strafrecht, Fälle und Lösungen, 5. Auflage, Baden-Baden 2022.
KK-StPO/*Bearbeiter* § Rn.	*Hannich, Rolf (Hrsg.)*: Karlsruher Kommentar zur Strafprozessordnung mit GVG, EGVG und EMRK, 9. Auflage, München 2023.
Krey/Heinrich Rn.	*Krey, Volker (Begr.); Heinrich, Manfred (Fortg.)*: Deutsches Strafverfahrensrecht, Studienbuch in systematisch-induktiver Darstellung, 2. Auflage, Stuttgart 2019.

Lackner/Kühl/Heger/*Bearbeiter* § Rn. — *Lackner, Karl (Hrsg.); Kühl, Kristian (Hrsg.); Heger, Martin (Hrsg.)*: Strafgesetzbuch Kommentar, 30. Auflage, München 2023.

LK-StGB/*Bearbeiter* § Rn. — *Gillmeister, Ferdinand (Hrsg.); Grünewald, Anette (Hrsg.); Hilgendorf, Eric (Hrsg.)*: Leipziger Kommentar Strafgesetzbuch: StGB, Band 19, §§ 331-358, 13. Auflage, Berlin/Boston 2024.

LR-StPO/*Bearbeiter* § Rn. — *Becker, Jörg-Peter (Hrsg.); Erb, Volker (Hrsg.) Esser, Robert (Hrsg.); Graalmann-Scheerer, Kirsten (Hrsg.); Hilger, Hans (Hrsg.); Ignor, Alexander (Hrsg.)*: Löwe-Rosenberg, Die Strafprozessordnung und das Gerichtsverfassungsgesetz, Großkommentar
Zweiter Band, §§ 48 – 93, 27.flage, Berlin/Boston 2017.
Dritter Band, Teilband 1, §§ 94 – 111a, 27. Auflage, Berlin/Boston 2019.
Vierter Band, Teilband 1, §§ 112 – 136a, 27. Auflage, Berlin/Boston 2019.
Fünfter Band, §§ 151 – 212b, 26.Auflage, Berlin/Boston 2008.
Sechster Band, §§ 212 – 255a, 27. Auflage, Berlin/Boston 2020.

Kühne Rn. — *Kühne, Hans-Heiner*: Strafprozessrecht, eine systematische Darstellung des deutschen und europäischen Strafverfahrensrechts, 9. Auflage, Heidelberg 2015.

MAH Strafverteidigung/*Bearbeiter* § Rn. — *Widmaier, Gunter (Begr.); Müller, Eckhart (Hrsg.); Schlothauer, Reinhold (Hrsg.); Knauer, Christoph (Hrsg.); Schütrumpf, Matthias (Hrsg.)*: Münchener Anwalts Handbuch Strafverteidigung, 3. Auflage, München 2022.

Mann Rn. — *Mann, Thomas*: Einführung in die juristische Arbeitstechnik, 5. Auflage, München 2015.

Manssen Rn. — *Manssen, Gerrit*: Staatsrecht II, Grundrechte, 19. Auflage, München 2022.

Maurach/Schroeder/Maiwald § Rn. — *Maurach, Reinhardt (Begr.); Schroeder, Christian (Fortg.); Maiwald, Manfred (Fortg.)*: Strafrecht Besonderer Teil, Teilband 2, Straftaten gegen Gemeinschaftswerte, 10. Auflage, München 2012.

Maurer § Rn. — *Maurer, Hartmut*: Staatsrecht I, Grundlagen, Verfassungsorgane, Staatsfunktionen, 7. Auflage, München 2023.

Meyer-Goßner/Schmitt/*Bearbeiter* § Rn. — *Meyer-Goßner, Lutz (Hrsg.); Schmitt, Bertram (Hrsg.)*: Strafprozessordnung mit GVG und Nebengesetzen, 67. Auflage, München 2024.

MüKoStGB/*Bearbeiter* § Rn. — *Sander, Günther (Hrsg.)*: Münchener Kommentar zum Strafgesetzbuch, Band 4 §§ 185 – 262, 4. Auflage, München 2021.

MüKoStPO/*Bearbeiter* § Rn. — *Kudlich, Hans (Hrsg.)*: Münchener Kommentar zur Strafprozessordnung, Band 1, §§ 1 – 150 StPO, 2. Auflage, München 2023.
Schneider, Hartmut (Hrsg.): Münchener Kommentar zur Strafprozessordnung, Band 2, §§ 151 – 332 StPO, 2. Auflage, München 2024.

Murmann Rn. — *Murmann, Uwe*: Prüfungswissen Strafprozessrecht, 5. Auflage, München 2022.

NK-StGB/*Bearbeiter* § Rn. — *Kindhäuser, Urs (Hrsg.); Neumann, Ulfrid (Hrsg.); Paeffgen, Hans-Ullrich (Hrsg.)*: Strafgesetzbuch, 6. Auflage, Baden-Baden 2023.

Pfeiffer § Rn.	*Pfeiffer, Gerd*: Strafprozessordnung, Kommentar, 5. Auflage, München 2005.
Ranft Rn.	*Ranft, Otfried*: Strafprozessrecht, 3. Auflage, Stuttgart, München, Berlin, Weimar, Dresden 2005.
Roxin/Schünemann § Rn.	*Roxin, Claus; Schünemann, Bernd*: Strafverfahrensrecht, ein Studienbuch, 30. Auflage, München 2022.
Rössner/Safferling S.	*Rössner, Dieter; Safferling, Christoph*: 30 Probleme aus dem Strafverfahrensrecht, 4. Auflage, München 2020.
Satzger § Rn.	*Satzger, Helmut*: Internationales und Europäisches Strafrecht, Strafanwendungsrecht, Europäisches Straf- und Strafverfahrensrecht, Völkerstrafrecht, 8. Auflage, Baden-Baden 2018.
Schönke/Schröder/*Bearbeiter* § Rn.	*Schönke, Adolf (Begr.); Schröder, Horst (Fortg.)*: Strafgesetzbuch Kommentar, 30. Auflage, München 2019.
Seebode, Das Verbrechen der Rechtsbeugung, S.	*Seebode, Manfred*: Das Verbrechen der Rechtsbeugung (§ 336 StGB), Würzburg 1963.
Sodan/Ziekow § Rn.	*Sodan, Helge; Ziekow, Jan*: Grundkurs Öffentliches Recht: Staats- und Verwaltungsrecht, 10. Auflage, München 2023.
SK-StGB/*Bearbeiter* § Rn.	*Wolter, Jürgen (Hrsg.); Hoyer, Andreas (Hrsg.)*: SK-StGB, Systematischer Kommentar zum Strafgesetzbuch, Band VI §§ 303 – 358 StGB, 10. Auflage, Hürth 2023.
SK-StPO/*Bearbeiter* § Rn.	*Wolter, Jürgen (Hrsg.); Deiters, Mark (Hrsg.)*: SK-StPO, Systematischer Kommentar zur Strafprozessordnung mit GVG und EMRK, Band II §§ 94 – 136a StPO, 6. Auflage, Köln 2023.
	Wolter, Jürgen (Hrsg.): SK-StPO, Systematischer Kommentar zur Strafprozessordnung mit GVG und EMRK, Band IV §§ 138 – 246 StPO, 5. Auflage, Köln 2015.
	Wolter, Jürgen (Hrsg.): SK-StPO, Systematischer Kommentar zur Strafprozessordnung mit GVG und EMRK, Band V §§ 246a – 295 StPO, 5.Auflage, Köln 2016.
SSW-StPO/*Bearbeiter* § Rn.	*Satzger, Helmut (Hrsg.); Schluckebier, Wilhelm (Hrsg.); Widmaier, Gunter (Hrsg.)*: Strafprozessordnung, mit GVG und EMRK, Kommentar, 5. Auflage, Köln 2022.
Volk/Engländer § Rn.	*Volk, Klaus (Begr.); Engländer, Armin (Fortg.)*: Grundkurs StPO, 10. Auflage, München 2021.

1. Teil

Zur Idee, Konzeption und Verwendung dieses Buchs

1. Vernachlässigung der praktisch relevanten Rechtsanwendungsmethodik im Strafverfahrensrecht durch die universitäre Ausbildung

1 Das Strafverfahrensrecht ist praktisch außerordentlich bedeutsam. Die Verfolgung des öffentlichen Strafanspruchs gegenüber dem Straftäter ist zentral für die Wahrung der Rechtsordnung und stößt – mit Blick auf die mediale Berichterstattung und allgemeinen Reaktionen auf bestimmte Verfahrensausgänge – auch auf ein hohes gesellschaftliches Interesse. Ungeachtet der späteren Karriere werden entscheidende methodische Grundlagen für die berufliche Praxis und mithin professionelle Rechtsanwendung im Rahmen des rechtswissenschaftlichen Studiums vermittelt und erlernt. Dementsprechend ist zu verzeichnen, dass das Strafverfahrensrecht in der universitären Ausbildung zunehmend an Bedeutung gewinnt. Dies zeigt vor allem der steigende Umfang und Anteil der bei den Studierenden gefürchteten „strafprozessualen Zusatzfrage" in der strafrechtlichen Klausur der Ersten Juristischen Prüfung. In der weiteren praktischen Ausbildung im Rahmen des Juristischen Vorbereitungsdienstes mit dem Ziel der Zweiten Juristischen Prüfung steht das Strafprozessrecht sogar im Zentrum der strafrechtlichen Ausbildung, wobei die methodischen Grundlagen der Rechtsanwendung vorausgesetzt werden. Deren Erwerb ist und bleibt Gegenstand und Aufgabe des universitären Studiums.

2 In der universitären Ausbildung sollen dem Studierenden und späteren Praktiker auf der einen Seite die wesentlichen normativen Grundlagen und Hintergründe der einzelnen Rechtsgebiete und Vorschriften vermittelt werden. Auf der anderen Seite werden zu jedem Rechtsgebiet die methodischen Grundlagen der Rechtsanwendung vermittelt, da die Rechtswissenschaft wegen ihres Gegenstands eine angewandte Wissenschaft darstellt. Gerade im letzten Punkt besteht beim formellen Strafrecht gegenüber dem Öffentlichen Recht und dem Zivilrecht trotz dessen hoher praktischer Bedeutung eine Diskrepanz. An Lehrwerken, die die Schulung methodischer Fertigkeiten im gutachterlichen Umgang mit dem öffentlich-rechtlichen Gerichtsverfahrensrecht (etwa BVerfGG, VwGO), sowie dem Zivilprozessrecht, zum Gegenstand haben, mangelt es nicht. Diese stehen in ihrer Zahl und Qualität den Werken zur Vermittlung der theoretischen Grundlagen in nichts nach. Auch das materielle Strafrecht wird gegenüber den die theoretischen Grundlagen vermittelnden Lehrbüchern hinsichtlich der Methodik der Fallbearbeitung durch eine Vielzahl an Lehrwerken zur Klausurenlehre hinreichend abgedeckt. Demgegenüber sind Publikationen, die sich mit der Methodik der rechtsgutachterlichen Fallbearbeitung im Strafprozessrecht auseinandersetzen gegenüber den theoretischen Lehrwerken nur rar gesät. Die Studierenden können sich zwar einer Fülle an Lehrbüchern größeren oder konzentrierteren Umfangs bedienen, um sich die theoretischen Inhalte des Strafprozessrechts aus einer Auswahl unterschiedlicher didaktischer Perspektiven anzueignen. Bei der Erschließung der Methodik der rechtsgutachterlichen Anwendung der Materie stehen hingegen im Vergleich zu anderen Rechtsgebieten nur wenig didaktische Hilfen zur Verfügung. Das bringt erhebliche Schwierigkeiten mit sich. Der Studierende ist gehalten, sich die methodischen

Grundlagen weitgehend frei anzueignen. Wegen des hohen Aufwands eines solchen Vorgehens wird der Einzelne in Anbetracht der Fülle des übrigen prüfungsrelevanten Gesamtstoffs dazu geneigt sein, es eher beim theoretischen Lernen zu belassen.

Dieses Bild vermittelte auch die bisherige allgemein zu beobachtende Klausurpraxis reiner Fragenklausuren, die eine gutachterliche Bearbeitung nicht zwingend voraussetzt. Die Erfahrung aus den durchgeführten Leistungskontrollen zu den eigenen Lehrveranstaltungen zeigt zudem, dass Prüflinge mit gutachterlich zu bearbeitenden strafprozessualen Aufgaben, selbst nur geringen Umfangs, zum Teil bereits völlig überfordert sind. Erfreulicherweise ist inzwischen sowohl in der allgemein zu beobachtenden universitären Klausurpraxis als auch innerhalb der Ersten Juristischen Prüfung ein Zuwachs gutachterlich zu beantwortender Fragestellungen zu verzeichnen. Reine strafprozessuale Gutachtenklausuren stellen in der universitären Prüfpraxis bisweilen noch nicht den Regelfall dar; ein dahingehender Trendwechsel bleibt abzuwarten. Somit reicht es für Studierende bei der bisherigen Entwicklung nicht mehr aus, lediglich theoretisches Wissen auswendig zu lernen und auf eine reine Wissensabfrage in der Leistungskontrolle zu hoffen. Auf der anderen Seite stellt das Fehlen einer Auswahl methodischer Lehrwerke zum Strafprozessrecht eine Hürde und ein Hemmnis gleichermaßen dar. Das für Studierende weiterhin bestehende Dilemma ist nicht aufgelöst, das Defizit in der universitären Ausbildung noch keinesfalls behoben.

2. Anliegen und Ziel des vorliegenden Buchs

3 Die vorliegende Fallsammlung soll einen Beitrag leisten, die bestehende Lücke in der rechtswissenschaftlichen Studienliteratur zum Strafprozessrecht zu schließen. Sie richtet sich sowohl an Studierende der Einführungsvorlesung zum Strafprozessrecht, die sich die rechtliche Materie erst erschließen, als auch an fortgeschrittene Studierende bei der Vorbereitung auf die Erste Juristische Prüfung, die ein Gefühl für die Methode des strafprozessualen Rechtsgutachtens mit Blick auf die spätere Referendarausbildung bekommen möchten. Die Fallsammlung stellt einen Einstieg in die gutachterliche Fallbearbeitung im Strafprozessrecht dar. Eine Auswahl einfacher bis fortgeschrittener Aufgabenkonstellationen zu typischen strafprozessualen Fragestellungen soll dabei unterstützen, die für eine gutachterliche Fallbearbeitung notwendigen Fertigkeiten zu entwickeln und die systematischen Zusammenhänge der Regelungen der Strafprozessordnung vor dem Hintergrund der rechtsgutachterlichen Umsetzung nach und nach zu erkennen und zu verstehen. Darüber hinaus wurde das Format entwickelt, um Rechtsreferendare bei der Entwicklung des für die Erstellung praktischer strafprozessualer Ergebnisse notwendigen systematisch-strukturierten Denkens zu unterstützen. Bei der Arbeit mit diesem Buch ist zu bedenken, dass die Fallsammlung kein Lehrbuch darstellt bzw. ein solches in keinem Fall ersetzt. Wie in allen Bereichen erfordert das erfolgreiche Erlernen einer rechtlichen Materie die ausgewogene Auseinandersetzung mit Dogmatik und Methodik. Die Sammlung ist dazu gedacht, gemeinsam mit einem theoretisch-dogmatischen Lehrwerk – auch vorlesungsbegleitend – als Lehr- und Anschauungsmaterial für die Erarbeitung des Strafprozessrechts zu dienen. Die in der Fallsammlung erörterten Fragestellungen wurden exemplarisch so gewählt, um die Leserinnen und Leser an die Methodik der Fallbearbeitung im Strafprozessrecht schrittweise heranzuführen und in die Lage zu versetzen, eigenständige gutachterliche Lösungen zu unbekannten strafprozessualen Aufgaben entwickeln zu können.

3. Das Konzept und die Arbeit mit diesem Buch

a) Komplexität der Strafprozessordnung und Methodik der Fallbearbeitung

Das Strafprozessrecht stellt sich dem Studierenden der Grundvorlesung in Bezug auf 4 die gutachterliche Fallbearbeitung gegenüber den anderen prozessualen Rechtsgebieten der juristischen Ausbildung wie das sprichwörtliche „Buch mit sieben Siegeln" dar. Das Strafverfahren weist aufgrund seiner Grundstruktur als reformierter Inquisitionsprozess und seiner Unterteilung in Ermittlungs-, Zwischen- und Hauptverfahren eine Fülle unterschiedlicher rechtsgutachterlich untersuchbarer Fragestellungen auf. Diese können entweder isoliert, kontextual zu gleich- oder übergeordneten Fragestellungen der einzelnen Verfahrensstadien oder innerhalb von Rechtsbehelfen untersucht werden. Daneben wirken sich einige strafverfahrensrechtliche Fragestellungen auch auf das materielle Strafrecht aus. Eine Systematisierung rechtlicher Fragestellungen zu bestimmten Klausurtypen ist im Gegensatz zum Zivilprozessrecht oder öffentlichen Gerichtsverfahrensrecht nur bedingt möglich. Materiell-rechtliche Fragestellungen der bloßen Strafbarkeit treten bei strafprozessualen Fragen im Gegensatz zu verfahrensrechtlichen Klausuren anderer Rechtsgebiete eher in den Hintergrund, da das Strafverfahrensrecht nicht auf die bloße Durchsetzung der materiellen Rechtslage gerichtet ist, sondern in seiner Gesamtordnung auf die Wahrung und den Ausgleich unterschiedlicher rechtsstaatlich gewährter Interessen zielt. All dies fordert vom Rechtsanwender bei der Bearbeitung rechtlicher Fragestellungen ein hohes Maß an Verständnis für die normative Systematik der Strafprozessordnung, um die rechtlichen Auswirkungen der einzelnen Regelungen auf den Verfahrensablauf und Verfahrensabschluss erkennen zu können. Freilich gibt es trotz dieser Komplexität auch im Strafverfahrensrecht bestimmte Typen von Aufgabenstellungen, wie etwa die Revisionsklausur. Die Fallsammlung geht in den einzelnen Fällen auf verschiedene rechtliche Fragestellungen ein, um den Leserinnen und Lesern die inneren Zusammenhänge der Regelungen der Strafprozessordnung aufzuzeigen und eine Hilfestellung bei ihrer weiteren Erschließung zu bieten. Auf dieser Grundlage soll die Fähigkeit entwickelt werden, eigenständig auch unbekannte Aufgabenstellungen gutachterlich zu lösen. Eine Überfrachtung der Inhalte mit Informationen und die damit verbundene Überforderung des Lesenden soll grundsätzlich vermieden werden. Ziel der Fallsammlung ist nicht die erschöpfende Vermittlung des gesamten Strafverfahrensrechts; vielmehr steht die Veranschaulichung der methodischen Arbeit am Fall im Vordergrund, um dem Lesenden das weitere verständige und anwendungsorientierte Erarbeiten der Materie zu erleichtern. Der Umfang der in der Falllösung angegebenen Fundstellen wurde auf ein didaktisch sinnvoll erscheinendes Maß begrenzt, sodass der Lesende beim Durcharbeiten der Lösung auf entsprechende Lernmaterialien hingewiesen wird. Zur Vertiefung finden sich – wo geboten – weitere Hinweise im Anschluss an den Lösungsvorschlag; hierbei handelt es sich um eine Zusammenstellung vertiefender methodischer Darstellungen, die weitergehende systematische Zusammenhänge aufzeigen.

b) Zur Arbeit mit diesem Buch

5 Bei der Arbeit mit diesem Buch ist der Lesende weitgehend frei, da es die unterschiedlichsten Lerntypen gibt. Eine verbindliche Lern- und Arbeitsvorgabe soll daher nicht gegeben werden; es kann allenfalls bei didaktischen Empfehlungen bleiben. Unverzichtbar bleibt aber in jedem Fall das Hinzuziehen eines Lehrbuchs. Das Buch stellt eine Zusammenstellung von 20 Fällen dar, die sich aus unterschiedlichen normativen Bereichen der Strafprozessordnung zusammensetzen. Alle Fälle können zum Bestandteil einer Prüfung gemacht werden; die Fälle sind jedoch aus didaktischen Gründen weitgehend von geringerem Umfang, sodass sie sich als strafprozessuale Zusatzfrage eignen, nicht jedoch als eigenständige Klausur. Um das Lernen mit der Fallsammlung zu erleichtern, wurde die Darstellung um einige didaktische Hilfen ergänzt. Den eigentlichen Falllösungen stets vorangestellt sind gedankliche Vorüberlegungen, die sich mit der spezifischen Herangehensweise zur Erstellung der Lösung, der Schwerpunktsetzung und ggf. zu ähnlich gelagerten und zusammenhängenden Themenfeldern auseinandersetzen. Sie sollen dem Lesenden eine Hilfestellung zur Entwicklung einer gedanklichen Herangehensweise liefern. Die zu den Fällen gehörenden Lösungen wurden überwiegend als Rechtsgutachten ausgestaltet. Hierbei handelt es sich freilich stets nur um Lösungsvorschläge, die keinen Anspruch auf alleinige Richtigkeit unter Ausschluss aller anderer Lösungsmöglichkeiten für sich erheben; alternative Ansichten und Herangehensweisen sind im Rahmen korrekter Rechtsanwendung stets vertretbar. In der gutachterlichen Untersuchung sind die Prüfungspunkte als Überschriften kenntlich gemacht. Die gutachterliche Erörterung ist an den unproblematischen Punkten bewusst konzentriert gehalten; ein stoisch durchzuhaltender Gutachtenstil, der auf sämtliche noch so unproblematisch festzustellende normative Voraussetzungen rechtlicher Vorschriften eingeht, ist weder methodisch gefordert noch sachlich geboten und stellt eine analytische Fehlleistung dar (eingehend zur methodischen Problematik des Gebrauchs des Gutachtensstils *Lagodny/Mansdörfer/Putzke*, ZJS 2014, 157 [159 ff.]). Innerhalb der Falllösung finden sich bei didaktischer Gebotenheit Anmerkungen zu Methodik, rechtlichen Entwicklungen und vergleichbaren Problemgestaltungen. Am Ende der Falllösungen befinden sich bei didaktischer Sinnhaftigkeit weiterführende und vertiefende Lern- und Lesehinweise sowie Aufbauvorschläge als weitere Hilfestellung, um dem Lesenden die Möglichkeit zu eröffnen, die Tragweite der dargestellten Methodik für weitere dogmatische Felder des Strafverfahrensrechts zu erfassen. Darüber hinaus beinhaltet das Buch ab der 2. Auflage ein Vertiefungsverzeichnis, das eine leicht zugängliche Wiederholung und Vertiefung der Standardthemen des Strafprozessrechts ermöglichen soll.

6 Bei der Gestaltung der eigentlichen Lern- und Studienarbeit mit diesem Buch werden dem Verwender alle Freiheiten gelassen. Die Fälle können unter Hinzuziehung von dogmatischen Lehrwerken durchgearbeitet werden. Als Lehrbuch für die umfassende Erarbeitung der dogmatischen Grundlagen zum Strafprozessrecht wird das Werk von *Beulke/Swoboda* empfohlen. Umgekehrt kann zur Erlangung eines Gesamtüberblicks über das Rechtsgebiet der Schwerpunkt zunächst auf die Erarbeitung der theoretischen Materie anhand eines Lehrbuchs gesetzt werden, wobei die Fallsammlung als praktischer Anwendungsleitfaden herangezogen werden kann. Schließlich können die Fälle auch nach dem Prinzip „learning by doing“ als Übungsmaterial für die eigenständige gutachterliche Fallbearbeitung herangezogen werden; hierzu wurde jedem Fall eine empfohlene

Höchstbearbeitungszeit beigefügt. Schließlich kann die Fallsammlung zum reinen Erlernen der Methodik systematischer Rechtsanwendung von Leserinnen und Lesern herangezogen werden, die bereits über umfassende dogmatische Kenntnisse des Strafprozessrechts verfügen, wie Studierende in Vorbereitung auf die Erste Juristische Prüfung oder Rechtsreferendare. Gleich auf welchem Ausbildungsstand sich der Verwender dieser Fallsammlung befindet, sind ihre didaktischen Anwendungsmöglichkeiten zum Erwerb methodischer Fertigkeiten im Strafprozessrecht vielseitig.

Ich wünsche dem Leser bei der Erschließung eines der spannendsten Rechtsgebiete unserer Rechtsordnung viel Vergnügen und für dessen weiteren Weg viel Durchhaltevermögen und Erfolg.

2. Teil

Die Klausuren

Fall 1

Ablehnung eines Richters bzw. Staatsanwalts wegen Befangenheit

Ausgangsfall[1]**:** 7

Der Verteidiger des Angeklagten Y nahm am Abend des 22.1.2023 erstmals von dem Facebook-Account des Vorsitzenden der Strafkammer (V) Kenntnis. Im öffentlich zugänglichen Bereich war auf der Profilseite ein Lichtbild des Vorsitzenden zu sehen, auf dem dieser mit einem Bierglas in der Hand auf einer Terrasse sitzt und ein T-Shirt trägt, das mit der Aufschrift: „Wir geben Ihrer Zukunft ein Zuhause: JVA" bedruckt ist. Auf derselben Seite war vermerkt: „2. Große Strafkammer beim Landgericht Rostock". In der Zeile darunter hieß es: „1996 bis heute". Im Kommentarbereich befand sich ein Eintrag des Vorsitzenden, der wie folgt lautete: „Das ist mein ‚Wenn du rauskommst, bin ich in Rente'-Blick". Dieser Eintrag wurde von einem Benutzer mit den Worten: „... sprach der schwedische Gardinen-Verkäufer! :-)" kommentiert, was wiederum von zwei Personen, darunter der Vorsitzende, „geliked" wurde. Ein solches „Like" wird gemeinhin als Zustimmung zur Aussage verstanden.

Zu Beginn des nächsten Hauptverhandlungstages lehnte der Angeklagte Y daraufhin den Vorsitzenden wegen des Inhalts der Facebook-Seite und weiterer Umstände wegen der Besorgnis der Befangenheit ab. In der Folgezeit äußerte sich der Vorsitzende dienstlich zu dem, den Facebook-Account betreffenden, Inhalt des Ablehnungsgesuches wie folgt: „Zum weiteren Vorbringen im Ablehnungsgesuch gebe ich keine Stellungnahme ab. Ich werde mich nicht zu meinen privaten Lebensverhältnissen äußern."

Aufgabe:

1. Hat der Befangenheitsantrag des Y Aussicht auf Erfolg?
2. Was ist die Folge, wenn der Befangenheitsantrag zwar zulässig und begründet ist, aber dennoch zurückgewiesen wird?

Abwandlung:

Bereits zuvor war in einer Hauptverhandlungssitzung während einer Zeugenbefragung durch das Gericht zutage getreten, dass der anwesende Staatsanwalt S persönliche Abneigungen gegen den Angeklagten hegt. Y sah sich deshalb dazu veranlasst, S wegen der Besorgnis der Befangenheit abzulehnen.

Mit Erfolg?

(Bearbeitungszeit: 1 h)

---

1 Nach BGH, NStZ 2016, 218 (219); siehe auch: *Eibach/Wölfel*, JURA 2016, 907 (907 ff.).

Vorüberlegungen

8 Die Aufgabenstellung hat die Rechtsbehelfe des Angeschuldigten bei Besorgnis der Mitwirkung von befangenen Prozessbeteiligten zum Gegenstand. Die erste Aufgabe befasst sich mit der Prüfung der Erfolgsaussichten eines typischen Befangenheitsantrags gegen einen Richter. Da im Gegensatz zu den typischen Rechtsbehelfen im Strafverfahren, wie der Revision oder der Beschwerde, Vorschläge zum Prüfungsaufbau eines Befangenheitsantrags eine Seltenheit darstellen, ist der Bearbeiter gehalten, einen eigenen Aufbau zu entwickeln. Dies erfordert in einem ersten Schritt das Auffinden der normativen Voraussetzungen der Rechtmäßigkeit anhand der Angaben des Gesetzeswortlauts sowie der allgemeinen rechtlichen Grundsätze. Hierbei muss der Bearbeiter die grundsätzliche Differenzierung zwischen der Zulässigkeit und der Begründetheit eines Rechtsbehelfs erkennen und dem Aufbau zugrunde legen. Die Untersuchung bereitet hinsichtlich der Prüfung der Voraussetzungen keine Schwierigkeiten, da hierin keine Probleme angelegt sind. Schwerpunkt ist vielmehr das Auffinden der Zulässigkeitsvoraussetzungen des Befangenheitsantrags. In der Begründetheit bildet die Bestimmung der Reichweite des allgemeinen Persönlichkeitsrechts des Richters in Bezug auf sein außerdienstliches und mithin dem Privatleben zuzuordnendes Verhalten den Schwerpunkt. Der Bearbeiter muss erörtern, inwiefern außerdienstliche Verhaltensweisen einer Feststellung der Besorgnis der Befangenheit zugrunde gelegt werden können, da dies auf der anderen Seite eine Beschränkung der dem Richter grundgesetzlich nach Art. 97 GG zugesicherten Freiheitsrechte zur Konsequenz hat. Die Besonderheit der Äußerungen im digitalen Raum ist besonders zu würdigen.

Der zweite Aufgabenteil erfordert hingegen kein gutachterliches Vorgehen, sondern vielmehr eine Stellungnahme unter Berücksichtigung der gesamtgesetzlichen Systematik. Hierbei soll auf die Reversibilität eines ergangenen Urteils im Falle der Fortsetzung des Prozesses eingegangen werden. Die Abwandlung hat das Standardproblem des befangenen Staatsanwalts zum Gegenstand, auf das in der gebotenen Kürze gutachterlich einzugehen ist.

Gliederung

9 **Ausgangsfall**

Frage 1

I. Zulässigkeit
1. Zuständigkeit (§ 26 Abs. 1 S. 1 StPO)
2. Statthaftigkeit
3. Antragsberechtigung
4. Form und Frist
5. Rechtsschutzbedürfnis

II. Begründetheit

III. Ergebnis

Frage 2
Abwandlung

1. Direkte Anwendung von §§ 24 ff. StPO
2. Analoge Anwendung von §§ 24 ff. StPO
   a) Planwidrige Regelungslücke
   b) Ergebnis
3. Heranziehung des Rechtsgedankens der §§ 22 ff. StPO
4. Vorgehen außerhalb der §§ 24 ff. StPO

Lösungsvorschlag

Ausgangsfall

Frage 1

10 Der Befangenheitsantrag des Y hat Aussicht auf Erfolg, wenn und soweit er zulässig und begründet ist.

I. Zulässigkeit

1. Zuständigkeit (§ 26 Abs. 1 S. 1 StPO)

11 Das Ablehnungsgesuch wurde bei dem Gericht, dem der Richter angehört, angebracht (vgl. § 26 Abs. 1 S. 1 StPO).

2. Statthaftigkeit

12 Y hält V für parteiisch und möchte auf dessen Ausschluss von der Mitwirkung an der Hauptverhandlung hinwirken. Dafür ist der Befangenheitsantrag der statthafte strafprozessuale Rechtsbehelf.

3. Antragsberechtigung

13 Y ist als Angeklagter ablehnungsberechtigt. Dass § 24 Abs. 3 S. 1 StPO vom „Beschuldigten" spricht, ist aufgrund von § 157 StPO unbeachtlich.

§ 157 StPO lautet:

„Im Sinne dieses Gesetzes ist

Angeschuldigter der Beschuldigte, gegen den die öffentliche Klage erhoben ist,

Angeklagter der Beschuldigte oder Angeschuldigte, gegen den die Eröffnung des Hauptverfahrens beschlossen ist."

4. Form und Frist

14 Die Voraussetzungen der §§ 25, 26 StPO liegen vor.

5. Rechtsschutzbedürfnis

15 Zweifel am Rechtsschutzbedürfnis (vgl. etwa § 26a Abs. 1 Nr. 3 StPO) bestehen nicht.

Der Befangenheitsantrag ist somit zulässig.

II. Begründetheit

16 Der Antrag auf Ablehnung des V ist begründet, wenn ein Ablehnungsgrund vorliegt.

Ein solcher könnte hier aus § 24 Abs. 2 StPO folgen. Demnach findet eine Ablehnung wegen der Besorgnis der Befangenheit dann statt, wenn ein Grund vorliegt, der geeignet ist, Misstrauen gegen die Unparteilichkeit eines Richters zu rechtfertigen.

Die Ablehnung eines Richters ist gerechtfertigt, wenn der Ablehnende bei verständiger Würdigung des ihm bekannten Sachverhalts Grund zu der Annahme hat, der Richter nehme ihm gegenüber eine innere Haltung ein, die seine erforderliche Unvoreingenommenheit und Unparteilichkeit störend beeinflussen kann.[2] Maßstab für die Beurteilung dieser Voraussetzungen ist ein vernünftiger bzw. verständiger Angeklagter.[3] Wie dem Wortlaut des Gesetzes bereits zu entnehmen ist, muss nicht festgestellt werden, dass tatsächlich eine Befangenheit des Richters vorliegt, sondern es reicht aus, dass der Anschein einer solchen Befangenheit gegeben ist.[4]

V hat auf seinem privaten Facebook-Account ein Bild veröffentlicht, das ihn mit einem T-Shirt zeigt, auf dem „Wir geben Ihrer Zukunft ein Zuhause: JVA" zu lesen ist. Hierdurch vermittelte er unmissverständlich den Eindruck, bei seiner richterlichen Tätigkeit Freude am Strafen zu empfinden und der Verhängung von unbedingten Freiheitsstrafen bei seiner Entscheidung über die zu verhängenden Rechtsfolgen aus persönlichen sachfremden Gründen den Vorzug zu geben. Den Kern dieser Aussage manifestierte er durch seine weitere bestärkende Äußerung in den Kommentaren und die Abgabe des zustimmenden „Likes" unter den bestärkenden Kommentar. Fraglich ist, ob diese Aktivitäten geeignet sind, die Unparteilichkeit des V anzuzweifeln.

1. Dagegen spricht, dass es sich um den privaten Account von V handelt. Richtern ist ein Privatleben zuzugestehen, das sich unzweifelhaft auch auf den digitalen Raum erstreckt.[5] Insofern kann man es kritisch sehen, aus Äußerungen in einem privaten Raum eine berufliche Parteilichkeit abzuleiten. Hinzu kommt, dass die getätigten Äußerungen des V in keinem unmittelbaren Zusammenhang zum hier in Rede stehenden Strafprozess gegen Y standen. **17**

2. Demgegenüber lässt sich anführen, dass der Facebook-Account von V zwar durchaus seiner Privatsphäre entstammt, aber öffentlich einsehbar ist und eine inhaltliche Verbindung zum Beruf von V dadurch hergestellt wird, dass dieser in seinem Profil seine Tätigkeit beim Landgericht Rostock angibt. Insofern kann der alleinige Verweis auf die Privatheit des Accounts nicht überzeugen. **18**

3. Der Inhalt der öffentlich und somit auch für jeden Verfahrensbeteiligten zugänglichen Facebook-Seite dokumentiert eindeutig eine innere Haltung des V. Diese lässt bei verständiger Betrachtung besorgen, V beurteile die von ihm zu bearbeitenden Strafverfahren nicht objektiv, sondern habe Spaß an der Verhängung hoher Strafen und mache sich über die Angeklagten lustig. Unter diesen Umständen ist ein noch engerer Zusammenhang mit dem konkreten, den Angeklagten betreffenden Strafverfahren nicht erforderlich, um bei ihm die berechtigte Befürchtung zu begründen, dem Vorsitzenden mangele es an der gebotenen Neutralität.[6] **19**

---

2 BGH, NStZ 2016, 218 (219).

3 BGH, NStZ 2016, 218 (219); ebenso: BGHSt 21, 334 (341); BGHSt 43, 16 (18); G/J/T/Z/*Temming* § 24 StPO Rn. 6; Meyer-Goßner/Schmitt/*Schmitt* § 24 StPO Rn. 6.

4 MüKoStPO/*Conen/Tsambikakis* § 24 StPO Rn. 16; Graf/*Cirener* § 24 StPO Rn. 5; *Roxin/Schünemann* § 8 Rn. 7.

5 Vgl. etwa zum allgemeinen Persönlichkeitsrecht aus Art. 2 Abs. 1 i.V.m. Art. 1 Abs. 1 GG *Manssen* Rn. 285 ff.

6 BGH, NStZ 2016, 218 (219).

Das in dem Ablehnungsgesuch dargelegte Misstrauen in die Unparteilichkeit des Vorsitzenden ist deshalb gerechtfertigt. Dessen Internetauftritt ist insgesamt mit der gebotenen Haltung der Unvoreingenommenheit eines im Strafrecht tätigen Richters nicht zu vereinbaren.[7]

Mithin liegt der Ablehnungsgrund aus § 24 Abs. 2 StPO vor.

Der Antrag auf Ablehnung des V wegen der Besorgnis der Befangenheit ist somit begründet.

III. Ergebnis

20 Der Befangenheitsantrag von Y ist zulässig und begründet und hat daher Aussicht auf Erfolg.

Frage 2

21 Sollte dem Antrag nicht stattgegeben werden, resultiert daraus ein Verfahrensfehler durch die Mitwirkung des V. Ein verfahrensfehlerfreies Urteil kann somit nicht ergehen, wenn V weiterhin als Richter dem Prozess beiwohnt.

Der dann auftretende Verfahrensfehler führt dazu, dass ein absoluter Revisionsgrund nach § 338 Nr. 3 StPO vorliegt, sodass eine Revision des Y unter Beachtung der entsprechenden weiteren Voraussetzungen Aussicht auf Erfolg hat.

Abwandlung

22 Fraglich ist, ob im Strafprozess eine Ablehnung des Staatsanwalts wegen der Besorgnis der Befangenheit überhaupt möglich ist.

1. Direkte Anwendung von §§ 24 ff. StPO

23 Denkbar ist insoweit zunächst ein Rückgriff auf die gesetzlichen Regelungen in §§ 24 ff. StPO. Diese Normen betreffen zwar den Fall der Besorgnis der Befangenheit, gelten allerdings infolge ihres klaren Wortlauts nur für eine Ablehnung des Richters.[8] Eine Ablehnung des Staatsanwalts wegen der Besorgnis der Befangenheit kennt die StPO nicht.[9]

2. Analoge Anwendung von §§ 24 ff. StPO

24 Möglicherweise können die §§ 24 ff. StPO auf Fälle der Ablehnung eines Staatsanwalts wegen der Besorgnis der Befangenheit analog angewendet werden. Dazu müssen die Voraussetzungen einer Analogie vorliegen.

---

7 BGH, NStZ 2016, 218 (219).

8 Zu beachten ist § 31 Abs. 1 StPO.

9 BGH, NJW 1980, 845 (846); *Pfeiffer* § 22 StPO Rn. 3; G/J/T/Z/*Temming* Vor §§ 22 ff. StPO Rn. 6.

a) Planwidrige Regelungslücke

Die StPO enthält keine Regelungen für diesen Fall. Mithin liegt eine Regelungslücke vor. Fraglich ist jedoch, ob diese Regelungslücke auch planwidrig ist. 25

Dafür spricht, dass der Fall der Ablehnung des Staatsanwalts wegen der Besorgnis der Befangenheit durchaus häufiger auftritt und daher ein Regelungsbedürfnis besteht.

Allerdings hat der Gesetzgeber in den §§ 22 ff. StPO ausführliche Regelungen zur Ausschließung und Ablehnung von Richtern getroffen. Hätte er auch den Fall der Staatsanwälte regeln wollen, so hätte er dies getan. Eine vergleichbare Norm zu § 31 Abs. 1 StPO, die auf Staatsanwälte Bezug nimmt, fehlt jedoch.

Mithin ist nicht von einer planwidrigen Regelungslücke auszugehen.[10]

b) Ergebnis

Die Analogievoraussetzungen liegen nicht vor. Eine analoge Anwendung von §§ 24 ff. StPO scheidet aus. 26

3. Heranziehung des Rechtsgedankens der §§ 22 ff. StPO

Teilweise wird versucht, die Voraussetzungen einer Analogiebildung dadurch zu umgehen, dass die §§ 22 ff. StPO nicht analog angewendet werden, sondern deren Rechtsgedanke auf die Situation des potenziell befangenen Staatsanwalts übertragen wird.[11] *Beulke/Swoboda* sprechen insoweit von einer „eingeschränkten Analogie“.[12] 27

Dagegen spricht jedoch, dass die Fallgruppe der „eingeschränkten Analogie“ nicht allgemein anerkannt ist und letztlich die anerkannten Analogievoraussetzungen umgangen werden.

4. Vorgehen außerhalb der §§ 24 ff. StPO

Zwar kann jederzeit versucht werden, infolge des Weisungsrechts des Dienstvorgesetzten (§§ 145 f. GVG) eine Ablösung des für befangen gehaltenen Staatsanwalts zu erreichen. Dabei handelt es sich aber nicht um ein Ablehnungsgesuch wegen der Besorgnis der Befangenheit, sondern um eine Dienstaufsichtsbeschwerde. Hilft der Dienstvorgesetzte dieser Beschwerde nicht ab, so stehen dem Beschwerdeführer nach herrschender Meinung keine prozessualen Mittel zu, um eine Ablösung zu erzwingen.[13] Die Mitwirkung eines befangenen Staatsanwalts in der Hauptverhandlung gilt jedoch als relativer Revisionsgrund i.S.d. § 337 Abs. 1 StPO.[14] 28

Somit kann Y den Staatsanwalt nicht mittels eines Befangenheitsantrages ablehnen. Er kann auf dessen Ersetzung hinwirken. Ein prozessualer Anspruch darauf besteht allerdings nicht.[15]

---

10 Siehe auch generell zum „befangenen“ Staatsanwalt: *Arloth*, NJW 1983, 207 (207 f.); *Schneider*, NStZ 1994, 457 (457); G/J/T/Z/*Temming* Vor §§ 22 ff. StPO Rn. 6; Graf/*Cirener* § 22 StPO Rn. 34.

11 *Beulke/Swoboda* Rn. 151 f.

12 *Beulke/Swoboda* Rn. 151 f.

13 KK-StPO/*Heil* Vor §§ 22 ff. StPO Rn. 1, 5 f.; G/J/T/Z/*Temming* Vor §§ 22 ff. StPO Rn. 6; Meyer-Goßner/Schmitt/*Schmitt* Vor §§ 22 ff. StPO Rn. 5; a.A. *Roxin/Schünemann* § 9 Rn. 15.

14 Graf/*Cirener* § 22 StPO Rn. 35.

15 G/J/T/Z/*Temming* Vor §§ 22 ff. StPO Rn. 6; a.A. *Arloth*, NJW 1983, 207 (208 ff.), der einen solchen Anspruch auf eine entsprechende Anwendung von §§ 22 ff. StPO stützt, der Sache nach aber auf den „Fair-trial-Grundsatz“ aus Art. 6 Abs. 1 EMRK abstellt.

Ergänzungen und Vertiefung

29 **Prüfungsaufbau: Antrag auf Ablehnung eines Richters wegen Befangenheit**

I. Zulässigkeit:

1. Zuständigkeit (§ 26 Abs. 1 S. 1 StPO)

2. Statthaftigkeit

3. Antragsberechtigung (§ 24 Abs. 3 S. 1 StPO)

4. Form und Frist (§§ 25 ff. StPO)

a) Form:
- Antrag: schriftlich oder zu Protokoll von der Geschäftsstelle (vgl. § 26 Abs. 1 S. 1 StPO)
- Begründung ggf. schriftlich (vgl. § 26 Abs. 1 S. 2 StPO)

b) Notwendiges Vorbringen:
- Benennung und Begründung in Betracht kommender Ablehnungsgründe, sowie deren Glaubhaftmachung (vgl. § 25 Abs. 1 S. 2, § 26 Abs. 2 S. 1, § 26a Abs. 1 Nr. 2 StPO)
- Ggf. Begründung und Glaubhaftmachung rechtzeitigen Vorbringens (vgl. § 26 Abs. 2, § 26a Abs. 1 Nr. 2 StPO)

c) Frist:
- Antragsfrist (vgl. § 25 StPO)
- Frist zur Begründung und Glaubhaftmachung (vgl. § 26 Abs. 1 S. 2, § 26a Abs. 1 Nr. 2 StPO)

5. Rechtsschutzbedürfnis (vgl. § 26a Abs. 1 Nr. 3 StPO)

II. Begründetheit:

→ Ablehnungsgrund (§ 24 Abs. 2 StPO)

Zur Befangenheit:

Beulke/Swoboda Rn. 111 ff.; *Beulke/Zimmermann* Klausurenkurs III Rn. 68 ff.; *Bock*, JA 2013, 667 ff.; *Eibach/Wölfel*, JURA 2016, 907 ff. (Aussagen des Richters in sozialen Netzwerken); *Mosbacher*, JuS 2023, 131 (späte Bescheidung eines Befangenheitsantrags wegen Vorbefassung); *Nestler*, JURA (JK) 2023, 1228 ff. (Ablehnung eines Schöffen wegen Befangenheit).

Zur Problematik des befangenen Staatsanwalts:

Beulke/Swoboda Rn. 150 ff.; *Murmann* Rn. 174 ff.; *Knauer*, JuS 2012, 711 ff. (insbesondere zur Revisibilität); *Engländer*, Examens-Repetitorium Strafprozessrecht, Rn. 55.

Fall 2

Bindung des Staatsanwalts an höchstrichterliche Rechtsprechung im Ermittlungsverfahren; Strafbarkeit wegen Rechtsbeugung und Strafvereitelung im Amt

J fährt trotz chronischen Geldmangels mit dem Zug nach Amsterdam. Dabei wird er noch in Deutschland zum vierten Mal ohne Fahrschein erwischt. Statt Anklage zu erheben stellt Staatsanwalt S das Verfahren ein, da er entgegen der höchstrichterlichen Rechtsprechung (wie etwa BGHSt 53, 122) der Ansicht ist, dass das schlichte „Schwarzfahren" nicht unter den Tatbestand des Erschleichens von Leistungen nach § 265a Abs. 1 Var. 3 StGB fällt. J hatte lediglich den freien Zugang zum Zug ausgenutzt und keine Zutrittskontrollen umgangen oder sie gar manipuliert. Dies ist nach Ansicht von S aber Voraussetzung für ein „Erschleichen" (wie etwa *Fischer* § 265a StGB Rn. 3 ff.). **30**

Aufgabe: Strafbarkeit des S? Gehen Sie davon aus, dass die sonstigen Voraussetzungen des § 265a Abs. 1 Var. 3 StGB erfüllt sind.[1]

Bearbeiterhinweis: Ein Strafantrag wurde gestellt.

(Bearbeitungszeit: 1 h 15 min)

---

1 Vgl. ähnliche Fallkonstellation mit anderer Fragestellung *Rössner/Safferling* S. 11 ff.

Vorüberlegungen

31 Die Aufgabenstellung hat die Bindung der Staatsanwaltschaft an die höchstrichterliche Rechtsprechung zum Gegenstand. Kern des Problems ist, dass die Staatsanwaltschaft als Herrin des Vorverfahrens hinsichtlich der Anklageerhebung verbindliche Entscheidungen treffen kann, bei denen das Strafverfahrensrecht eine nur eingeschränkte gerichtliche Überprüfbarkeit vorsieht (vgl. §§ 171 f. StPO). Normativ eingebettet ist die Frage in eine Untersuchung der Strafbarkeit des Staatsanwalts wegen der den Beschuldigten begünstigenden Entscheidung. Eine Beurteilung strafverfahrensrechtlicher Fragen innerhalb materiell-strafrechtlicher Bearbeitungen ist eine nicht selten anzutreffende Konstellation. Rechtspraktische Relevanz besteht etwa bei einer Untersuchung der Rechtmäßigkeit hoheitlichen Handelns innerhalb der Rechtfertigung strafrechtlich tatbestandlicher Ermittlungsmaßnahmen oder im Hinblick auf die Strafvereitelung bei der Bestimmung der Grenzen des strafverfahrensrechtlich noch zulässigen Verteidigerhandelns. Für den Staatsanwalt ist wegen dessen funktionaler Stellung im Strafverfahren zunächst eine Rechtsbeugung in Betracht zu ziehen. In diesem Rahmen treten bei der Prüfung der Voraussetzungen bereits erste Querverbindungen zwischen materiellem und formellem Recht auf. Bei der Strafvereitelung durch Unterlassen sind dessen strafverfahrensrechtliche Pflichten im Zusammenhang mit der Bestimmung von Garantenstellung und Garantenpflicht von Relevanz. Die Prüfung der Strafbarkeit ist von durchaus gehobenem Anspruch, da die Rechtsbeugung einen Tatbestand darstellt, der dem Studierenden nicht tagtäglich in der praktischen Fallbearbeitung begegnet. Jedoch ist der Tatbestand für die Rechtspflege von erheblicher Praxisrelevanz, sodass eine eingehende Auseinandersetzung auch im Zusammenhang mit dem Strafprozessrecht geboten ist.

Gliederung

32 I. Strafbarkeit aus § 339 StGB
- 1. Tatbestand
  - a) Objektiver Tatbestand
    - aa) Tauglicher Täter
    - bb) Tatsituation: bei Leitung oder Entscheidung einer Rechtssache
    - cc) Tathandlung: Rechtsbeugung
      - (1) Ältere subjektive Theorie
      - (2) Pflichtwidrigkeitslehre
      - (3) Objektive Theorie und Rechtsprechung
  - b) Zwischenergebnis
- 2. Zwischenergebnis
- 3. Ergebnis

II. Strafbarkeit gemäß § 258 Abs. 1, § 258a Abs. 1, § 13 Abs. 1 StGB
- 1. Objektiver Tatbestand von § 258 Abs. 1, § 258a Abs. 1, § 13 Abs. 1 StGB
  - a) Tauglicher Täter
  - b) Strafbare fremde Vortat
  - c) Vereitelungserfolg

d) Vereitelungshandlung durch begehungsgleiches Unterlassen gemäß § 13 Abs. 1 StGB
aa) Unterlassen gebotener Handlung/Quasi-Kausalität
bb) Garantenstellung
2. Subjektiver Tatbestand § 258 Abs. 1, § 258a Abs. 1, § 13 Abs. 1 StGB
3. Rechtswidrigkeit
a) Rechtfertigung aus amtlichem Handeln
aa) Eine Ansicht: rechtfertigende Wirkung der Nichtverwirklichung der Rechtsbeugung
bb) Konkurrenzlösung
cc) Andere Ansicht: Straflosigkeit über die allgemeinen Grundsätze
dd) Stellungnahme
b) Zwischenergebnis
4. Schuld
5. Sperrwirkung der Rechtsbeugung
6. Ergebnis
III. Gesamtergebnis

Lösungsvorschlag

I. Strafbarkeit aus § 339 StGB

33 S könnte sich wegen Rechtsbeugung gemäß § 339 StGB strafbar gemacht haben, indem er bei der Beurteilung der Anklagereife nicht der herrschenden Rechtsprechung folgte und, anstatt die Sache anzuklagen, eine Einstellung mangels Tatverdachts verfügte.

1. Tatbestand

34 S müsste tatbestandlich gehandelt haben und mithin zunächst den objektiven Tatbestand der Rechtsbeugung verwirklicht haben.

a) Objektiver Tatbestand

aa) Tauglicher Täter

35 S müsste tauglicher Täter der Rechtsbeugung gewesen sein. In Betracht kommen Richter, andere Amtsträger oder Schiedsrichter. Der Staatsanwalt ist Amtsträger i.S.v. § 11 Abs. 1 Nr. 2 lit. a StGB. Mithin ist S tauglicher Täter.

bb) Tatsituation: bei Leitung oder Entscheidung einer Rechtssache

36 S müsste in seiner amtlichen Eigenschaft damit betraut gewesen sein, eine Rechtssache zu entscheiden oder zu leiten. Eine Rechtssache ist jede Angelegenheit mit Rechtsbezug, bei der mehrere Beteiligte mit – jedenfalls möglicherweise – widerstreitenden rechtlichen Interessen einander gegenüberstehen und über die in einem rechtlich vollständig geregelten Verfahren nach Rechtsgrundsätzen zu verfahren und zu entscheiden ist.[2] Für eine Leitung oder Entscheidung der Rechtssache kommt es auf die Stellung des Amtsträgers im konkreten Verfahren an. Sie erfordert eine beherrschende Stellung des Täters in dem jeweiligen Verfahren, dessen Neutralität sowie einen gewissen Grad sachlicher Unabhängigkeit in seiner Person.[3] Die entfaltete Tätigkeit darf nicht als bloßer Rechtsvollzug erscheinen.[4] Dabei ist umstritten, ob ein Staatsanwalt mit einer Rechtssache betraut ist und seine Entscheidungen mithin vom Tatbestand der Rechtsbeugung erfasst sind.

37 (1) Einer Ansicht nach kann einem Staatsanwalt bereits keine Leitungs- oder Entscheidungsfunktion in einer Rechtssache zukommen. Er erscheine vielmehr als Ankläger und als Anwalt des Staates. Er ist daher selbst Partei des Strafverfahrens.[5] Insbesondere eine bei der Entscheidung unabhängige Position, die der des Richters nach Art. 97 GG gleichkomme, scheide schon wegen der Weisungsgebundenheit gemäß § 146 GVG aus.

2 BGHSt 14, 147 (148) = NJW 1960, 253; BGHSt 5, 301 (304); MüKoStGB/*Uebele* § 339 StGB Rn. 19; Lackner/Kühl/*Heger* § 339 StGB Rn. 3.
3 BGHSt 41, 247 (249); BeckOK-StGB/*Bange* § 339 StGB Rn. 8.
4 BGHSt 24, 326 (328); MüKoStGB/*Uebele* § 339 StGB Rn. 11; LK-StGB/*Hilgendorf* § 339 StGB Rn. 36.
5 *Seebode*, Das Verbrechen der Rechtsbeugung, S. 75; SK-StGB/*Stein/Deiters* § 339 StGB Rn. 30; *Beining*, ZJS 2015, 546.

(2) Nach der herrschenden Meinung und Rechtsprechung kommt auch ein Staatsanwalt grundsätzlich als Täter der Rechtsbeugung im Rahmen des strafprozessualen Ermittlungsverfahrens in Betracht, sofern er verfahrensabschließende Entscheidungen, wie etwa eine Einstellung nach § 170 Abs. 2 StPO, trifft.[6] Der einzelne Staatsanwalt habe hier die Entscheidungskompetenz über eine Rechtssache inne, da die Staatsanwaltschaft in diesem strafprozessualen Stadium als „Herrin des Ermittlungsverfahrens" über weitreichende Entscheidungskompetenzen hinsichtlich des weiteren Verfahrensfortgangs verfüge. **38**

(3) Stellungnahme: Der herrschenden Meinung ist zuzustimmen. Das staatsanwaltschaftlich geführte Ermittlungsverfahren kommt in jedem Fall als Rechtssache in Betracht, da es als Teil des Strafverfahrens auf die rechtsstaatliche Durchsetzung des öffentlichen Strafanspruchs gerichtet ist. Vor allem den verfahrensabschließenden Entscheidungen kommt die Qualität der Entscheidung über eine Rechtssache zu (vgl. die §§ 153, 153a, 170 StPO).[7] Der Staatsanwalt ist bei der Leitung des Ermittlungsverfahrens und seinen Entscheidungen zur Neutralität verpflichtet (vgl. etwa § 160 Abs. 2 StPO).[8] Zwar ist er aufgrund seiner Einbindung in die behördliche Hierarchie nicht so unabhängig wie ein Richter, jedoch viel freier als ein anderer Amtsträger, der zur Entscheidung von Rechtssachen berufen ist, sodass seine Stellung mit der eines Richters jedenfalls im Ansatz vergleichbar ist.[9] Das Abstellen auf eine Stellung, die mit der des Richters nach Art. 97 GG nahezu identisch erscheinen muss, schränkt den Anwendungsbereich der Rechtsbeugung entgegen ihrem Wortlaut (Amtsträger) und dem Schutzzweck der Norm zu stark ein. Die Rechtsbeugung soll dem Schutz der innerstaatlichen Rechtspflege vor Angriffen „von innen" dienen.[10] Derartige Angriffe können ohne Weiteres auch durch den Staatsanwalt innerhalb des Ermittlungsverfahrens erfolgen. Dass der Staatsanwalt bei seiner Entscheidung über die Anklageerhebung laut herrschender Meinung an die Rechtsansichten der höchstrichterlichen Rechtsprechung gebunden sein soll, steht dem nicht entgegen (zu diesem Streit sogleich unten Rn. 40 ff.). Die Wirkung der Einstellungsverfügung für das Strafverfahren ist mit der des gerichtlichen Nichteröffnungsbeschlusses im Zwischenverfahren vergleichbar; ebenso ist der Beurteilungsmaßstab bei beiden Entscheidungen ungeachtet des Entscheidungsträgers nahezu identisch.[11] Eine durch die Bindung an Präjudizien eingegrenzte Kompetenz in der Rechtsanwendung bei im Übrigen uneingeschränktem Entschließungsspielraum lässt den erforderlichen Grad an sachlicher Unabhängigkeit bei der Entscheidungsfindung nicht entfallen, zumal der Regelung des § 339 StGB kein Erfordernis entnommen werden kann, dass ein Täter in seiner amtlichen Funktion zwingend der judikativen Gewalt angehören muss. **39**

Somit war S bei seiner Entscheidung über die Einstellung des Verfahrens mit der Entscheidung einer Rechtssache betraut.

---

6 Vgl. etwa RGSt 69, 213 (214); BGHSt 32, 357; BGHSt 38, 381 (382); BGHSt 40, 169 (180); NK-StGB/*Kuhlen/Zimmermann* § 339 StGB Rn. 16; LK-StGB/*Hilgendorf* § 339 StGB Rn. 22 mwN.

7 BGHSt 40, 169 (180); OLG Bremen, NStZ 1986, 120 (121); MüKoStGB/*Uebele* § 339 StGB Rn. 12.

8 Statt aller OLG Bremen, NStZ 1986, 120 (121); LK-StGB/*Hilgendorf* § 339 StGB Rn. 22.

9 LK-StGB/*Hilgendorf* § 339 StGB Rn. 22.

10 So auch *Wagner*, ZJS 2018, 81 (86).

11 BGHSt 40, 169 (177); BGHSt 41, 247 (249); OLG Bremen, NStE § 336 StGB Nr. 2.

cc) Tathandlung: Rechtsbeugung

40 Innerhalb der Entscheidung der Rechtssache müsste S das Recht gebeugt haben. Als Recht kommen insbesondere alle Vorschriften des positiven Rechts in Betracht.[12] Bei seiner Entscheidung hat S vor allem das materielle (§ 265a StGB) und das formelle Strafrecht (vor allem § 170 StPO) angewendet. Fraglich ist, ob die hierin erfolgte Rechtsanwendung eine Rechtsbeugung darstellt. Das allgemeine Verständnis der Tathandlung der Rechtsbeugung ist unklar und umstritten.

(1) Ältere subjektive Theorie

41 Nach der früher vertretenen subjektiven Theorie sollte es darauf ankommen, dass der Täter bei der Rechtsanwendung gegen seine persönliche Überzeugung gehandelt hat.[13] Da S gerade nicht im Widerspruch zu seiner persönlichen Überzeugung, sondern nur zur herrschenden Meinung gehandelt hat, liegt nach dieser Ansicht im Erlass des Einstellungsbeschlusses keine taugliche Rechtsbeugungshandlung.

(2) Pflichtwidrigkeitslehre

42 Nach der Pflichtwidrigkeitslehre muss der Täter bei der Rechtsanwendung die ihn treffenden spezifischen Pflichten bei der Wahrheits- und Rechtsfindung verletzt haben. Bei objektiv nicht mehr vertretbaren Entscheidungen, also objektiv klaren Rechtsverstößen sei hiervon stets auszugehen; bei objektiv vertretbaren Entscheidungen komme es auf zugrundliegende sachfremde Erwägungen an.[14] Die materiell-rechtliche Fragestellung, ob bloßes Schwarzfahren den Tatbestand des § 265a StGB verwirklichen soll, ist umstritten. Da S sich entgegen der Rechtsprechung der Literaturansicht angeschlossen hat, lag bereits kein objektiver Rechtsverstoß vor, da sein Handeln im Rahmen der rechtlich vertretbaren Rechtsauslegung lag. Hierin könnte allerdings ein Verstoß gegen das formelle Recht gelegen haben, da fraglich ist, ob der Staatsanwalt im Ermittlungsverfahren nicht an die Entscheidungen der höchstrichterlichen Rechtsprechung gebunden ist. Allerdings ist auch diese Frage umstritten und es werden verschiedene Ansichten vertreten (näher hierzu sogleich unten Rn. 52 ff.).[15] Daher war auch die Anwendung der der Einstellungsverfügung zugrundeliegenden strafprozessualen Regelungen vertretbar und es liegt kein objektiver Rechtsverstoß vor. Zudem ergeben sich keine Hinweise, dass S bei seiner Entscheidung aus sachfremden Erwägungen gehandelt habe. Auch nach dieser Ansicht hat S bei seiner Entscheidung also keine Rechtsbeugungshandlung begangen.

(3) Objektive Theorie und Rechtsprechung

43 Nach der herrschenden objektiven Theorie muss der Täter bei seiner Entscheidung das Recht klar verletzt und mithin eine Entscheidung getroffen haben, die in klarem Widerspruch zu Recht und Gesetz steht.[16] Zusätzlich verlangt die Rechtsprechung, dass nicht

---

12 BGHSt 40, 30 (43); BGHSt 38, 381 (383); MüKoStGB/*Uebele* § 339 StGB Rn. 24.
13 So noch *Sarstedt*, in: FS Heinitz, S. 429 ff., weitere Nachweise bei LK-StGB/*Hilgendorf* § 339 StGB Rn. 45.
14 *Rudolphi*, ZStW 82 (1970), 610 (611 ff.).
15 Vgl. die Übersicht bei *Rössner/Safferling*, S. 11 ff.
16 BGHSt 47, 105 (108 f.); KG, NStZ 1988, 557; *Fischer* § 339 StGB Rn. 33; Schönke/Schröder/*Heine/Hecker* § 339 StGB Rn. 10; BeckOK-StGB/*Bange* § 339 StGB Rn. 11.

jede unrichtige Rechtsanwendung den Tatbestand der Rechtsbeugung verwirklichen soll, sondern dass der Rechtsbruch einen elementaren Verstoß gegen die Rechtspflege darstellt, bei der der Täter sich bewusst und in schwerwiegender Weise von Recht und Gesetz entfernt haben muss.[17] Wie bereits oben geschildert, waren die anzuwendenden Normen des formellen und materiellen Rechts in ihren Voraussetzungen und ihrer Reichweite umstritten. Eine klare und schwerwiegende Verletzung des Legalitätsprinzips ist deshalb nicht zu erkennen, weil die Bindung des Staatsanwalts an die höchstrichterliche Rechtsprechung prozessrechtlich umstritten ist. Mithin liegt in der Entscheidung des S auch nach dieser Meinung keine taugliche Rechtsbeugungshandlung.

Mithin stellt der Erlass der Einstellungsverfügung keine tatbestandliche Handlung dar.

b) Zwischenergebnis

Der objektive Tatbestand ist nicht verwirklicht. **44**

2. Zwischenergebnis

S handelte daher nicht tatbestandlich. **45**

3. Ergebnis

S hat sich nicht wegen Rechtsbeugung strafbar gemacht. **46**

II. Strafbarkeit gemäß § 258 Abs. 1, § 258a Abs. 1, § 13 Abs. 1 StGB

S könnte sich durch Einstellung des Ermittlungsverfahrens und Nichtanklage des J **47**
wegen Strafvereitelung im Amt durch Unterlassen nach § 258 Abs. 1, § 258a Abs. 1, § 13 Abs. 1 StGB strafbar gemacht haben.

Dafür müsste er absichtlich oder wissentlich ganz oder zum Teil vereitelt haben, dass ein anderer wegen einer rechtswidrigen Tat dem Strafgesetz gemäß bestraft wird oder einer Maßnahme unterworfen wird, § 258 Abs. 1 StGB. Daneben müssten die Voraussetzungen des § 13 Abs. 1 StGB erfüllt sein und S müsste als Amtsträger gehandelt haben, § 258a Abs. 1 StGB.

1. Objektiver Tatbestand von § 258 Abs. 1, § 258a Abs. 1, § 13 Abs. 1 StGB

a) Tauglicher Täter

S war als Staatsanwalt Amtsträger gemäß § 11 Abs. 1 Nr. 2 lit. a StGB und zur Mitwir- **48**
kung am Strafverfahren berufen.

b) Strafbare fremde Vortat

Daneben müsste eine tatbestandsmäßige, rechtswidrige und schuldhafte Vortat eines **49**
anderen vorgelegen haben. Nach höchstrichterlicher Rechtsprechung stellt das Verhalten

17 BGH, NJW 2014, 1192 (1193); BGHSt 34, 146 (149); BGHSt 40, 272 (283); BGH, NStZ-RR 2001, 243 (244); BeckOK-StGB/*Bange* § 339 StGB Rn. 12.

des J das Erschleichen einer Leistung i.S.d. § 265a Abs. 1 Var. 3 StGB dar und laut Sachverhalt sind alle weiteren Voraussetzungen erfüllt.

c) Vereitelungserfolg

50 Darüber hinaus müsste S die Bestrafung des J aus dieser Tat vereitelt haben. Darunter versteht man jede Besserstellung des Täters im Hinblick auf den staatlichen Anspruch auf Verhängung oder Androhung der Strafe oder Maßnahme.[18] Die Tat kann grundsätzlich auch durch Unterlassen begangen werden.[19]

J wurde infolge der Einstellung des Ermittlungsverfahrens nicht bestraft, der Taterfolg ist mithin eingetreten.

d) Vereitelungshandlung durch begehungsgleiches Unterlassen gemäß § 13 Abs. 1 StGB

aa) Unterlassen gebotener Handlung/Quasi-Kausalität

51 S hat die zur Erfolgsabwendung gebotene Handlung, die Erhebung der Anklage, unterlassen. Das Unterlassen war auch kausal für den Erfolgseintritt.

bb) Garantenstellung

52 Fraglich ist weiter, ob S eine Garantenstellung innehat. Eine solche besteht nur bei Personen, die gesetzlich dazu berufen sind, an der Strafverfolgung mitzuwirken.[20] § 152 Abs. 2 StPO begründet für die Staatsanwaltschaft die Pflicht, wegen einer verfolgbaren Straftat einzuschreiten, sofern zureichende tatsächliche Anhaltspunkte vorliegen. Gemäß § 170 Abs. 1 StPO muss die Staatsanwaltschaft schließlich die öffentliche Anklage erheben, sofern ein hinreichender Tatverdacht besteht (Legalitätsprinzip).[21] Offen ist aber, wer darüber befindet, ob insoweit eine verfolgbare Straftat i.S.d. § 152 Abs. 2 StPO vorliegt. Hierbei kann das Problem entstehen, dass die Staatsanwaltschaft das Verhalten entgegen der Rechtsprechung für straflos hält oder umgekehrt.[22]

Vorliegend ist S entgegen der Rechtsprechung davon überzeugt, dass das „schlichte Schwarzfahren" nicht unter den Tatbestand des Erschleichens von Leistungen nach § 265a Abs. 1 Var. 3 StGB fällt. Fraglich ist, ob er an die höchstrichterliche Rechtsprechung gebunden ist. Dies ist umstritten.

53 (1) Im Schrifttum wird eine Bindung teilweise verneint.[23] Argumentiert wird dabei mit der Stellung der Staatsanwaltschaft, welche nach § 150 GVG von den Gerichten unabhängig ist.[24] Ihr obliege es deshalb, die tatsächlichen und rechtlichen Voraus-

---

18 BGH, NJW 1984, 135 (135); *Fischer* § 258 StGB Rn. 7.
19 *Fischer* § 258 StGB Rn. 11.
20 NK-StGB/*Altenhain* § 258 StGB Rn. 44; MüKoStGB/*Cramer* § 258 StGB Rn. 19; *Fischer* § 258 StGB Rn. 11.
21 *Engländer* Rn. 17; *Roxin/Schünemann* § 14 Rn. 4.
22 *Beulke/Swoboda* Rn. 147.
23 *Hellmann* Rn. 66; *Krey/Heinrich* Rn. 239; *Roxin/Schünemann* § 9 Rn. 14.
24 *Hellmann* Rn. 66; *Krey/Heinrich* Rn. 239.

setzungen einer Straftat in eigener Verantwortung zu beurteilen.[25] Das Legalitätsprinzip begründe zwar die Pflicht der Staatsanwaltschaft, strafbare Handlungen zu verfolgen, besage aber nicht, dass die Staatsanwaltschaft über die Strafbarkeit nicht nach ihrer eigenen Auffassung urteilen dürfe.[26]

(2) Die Rechtsprechung und ein Großteil der Literatur gehen hingegen von einer Bindungswirkung aus.[27] Dafür sprechen das Prinzip der Rechtssicherheit und des Rechtsfriedens sowie die Gleichbehandlung vor dem Gesetz i.S.d. Art. 3 Abs. 1 GG.[28] Außerdem sei diese dem Legalitätsprinzip (§ 152 Abs. 2, § 170 Abs. 1 StPO) geschuldet.[29] Für eine Bindungswirkung wird auch das Prinzip der Gewaltenteilung angeführt, weil durch Nichtanklage der Fall der Judikative entzogen werde, welche allein für die Rechtsprechung zuständig ist, Art. 92 GG.[30] **54**

(3) Die besseren Gründe streiten für die zweite Ansicht. Der Staatsanwaltschaft wird ihre Unabhängigkeit nicht genommen, vielmehr steht es ihr frei, eine gegenteilige Rechtsauffassung im Gerichtsverfahren zu vertreten und einen Freispruch zu beantragen.[31] **55**

Damit war S verpflichtet, an der Strafverfolgung mitzuwirken. Die Voraussetzung für eine Garantenstellung ist erfüllt. Folglich hat S den objektiven Tatbestand des § 258 Abs. 1, § 258a Abs. 1 StGB durch Unterlassen verwirklicht.

2. Subjektiver Tatbestand § 258 Abs. 1, § 258a Abs. 1, § 13 Abs. 1 StGB

S handelte zumindest bedingt vorsätzlich hinsichtlich der Vortat und mit dolus directus ersten Grades hinsichtlich der Vereitelung der Bestrafung des J aus § 265a StGB. Er wusste auch, dass er als Staatsanwalt zur Mitwirkung an der Strafverfolgung verpflichtet ist. Sein bedingter Vorsatz erstreckte sich mithin auf seine Mitwirkungspflicht sowie seine Amtsträgereigenschaft. **56**

3. Rechtswidrigkeit

S könnte indes gerechtfertigt gehandelt haben. Da er durch seine Entscheidung, das Strafverfahren einzustellen, als Amtsträger bei der Entscheidung über eine Rechtssache gehandelt hat (siehe oben), bewegte sich sein Verhalten zwar innerhalb des gegenständlichen Bereichs des Tatbestands der Rechtsbeugung. Dessen Untersuchung hat jedoch ergeben, dass sein Verhalten keine strafbare Rechtsbeugungshandlung darstellt. Fraglich ist, ob diesem Umstand eine rechtfertigende Wirkung hinsichtlich der verwirklichten Strafvereitelung im Amt zukommen kann. Dies, wie auch die sonstige Wirkung der nicht verwirklichten Rechtsbeugung für weitere durch die rechtliche Entscheidung verwirklichte Delikte, ist umstritten. **57**

25 *Hellmann* Rn. 66; *Roxin/Schünemann* § 9 Rn. 14.
26 *Roxin/Schünemann* § 9 Rn. 14.
27 BGHSt 15, 155 (158 f.); OLG Zweibrücken, JuS 2007, 691 (692); *Beulke/Swoboda* Rn. 148; *Kühne* Rn. 144; *Volk/Engländer* § 12 Rn. 5.
28 *Kühne* Rn. 144.
29 BGHSt 15, 155 (159); *Beulke/Swoboda* Rn. 148.
30 *Volk/Engländer* § 12 Rn. 5.
31 *Beulke/Swoboda* Rn. 148.

a) Rechtfertigung aus amtlichem Handeln

aa) Eine Ansicht: rechtfertigende Wirkung der Nichtverwirklichung der Rechtsbeugung

58 Nach einer Ansicht soll eine den Tatbestand der Rechtsbeugung nicht verwirklichende Entscheidung bzw. Leitungshandlung in einer Rechtssache bei verwirklichten Delikten einen Spezialfall der Rechtfertigung aus amtlichem Handeln darstellen.[32] Begründet wird dies mit der Tatsache, dass der Gesetzgeber in § 339 StGB eine für die Strafbarkeit im Zusammenhang mit rechtlichen Entscheidungen abschließende Regelung getroffen hat. Der Tatbestand der Rechtsbeugung diene nicht nur dem Schutz der Rechtspflege, sondern umgekehrt auch dem Schutz der inneren Unabhängigkeit der Rechtspflegeorgane. Daher konstituiere die Rechtsbeugung innerhalb ihres Anwendungsbereichs im Falle der Nichtverwirklichung eine Sperrwirkung für alle anderen verwirklichten Delikte. Sofern dem Richter oder sonstigen Amtsträger bei der Entscheidung oder Leitung der Rechtssache kein darüber hinausgehender gravierender Rechtsverstoß vorzuwerfen ist, ist sein tatbestandliches Handeln als Diensthandeln gerechtfertigt.[33] Rechtsdogmatisch realisierbar sei diese in der Sache zutreffende Sperrwirkung lediglich über den Rechtfertigungsgrund des amtlichen Handelns. Ungeachtet der dogmatischen Begründung kommt nach allgemeiner Ansicht die Sperrwirkung nicht nur dem Richter, sondern auch dem Staatsanwalt zugute.[34] Hiernach wäre das Verhalten des S gerechtfertigt.

bb) Konkurrenzlösung

59 Die herrschende Meinung erkennt grundsätzlich die Sperrwirkung der Rechtsbeugung an. Sie begründet dies mit denselben grundlegenden Argumenten, wie die Ansicht vom Rechtfertigungsgrund des amtlichen Handelns. So diene die Rechtsbeugung nicht nur dem Schutz der Rechtspflege vor Angriffen von innen, sondern umgekehrt auch dem Schutz ihrer Unabhängigkeit, sodass § 339 StGB gewissermaßen für die Strafbarkeit von Handlungen bei der Befassung mit einer Rechtssache eine abschließende Regelung treffe.[35] Die Sperrwirkung des § 339 StGB stelle jedoch einen Fall der Spezialität dar, der alle bei der rechtlichen Entscheidung in Idealkonkurrenz verwirklichten Delikte ausschließe.[36] Eine Rechtfertigung wäre hiernach ausgeschlossen.

cc) Andere Ansicht: Straflosigkeit über die allgemeinen Grundsätze

60 Eine weitere Ansicht lehnt die Existenz einer Sperrwirkung der Rechtsbeugung ab. Weder für die Konkurrenzlösung der herrschenden Meinung noch für einen gesonderten Rechtfertigungsgrund bestünde eine normative Grundlage. Der nicht nach der Rechtsbeugung strafbare Richter oder Amtsträger bleibe nach den anderen Delikten vielmehr durch entsprechende Anwendung der allgemeinen Grundsätze zur Strafbarkeit straflos,

---

32 *Schröder*, GA 1993, 389 (396 ff.); *Maurach/Schroeder/Maiwald*, StrafR BT II, § 77 II Rn. 21.

33 *Schröder*, GA 1993, 389 (396); so auch MüKoStGB/*Uebele* § 339 StGB Rn. 71 f.

34 BGH, NJW 1995, 3324 (3326); OLG Oldenburg v. 3.12.2015 – 1 Ws 513/15; BeckRS 2016, 05345 Rn. 31; BeckOK-StGB/*Bange* § 339 StGB Rn. 28; MüKoStGB/*Uebele* § 339 StGB Rn. 71 f.

35 Vgl. nur BGH, NJW 1995, 3324 (3326); NK-StGB/*Kuhlen* § 339 StGB Rn. 94 mwN.

36 BGHSt 41, 247 (255); LK-StGB/*Hilgendorf* § 339 StGB Rn. 144 f.; NK-StGB/*Kuhlen* § 339 StGB Rn. 94.

so etwa analog § 16 Abs. 1 S. 1 StGB.[37] Auch nach dieser Ansicht wäre eine Rechtfertigung des S ausgeschlossen.

dd) Stellungnahme

Für die Frage der Rechtfertigung des Verhaltens des S kommen die Ansichten zu unterschiedlichen Ergebnissen, sodass der Streit zu entscheiden ist. Der herrschenden Konkurrenzlösung ist hierbei insgesamt zuzustimmen. Dogmatisch handelt es sich bei der Sperrwirkung der Rechtsbeugung zutreffend um einen Sonderfall der Gesetzeskonkurrenz. Der Fall der Sperrwirkung des Nichteingreifens von Tatbeständen beruht auf dem Gedanken der Konkurrenzregel von der Gesetzesspezialität. Im Gegensatz zur Ausgangsform, bei der beide Tatbestände erfüllt sein müssen, geht es bei dieser Form der Gesetzeskonkurrenz um die Sperrwirkung des partiellen Eingreifens eines Tatbestands. Sie stützt sich auf den Gedanken der abschließenden Regelung der Strafbarkeit in bestimmten Fällen, wie der exklusiven Erfassung richterlichen Fehlverhaltens bei der Entscheidung einer Rechtssache. Sie ist auch bei anderen Tatbeständen durchaus anerkannt (vgl. § 113 und § 240 StGB oder § 258 gegenüber § 267 StGB).[38] Eine gesonderte Begründung der Straflosigkeit des Täters mittels eines speziellen Rechtsfertigungsgrunds oder etwa über eine entsprechende Anwendung der allgemeinen Grundsätze ist daher entbehrlich. **61**

b) Zwischenergebnis

Eine Rechtfertigung des Verhaltens kommt mithin nicht in Betracht. **62**

S handelte somit rechtswidrig.

4. Schuld

Entschuldigungsgründe sowie persönliche Strafausschließungsgründe sind nicht ersichtlich. **63**

5. Sperrwirkung der Rechtsbeugung

Da S den Tatbestand der Strafvereitelung durch Unterlassen in Ausübung der ihm amtlich eingeräumten Entscheidung über eine Rechtssache verwirklicht hat, ist § 258a, § 13 Abs. 1 StGB in seinen Rechtsfolgen aufgrund der Nichtverwirklichung der Rechtsbeugung als insoweit für die Strafbarkeit abschließende Regelung gesperrt. **64**

6. Ergebnis

S hat sich nicht nach § 258 Abs. 1, § 258a Abs. 1, § 13 Abs. 1 StGB strafbar gemacht. **65**

---

37 Hierzu SK-StGB/*Stein/Deiters* § 339 StGB Rn. 4 ff.

38 Zu alldem eingehend NK-StGB/*Kuhlen* § 339 StGB Rn. 94 mwN.

III. Gesamtergebnis

66 S ist somit straflos.

Anmerkung: Im umgekehrten Fall (S hält ein Verhalten entgegen der höchstrichterlichen Rechtsprechung für strafbar) dürfte S nach überwiegender Ansicht Anklage erheben, obwohl das Verhalten nach ständiger Rechtsprechung straflos ist.[39] Ansonsten könnten die Gerichte mangels Anklage eine einmal etablierte Rechtsprechung nicht wieder korrigieren.[40] Im Hinblick auf § 344 StGB sollte aber eine hinreichende Begründung verlangt werden.[41]

Ergänzungen und Vertiefung

67 **Reichweite der Ermittlungspflichten des Staatsanwalts:**

Beulke/Swoboda Rn. 147 ff.; *Mitsch/Ellbogen* Fall 1 (außerdienstliche Kenntniserlangung); *Murmann* Rn. 38 ff. (Bindung des Staatsanwalts an Präjudizen), 45 ff. (außerdienstliche Kenntniserlangung); *Jänicke*, JuS 2016, 1099 ff. (außerdienstliche Kenntniserlangung); *Hütwohl*, JuS 2022, 495 (Was ist eigentlich … eine Ermittlungsperson der Staatsanwaltschaft?).

Strafvereitelung durch den Strafverteidiger mittels Prozesshandelns:

Kudlich/Herold, JA 2013, 511 ff.; *Preuß*, JuS 2019, 1094 ff.

39 *Beulke/Swoboda* Rn. 147; *Hellmann* Rn. 65; *Krey/Heinrich* Rn. 243.
40 *Hellmann* Rn. 65.
41 *Krey/Heinrich* Rn. 243.

Fall 3

Verbotene Vernehmungsmethoden; Einsatz von Privatpersonen bei Ermittlungsmaßnahmen; Fernwirkung von Beweisverwertungsverboten

Ausgangsfall:[1] 68

A wurde dringend verdächtigt, an einem Raub beteiligt gewesen zu sein. Er saß daher in Untersuchungshaft in der JVA Hildesheim. Die Ermittlungsbehörden wollten weitere Informationen beschaffen, die den Verdacht erhärten sollten. Der Kriminalbeamte P veranlasste deshalb die Verlegung des N, der in einer anderen JVA untergebracht war, in die JVA Hildesheim. P fragte N, ob er bereit sei, die Polizei bei ihren weiteren Ermittlungen gegen A zu unterstützen. N sagte zu, weil er sich dadurch Vorteile für sein eigenes Verfahren erhoffte. P forderte N sodann dazu auf, weitere Informationen von A über die ihm vorgeworfene Straftat zu besorgen. N wurde daraufhin in die Zelle des A verlegt. In den ersten Tagen gelang es N nicht, etwas herauszufinden. Mit der Zeit erlangte er jedoch das Vertrauen des A. A erzählte ihm in der Folge einige Details über das Tatgeschehen. N sagte später in der Hauptverhandlung als Zeuge gegen A über den Gesprächsinhalt aus.

Darf das Gericht seine Entscheidung auf die Angaben stützen, die N über das Gespräch mit A machte?

Abwandlung:

Außerdem konnte aufgrund der durch N erlangten Informationen auch noch D ermittelt werden. D ist ein Bekannter des A, der ebenfalls Kenntnisse vom Tatgeschehen hat. Auch D sagte in der Hauptverhandlung gegen A aus.

Darf das Gericht seine Entscheidung auf die Aussage des D stützen?

(Bearbeitungszeit: 1 h)

---

1 Angelehnt an BGHSt 34, 362 (364).; vgl. auch eine ähnliche Konstellation mit entscheidenden Unterschieden in BGHSt 42, 139 (158), (sogenannte „Hörfalle“).

Vorüberlegungen

69 Der Fall befasst sich mit dem Einsatz verbotener Vernehmungsmethoden gemäß §§ 136, 136a StPO und dessen weiterer Konsequenzen für das Strafverfahren. Kern der Aufgabe ist der Einsatz von Privatpersonen (sogenannte Vertrauenspersonen) zur Erlangung von Beweismitteln. Praktisch werden damit wichtige strafverfahrensrechtliche Schutzmechanismen umgangen. Die Aufgabenstellung ist wegen der Frage nach der bloßen Verwertbarkeit der gewonnenen Beweise recht einfach gehalten, sodass der gutachterliche Prüfungseinstieg keine Schwierigkeiten bereitet. Im Ausgangsfall sind zunächst die Voraussetzungen des gesetzlich normierten Beweisverwertungsverbots nach § 136a StPO zu untersuchen. Gegenstand sind die erlangten Erkenntnisse durch den Mithäftling des Beschuldigten zum Zeitpunkt der Untersuchungshaft. Erste Voraussetzung des Beweisverwertungsverbots nach § 136a StPO stellt eine Vernehmung im strafverfahrensrechtlichen Sinne dar. Hier ist der Begriff der Vernehmung in Anbetracht der Eigenschaft des Mithäftlings als Privatperson zu diskutieren. Diese Problematik stellt ein Standardproblem dar. In der Konsequenz des herrschenden formellen Vernehmungsbegriffs ist sodann die analoge Anwendbarkeit von § 136a StPO zu erörtern. Hierbei müssen die Problematik und die Besonderheiten des Aushorchens eines Tatverdächtigen durch einen Mithäftling in der Untersuchungshaft, insbesondere eine Spezifikation der in Betracht kommenden verbotenen Vernehmungsmethode diskutiert werden. Im Ergebnis kommt man zur Feststellung eines Beweisverwertungsverbots. Hierauf aufbauend ist in der Abwandlung das bekannte Problem einer Fernwirkung von Beweisverwertungsverboten gutachterlich zu erörtern.

Gliederung

70 **Ausgangsfall**

I. Beweisverwertungsverbot nach § 136a Abs. 3 S. 2 StPO
   1. Vernehmung
      a) Formeller (enger) Vernehmungsbegriff
      b) Funktionaler (weiter) Vernehmungsbegriff
      c) Streitentscheid
   2. Ergebnis

II. Beweisverwertungsverbot aufgrund analoger Anwendung der §§ 136 f., 163a StPO
   1. Analogie hinsichtlich Vernehmung
      a) Planwidrige Regelungslücke
      b) Vergleichbare Interessenslage
   2. Beeinträchtigung der Freiheit der Willensentschließung
      a) Beeinträchtigung durch verbotenen Zwang (Bundesgerichtshof)
      b) Beeinträchtigung durch Täuschung (Teile der Rechtsprechung und Literatur)
      c) Zwischenergebnis
   3. Kausalität
   4. Rechtsfolge

Abwandlung

1. Rechtsprechung: keine Fernwirkung
2. Andere Ansicht: „fruit of the poisonous tree"-doctrine
3. Weitere Ansicht: Abwägung im Einzelfall
4. Stellungnahme

Lösungsvorschlag

Ausgangsfall

71 Das Gericht darf seine Entscheidung auf die durch N erlangten Erkenntnisse stützen, wenn kein Beweisverwertungsverbot entgegensteht. Beweisverwertungsverbote schließen bestimmte Erkenntnisse von der Berücksichtigung im Urteil aus.[2]

I. Beweisverwertungsverbot nach § 136a Abs. 3 S. 2 StPO

72 Es ist zunächst zu erörtern, ob ein Verstoß gegen ein gesetzliches Beweisverwertungsverbot in Betracht kommt.[3] N hat A während der Untersuchungshaft Informationen entlockt. Möglicherweise liegt hier ein Verstoß gegen § 136a Abs. 1 StPO vor, da die Freiheit der Willensentschließung des A beeinträchtigt worden sein könnte. Nach § 136a Abs. 3 S. 2 StPO dürfen Aussagen, die unter Verletzung von § 136a Abs. 1 oder Abs. 2 StPO zustande gekommen sind, nicht verwertet werden. Es könnte also ein Verstoß gegen ein gesetzliches (absolutes) Beweisverwertungsverbot gegeben sein.

1. Vernehmung

73 Erste Voraussetzung des Beweisverwertungsverbots nach § 136a Abs. 3 S. 2 StPO ist eine richterliche Vernehmung.[4] Dass vorliegend bei der richterlichen Vernehmung gegen § 136a Abs. 1, 2 StPO verstoßen wurde, ist nicht ersichtlich. Zu überprüfen ist hier vielmehr bereits das Geschehen im Vorfeld, nämlich das Erlangen der Informationen durch N in der Zelle. Da N auf Wunsch der Ermittlungsbehörden tätig wurde, könnte § 136a StPO über den Verweis in § 163a Abs. 3 S. 2, § 163a Abs. 4 StPO Anwendung finden.

Problematisch erscheint dabei jedoch, dass auch diese Normen das Vorliegen einer Vernehmung voraussetzen. Fraglich ist also, ob das Gespräch zwischen A und N in der Zelle eine Vernehmung darstellte.

a) Formeller (enger) Vernehmungsbegriff

74 Eine Vernehmung liegt nach herrschendem Begriffsverständnis vor, wenn der Fragende dem Befragten in amtlicher Funktion gegenübertritt und in dieser Eigenschaft Auskunft verlangt.[5] N ist kein Amtsträger und A damit auch nicht in einer solchen Funktion gegenübergetreten. Vielmehr hat er als Privatperson das Gespräch mit A gesucht. Die Unterhaltungen zwischen N und A stellen also hiernach keine Vernehmungen dar. Die §§ 136 f., 163a StPO sind damit nicht anwendbar.

b) Funktionaler (weiter) Vernehmungsbegriff

75 Nach dem weiter gefassten funktionalen Vernehmungsbegriff liegt eine Vernehmung immer vor, wenn eine Äußerung des Beschuldigten irgendwie durch ein Strafverfol-

---

2 *Beulke/Swoboda* Rn. 702; Meyer-Goßner/Schmitt/*Schmitt* Einl. Rn. 55.

3 Überblick zu den Beweisverwertungsverboten bei *Hombrecher*, JA 2016, 457.

4 G/J/T/Z/*Ahlbrecht* § 136 StPO Rn. 2.

5 BGHSt 42, 139 (145); G/J/T/Z/*Ahlbrecht* § 136 StPO Rn. 10; *Krey/Heinrich* Rn. 1162; *Beulke/Swoboda* Rn. 177.

gungsorgan herbeigeführt wurde.[6] N suchte auf Verlangen der Ermittlungsbehörden das Gespräch mit A. Die Äußerungen wurden also indirekt durch ein Strafverfolgungsorgan herbeigeführt. Damit liegt nach dem funktionalen Begriff eine Vernehmung vor und die §§ 136 f., 163a StPO sind anwendbar.

c) Streitentscheid

Die Ansichten kommen zu unterschiedlichen Ergebnissen, sodass ein Streitentscheid zu führen ist. Für den formellen Vernehmungsbegriff spricht zunächst, dass ein solches Verständnis der überkommenen Bedeutung des Wortes in der Rechtssprache entspricht.[7] Dieses Verständnis hat sich auch in der heute geltenden StPO manifestiert: Normen wie beispielsweise § 52 Abs. 2, 3 StPO, § 69 StPO oder § 253 StPO sind erkennbar auf eine „offene Vernehmung" i.S.d. formellen Begriffs zugeschnitten.[8] Eine Erweiterung des Begriffs i.S.d. funktionalen Ansatzes ist dem Gesetz dagegen nicht zu entnehmen.[9] Vielmehr hat diese Sichtweise sogar zur Folge, dass Widersprüche innerhalb des Gesetzes drohen: Nach dem funktionalen Begriff würden auch verdeckte Ermittler „Vernehmungen" durchführen, was dem Sinn und Zweck der §§ 110a ff. StPO widerspricht.[10] Vorzugswürdig ist daher der formelle Vernehmungsbegriff.[11] Das hat zur Folge, dass im konkreten Fall keine Vernehmung vorliegt.[12] **76**

2. Ergebnis

Mangels Vernehmung ist das Beweisverwertungsverbot des § 136a Abs. 3 S. 2 StPO nicht einschlägig. **77**

Sofern man mit der herrschenden Rechtsprechung annimmt, dass keine Vernehmung vorliegt und die Zielperson nicht Beschuldigter ist, kommt auch ein Beweisverwertungsverbot gem. § 252 StPO (analog) nicht in Betracht.[13]

II. Beweisverwertungsverbot aufgrund analoger Anwendung der §§ 136 f., 163a StPO

Möglicherweise gebieten die konkreten Umstände jedoch eine analoge Anwendung der §§ 136 f., 163a StPO. **78**

1. Analogie hinsichtlich Vernehmung

Dafür müssten die Voraussetzungen einer Analogiebildung vorliegen. Das setzt das Vorliegen einer planwidrigen Regelungslücke sowie eine vergleichbare Interessenlage voraus.[14] **79**

---

6 *Seebode*, JR 1988, 426 (428); weitere Nachweise bei BGHSt 42, 139 (146).
7 BGHSt 42, 139 (145 f.).
8 BGHSt 42, 139 (146).
9 BGHSt 42, 139 (146); BGH NStZ 2023, 560 (562).
10 BGHSt 42, 139 (146).
11 BGH NJW 2023, 560 (562).
12 a.A. *Lagodny*, StV 1996, 167 (168).
13 BGHSt 40, 211 (213 ff.).
14 Grundlegend zur Analogiebildung *Mann* Rn. 273.

a) Planwidrige Regelungslücke

80 Privatpersonen, die auf Geheiß einer Strafverfolgungsbehörde über einen längeren Zeitraum Informationen zur Aufklärung einer Straftat erforschen und weiterleiten sollen, bezeichnet man als Vertrauenspersonen („V-Leute"). Ihre Rechtsstellung ist im Unterschied zu Verdeckten Ermittlern (§§ 110a, 100b, 110c StPO) nicht ausdrücklich in der StPO geregelt. Die herrschende Rechtsprechung hält den Einsatz von Vertrauenspersonen dennoch für grundsätzlich zulässig.[15] Als Rechtsgrundlage muss auf die Ermittlungsgeneralklausel des § 163 Abs. 1 S. 2 StPO zurückgegriffen werden[16]. Die Modalitäten des Einsatzes sind mangels gesetzlicher Grundlage nicht eindeutig festgelegt. Der BGH vertritt die Auffassung, dass eine Zulässigkeit jedenfalls dann gegeben ist, wenn eine Straftat von erheblicher Bedeutung aufgeklärt werden soll und die Erforschung des Sachverhaltes unter Einsatz anderer Ermittlungsmethoden erheblich weniger erfolgversprechend oder wesentlich erschwert würde.[17]

Das Gesetz regelt die Konstellation nicht, in der Privatpersonen im Rahmen der Untersuchungshaft auf Beschuldigte angesetzt werden. Einen Hinweis darauf, dass der Gesetzgeber den Fall bewusst ungeregelt lassen wollte, gibt das Gesetz nicht, sodass eine planwidrige Regelungslücke angenommen werden kann.

Nach einem **Gesetzentwurf der Bundesregierung**[18] soll diese Lücke künftig geschlossen werden. Auswahl, Anordnung und Einsatz von Vertrauenspersonen sollen erstmals ausdrücklich in § 110b StPO-E geregelt werden.[19] Derzeit ist noch nicht absehbar, ob und wann dieser Gesetzentwurf umgesetzt werden könnte. Im Falle eines Inkrafttretens sollte Ihnen der grobe Inhalt bekannt sein. Daher wollen wir den Sachverhalt kurz so betrachten, als ob der Entwurf bereits in Kraft getreten wäre.

§ 110b Abs. 1 StPO-E definiert die Vertrauensperson als eine Person, die

- selbst keiner Strafverfolgungsbehörde angehört,
- vertraulich eine Strafverfolgungsbehörde in der Regel auf längere Zeit bei der Aufklärung von Straftaten unter Führung der Strafverfolgungsbehörde unterstützt und
- deren Identität grundsätzlich geheim gehalten wird.

Vom Verdeckten Ermittler grenzt sich die Vertrauensperson – nicht nur, aber grundlegend – dadurch ab, dass sie eine Privatperson ist und damit nicht Mitglied einer Strafverfolgungsbehörde.

N könnte als Vertrauensperson i.S.d. § 110b Abs. 1 StPO-E einzustufen sein. N gehörte keiner Strafverfolgungsbehörde an und sollte der Polizei als Strafverfolgungsbehörde zuarbeiten. Er handelte zudem vertraulich und im Geheimen, da er seinen Auftrag dem A oder Dritten nicht offenbaren sollte.[20] Im Übrigen handelte N unter der Führung der Polizei, da er weisungsgebunden bestimmte

---

15 BGHSt 40, 211 (215 f.); BGHSt 42, 139 (145); BGH NStZ 2023, 560 (562); BGHSt 44, 129 (133), BGH NJW 2023, 560 (561 f.).

16 Die Vorschriften über Verdeckte Ermittler (§§ 110a-110c StPO) sind nach ständiger Rechtsprechung nicht analog auf Vertrauenspersonen anwendbar.

17 Die Ermittlungsgeneralklausel enthält gerade keine Anforderungen dazu, ob eine besonders schwere Straftat vorliegen muss. Dieses Erfordernis ist aber mittlerweile Bestandteil der ständigen Rechtsprechung (BGHSt 42, 139 (145); BGH NStZ 2023, 560 (562)).

18 BT-Drs. 125/24: Entwurf eines Gesetzes zur Regelung des Einsatzes von Verdeckten Ermittlern und Vertrauenspersonen sowie zur Tatprovokation v. 14.3.2024.

19 Der Entwurf enthält außerdem neue Regelungen über die Voraussetzungen des zulässigen Verleitens zu einer Straftat und den strafprozessualen Folgen einer rechtsstaatswidrigen Tatprovokation.

20 Entwurf eines Gesetzes zur Regelung des Einsatzes von Verdeckten Ermittlern und Vertrauenspersonen sowie zur Tatprovokation, Gesetzentwurf der Bundesregierung v. 14.3.2024, S. 27.

Informationen über eine bestimmte Straftat in Erfahrung bringen sollte.[21] N könnte die Polizei auch „auf längere Zeit“ unterstützt haben. Bei der Verabredung des Vorgehens wurde dem N kein zeitlicher Rahmen gesetzt. Laut Sachverhalt benötigte N einige Zeit, um das Vertrauen des A zu gewinnen und Informationen zu erlangen. Die genaue Dauer des gemeinsamen Gefängnisaufenthaltes ist nicht bekannt. Es handelt sich jedoch nicht um eine conditio sine qua non: Der Gesetzeswortlaut verlangt nur „in der Regel“ eine längere Einsatzdauer.[22]

Der Einsatz des N müsste zur Aufklärung von Straftaten erfolgt sein. Gem. § 110b Abs. 2 StPO-E dürfen Vertrauenspersonen nur zur Aufklärung von Straftaten eingesetzt werden, wenn zureichende tatsächliche Anhaltspunkte dafür vorliegen, dass eine Straftat von erheblicher Bedeutung begangen worden ist. Hierzu nennt § 110b Abs. 2 Nr. 1 StPO-E mehrere Deliktsgruppen, die der Gesetzgeber als erheblich einstuft (unerlaubter Betäubungsmittel- oder Waffenhandel, Geld- oder Wertzeichenfälschung, Staatsschutzdelikte, gewerbs- oder gewohnheitsmäßig begangene Delikte, Bandenkriminalität). Weiterhin erlaubt § 110b Abs. 2 Nr. 2 StPO-E den Einsatz von Vertrauenspersonen dann, wenn die wiederholte Begehung gleichartiger Straftaten droht, welche voraussichtlich die Erfüllung öffentlicher Aufgaben oder die Sicherheit der Bundesrepublik Deutschland gefährden oder zu einem erheblichen Schaden für die Allgemeinheit oder einer großen Anzahl von Personen führen könnten. Im Übrigen dürfen Vertrauenspersonen zur Aufklärung von Verbrechen eingesetzt werden, wenn Wiederholungsgefahr besteht und die Aufklärung des Verbrechens ansonsten aussichtslos oder erheblich gefährdet wäre. Schließlich ist zur Aufklärung eines Verbrechens der Einsatz auch möglich, wenn keine Wiederholungsgefahr besteht, die Bedeutung der Tat den Einsatz aber gebietet und keine anderen Maßnahmen aussichtsreich wären.

Der Zielperson A wurde die Beteiligung an einem Raub vorgeworfen. Schon der einfache Raub gem. § 249 StGB wird mit Freiheitsstrafe nicht unter einem Jahr bestraft und gilt daher ausweislich des § 12 Abs. 1 StGB als Verbrechen. Ob diese Tat von erheblicher Bedeutung i.S.d. § 110b Abs. 2 StPO ist, ob Wiederholungsgefahr besteht oder die Aufklärung ansonsten aussichtslos wäre, kann mangels weiterer Angaben im Sachverhalt nicht beantwortet werden. Wir wollen in den weiteren Ausführungen annehmen, dass eine solche Situation vorlag.

In formeller Hinsicht muss der Einsatz einer Vertrauensperson gem. § 110b Abs. 3 StPO-E durch die Staatsanwaltschaft beantragt und durch ein Gericht angeordnet werden. Der Einsatz ist auf drei Monate zu befristen, wobei eine Verlängerung möglich ist. Damit ein Antrag erfolgreich beschieden werden kann, muss die potenzielle Vertrauensperson gewisse Anforderungen erfüllen. § 110b Abs. 6 StPO-E regelt personenbezogene Eigenschaften, welche eine Person als Vertrauensperson untauglich machen oder in Zweifel ziehen (Berufsgeheimnisträger, Mitglied eines Parlaments etc.). Keine davon ist für N einschlägig. Nach Maßgabe des § 110b Abs. 7 StPO-E muss die potenzielle Vertrauensperson weiterhin als allgemein zuverlässig erscheinen. Der Normtext bietet widerlegbare Regelbeispiele für eine Unzuverlässigkeit. Dazu zählt eine im Bundeszentralregister eingetragene Verurteilung zu Freiheitsstrafen (§ 110b Abs. 7 Nr. 2 StPO-E). Vorliegend ist unklar, ob N ebenfalls nur Untersuchungshäftling ist oder ob er zuvor bereits rechtskräftig verurteilt wurde. Andere, aus persönlichen oder wirtschaftlichen Gründen erwachsende Indizien für eine Unzuverlässigkeit sind jedenfalls nicht ersichtlich.

Die entscheidende Frage liegt darin, ob die Zuweisung der Vertrauensperson in die Zelle der Zielperson nach hypothetischer Rechtslage überhaupt zulässig ist. Der Einsatz von Vertrauenspersonen unterliegt gem. §§ 110b Abs. 4 i.V.m. 110a Abs. 5, 6 StPO-E den gleichen Grundsätzen wie der eines Verdeckten Ermittlers. Unzulässig ist, in den Kernbereich privater Lebensgestaltung der Zielperson einzudringen. Ist ein solches Eindringen von vornherein absehbar, muss der Einsatz unterlassen, im

21 Entwurf eines Gesetzes zur Regelung des Einsatzes von Verdeckten Ermittlern und Vertrauenspersonen sowie zur Tatprovokation, Gesetzentwurf der Bundesregierung, 14.3.2024, S. 28.

22 Die Länge des Einsatzes kann bei der Abgrenzung zwischen Vertrauenspersonen und Informanten Indizwirkung entfalten (Entwurf eines Gesetzes zur Regelung des Einsatzes von Verdeckten Ermittlern und Vertrauenspersonen sowie zur Tatprovokation, Gesetzentwurf der Bundesregierung, 14.3.2024, S. 28).

Übrigen unverzüglich beendet werden. Verboten sind daher insbesondere intime Beziehungen zwischen Vertrauens- und Zielperson oder der Aufbau „vergleichbar engster persönlicher Bindungen". Vorliegend wurde N dem A als Zellennachbar zugeteilt. N lebte daher auf engstem Raum mit A zusammen und hatte rund um die Uhr mit ihm Kontakt. Nach allgemeiner Lebenserfahrung ist es wahrscheinlich, dass der Zellennachbar – zumindest nach gewisser Zeit – zur engsten Kontaktperson des Häftlings wird. Auf diese Bindung zielte die Verlegung des N gerade ab, um Informationen vom misstrauischen A zu erlangen. Der Kernbereich privater Lebensgestaltung ist zu definieren als „letzter unantastbarer Bereich menschlicher Freiheit, der der Einwirkung der gesamten öffentlichen Gewalt entzogen ist"[23]. Als Häftling unterliegt A in seiner Zelle der öffentlichen Gewalt; dies schließt jedoch nicht aus, dass er auch innerhalb seiner Zelle einen Kernbereich privater Lebensgestaltung bilden kann. Wie die Beziehung zwischen N und A ausgestaltet war, kann ohne weitere Angaben nicht beurteilt werden. Nach hypothetischer Rechtslage könnte das Vorgehen aber als rechtswidrig zu beurteilen sein. Hieraus könnte sich dann ein Beweisverwertungsverbot ergeben.

Sofern N rechtmäßig als Vertrauensperson eingesetzt worden wäre, sind gem. § 101 Abs. 4 Nr. 9 StPO-E die Zielperson, erheblich mitbetroffene Personen und die Personen, deren Wohnung durch die Vertrauensperson betreten wurde, zu benachrichtigen. Im vorliegenden Fall ist anzunehmen, dass A als Zielperson zu benachrichtigen wäre.

Fraglich ist dann noch, ob N, dessen Identität die Strafverfolgungsbehörden und – unter gewissen Umständen – auch die Gerichte grundsätzlich geheim halten müssen, überhaupt als Zeuge aussagen dürfte. Einer Aussage steht die Geheimhaltungspflicht aber nicht entgegen, sofern und solange keine Gefahr für Leib, Leben, Freiheit oder bedeutende Vermögenswerte für den Zeugen besteht (§ 110b Abs. 10 StPO-E).

b) Vergleichbare Interessenlage

81 Eine Vergleichbarkeit zu einer Vernehmungssituation bei einer Äußerung gegenüber einer mit einer Ermittlungsbehörde zusammenarbeitenden Vertrauensperson wird von der Rechtsprechung grundsätzlich verneint, sodass die durch Vertrauenspersonen gewonnenen Informationen grundsätzlich verwertbar sind.[24]

Sie könnte sich hier aus den Umständen ergeben, dass die Gespräche zwischen A und N während der Untersuchungshaft stattgefunden haben und N gezielt durch die Ermittlungsbehörden auf A angesetzt wurde. Hintergrund dieses Gedankens ist der in Art. 1 Abs. 1 S. 1 GG verankerte Grundsatz, dass der Einzelne nicht zum bloßen Objekt staatlichen Handelns werden darf.[25] Die Untersuchungshaft hat den Zweck, die Durchführung eines geordneten Strafverfahrens zu gewährleisten.[26] Sie darf nicht dazu missbraucht werden, das Aussageverhalten des Beschuldigten zu beeinflussen, ihn insbesondere zu veranlassen, keinen Gebrauch von einem möglichen Schweigerecht gemäß § 136 Abs. 1 S. 2, § 163a Abs. 3, Abs. 4, § 243 Abs. 5 S. 1 StPO zu machen.[27] Indem die Ermittlungsbehörden N gezielt auf A angesetzt haben, haben sie das an sich zulässige Zwangsmittel der Untersuchungshaft zu einem prozessordnungswidrigen Zweck ausgenutzt und die

23 Grundlegend das sogenannte Elfes-Urteil (BVerfGE 6, 32), das im Gesamten lesenswert ist.

24 Ein Beweisverwertungsverbot kann etwa dann bestehen, wenn die Zielperson erst unter beharrlichem Drängen durch die Vertrauensperson und aufgrund eines innigen Vertrauensverhältnisses Angaben macht (BGHSt 52, 11 (22 f.)).

25 *Reichert-Hammer*, JuS 1989, 446 (447).

26 BGHSt 34, 362 (363).

27 BGHSt 34, 362 (363 f.).

Willensentschließungsfreiheit des A beeinträchtigt.[28] Das lässt sich auch damit begründen, dass sich der in Haft befindliche Beschuldigte, anders als Personen in Freiheit, nicht gänzlich dem Einflussbereich des Informanten entziehen kann.[29] Für den Missbrauchsgedanken spricht weiterhin, dass die Strafverfolgungsorgane ansonsten die den Beschuldigten schützenden Bestimmungen der StPO durch den Einsatz privater Dritter umgehen könnten.[30]

Die §§ 136 f., 163a StPO sind vorliegend analog anwendbar, um einen rechtsstaatswidrigen Missbrauch zu verhindern.

2. Beeinträchtigung der Freiheit der Willensentschließung

§ 136a StPO ist anwendbar, sodass sich aus § 136a Abs. 3 S. 2 StPO ein Beweisverwer- **82**
tungsverbot ergibt, wenn die Äußerungen des A gegenüber N unter Verletzung der § 136a Abs. 1, 2 StPO zustande gekommen sind.

Vorliegend könnte die Freiheit der Willensentschließung des A i.S.v. § 136a Abs. 1 S. 1 StPO beeinträchtigt worden sein. Das ist der Fall, wenn der Beschuldigte nicht mehr unbeeinflusst darüber entscheiden kann, ob, inwieweit und mit welchem Inhalt er sich einlässt.[31] Die Aufzählung der verbotenen Vernehmungsmethoden in § 136a Abs. 1 StPO (Ermüdung, Quälerei, etc.) ist dabei nicht abschließend.[32]

a) Beeinträchtigung durch verbotenen Zwang (Bundesgerichtshof)

Der Bundesgerichtshof nimmt in Fällen wie dem vorliegenden eine Beeinträchtigung **83**
der Freiheit der Willensentschließung durch *verbotenen Zwang* an (vgl. § 136a Abs. 1 S. 2 StPO).[33] Das wird damit begründet, dass das Zwangsmittel der Untersuchungshaft missbräuchlich verwendet werde.[34]

b) Beeinträchtigung durch Täuschung (Teile der Rechtsprechung und Literatur)

Einen anderen Begründungsansatz, dem sich auch Teile der Literatur anschlossen, ver- **84**
folgte noch die Ausgangsinstanz.[35] Gestützt wird die abweichende Argumentation darauf, dass nicht die Untersuchungshaft an sich ursächlich für die Äußerungen des A gewesen sei, sondern erst die spätere Einwirkung durch N.[36] In Betracht komme daher vielmehr eine Beeinträchtigung der Freiheit der Willensentschließung durch *Täuschung* (§ 136a Abs. 1 S. 1 StPO).[37] Darunter versteht man jedenfalls das bewusste Vorspiegeln

---

28 BGHSt 34, 362 (364); dies kann auch zutreffen, wenn eine initiativ durch einen Mithäftling durchgeführte Zwangswirkung, die zum Vorteil der Strafverfolgungsbehörden gereicht, von diesen nicht unterbunden wird (BGHSt 44, 129 (136 f.)).

29 G/J/T/Z/*Ahlbrecht* § 136a StPO Rn. 39.

30 *Beulke/Swoboda* Rn. 732; identische Argumentation für Umgehung der Garantien der EMRK: EGMR, StV 2004, 1 (1).

31 G/J/T/Z/*Ahlbrecht* § 136a StPO Rn. 20; KK-StPO/*Diemer* § 136a StPO Rn. 8.

32 BGHSt 5, 332 (334) („Beispiele"); *Krey/Heinrich* Rn. 1200; *Beulke/Swoboda* Rn. 204 – 216.

33 BGHSt 34, 362 (363).

34 BGHSt 34, 362 (363 f.).

35 LG Hannover v. 18.9.1986, KLs 82 Js 49848/85 – 33 a 43/86.

36 *Beulke/Swoboda* Rn. 210; *Fezer*, JZ 1987, 936 (937 f.).

37 *Beulke/Swoboda* Rn. 210; *Fezer*, JZ 1987, 936 (937 f.).

falscher Tatsachen.[38] Um eine Ausuferung zu vermeiden, sind aber nur solche Täuschungen erfasst, die die Freiheit der Willensentschließung insoweit beeinträchtigen, als der Beschuldigte durch sie zu einer Aussage veranlasst wird, die er andernfalls nicht oder nicht so getätigt hätte (restriktive Auslegung).[39] N habe A hier (zumindest konkludent) wahrheitswidrig vorgespielt, bloß ein verschwiegener Mithäftling zu sein und so die Äußerungen des A erlangt.[40] A habe N auch nur Informationen preisgegeben, weil er über dessen wahre Motivation getäuscht worden sei. Es liegt nach dieser Auffassung ein Verstoß gegen § 136a Abs. 1 S. 1 StPO mittels Täuschung vor.

c) Zwischenergebnis

85 Welchem Begründungsansatz zu folgen ist, kann im vorliegenden Fall dahinstehen. Sowohl der Verstoß gegen § 136a Abs. 1 S. 1 StPO als auch gegen S. 2 führen zu einer Unverwertbarkeit gemäß § 136a Abs. 3 S. 2 StPO.[41]

3. Kausalität

86 Ein Beweisverwertungsverbot liegt nur vor, wenn die Aussage auf der Anwendung des verbotenen Vernehmungsverhaltens *beruht*.[42] Dabei reicht es aus, dass die Ursächlichkeit der Vernehmungsmethode für die Aussage nicht auszuschließen ist.[43] Hätte A sich nicht in Untersuchungshaft befunden bzw. hätte N den A nicht über die wahren Umstände seines Anliegens getäuscht, hätte A sich ihm gegenüber nicht zum Tatgeschehen geäußert. Die unerlaubten „Vernehmungsmethoden" waren mithin kausal für die Äußerungen des A.

4. Rechtsfolge

87 Die Angaben des A zum Tatgeschehen wurden entgegen §§ 136a, 163a Abs. 3, 4 StPO (in analoger Anwendung) erlangt. Die Aussagen des N zum Inhalt des Gesprächs zwischen ihm und A dürfen daher gemäß § 136a Abs. 3 S. 2 StPO nicht verwertet werden.

Abwandlung

88 Das Gericht darf die Aussage des D verwerten, wenn kein Beweisverwertungsverbot vorliegt. Dass der Aussage des D unmittelbar ein Verwertungsverbot zu Grunde liegt, ist nicht ersichtlich. Fraglich ist jedoch, wie sich das vorherige Geschehen auswirkt. D konnte als Zeuge nur ermittelt werden, weil A entsprechende Informationen durch N entlockt wurden. Die durch N entlockten Informationen dürfen jedoch eigentlich nicht

---

38 *Beulke/Swoboda* Rn. 209.

39 BGHSt 42, 139 (149); Graf/*Monka* § 136a StPO Rn. 15 f.; KK-StPO/*Diemer* § 136a StPO Rn. 19; G/J/T/Z/*Ahlbrecht* § 136a StPO Rn. 31.

40 *Beulke/Swoboda* Rn. 210.

41 Unterschiede ergeben sich dagegen in solchen Fällen, in denen ein Spitzel außerhalb einer Untersuchungshaft auf den Beschuldigten angesetzt wird (vgl. *Reichert-Hammer*, JuS 1989, 446 (448)). Hier würde man nach der zweiten Ansicht ebenfalls eine Täuschung und damit eine Unverwertbarkeit begründen können. Ein Stützen auf die Ausnutzung unerlaubten Zwangs könnte dagegen nicht ohne weiteres erfolgen.

42 *Beulke/Swoboda* Rn. 217.

43 BGHSt 5, 290 (291); Meyer-Goßner/Schmitt/*Schmitt* § 136a StPO Rn. 28; *Beulke/Swoboda* Rn. 217.

verwertet werden (s.o.). Zu klären ist also, ob von dem im Ausgangsfall erörterten Verwertungsverbot eine „Fernwirkung" ausgeht, die die Verwertung mittelbar darauf beruhender Beweise – hier der Aussage des D – verbietet.[44] Die Frage ist umstritten:

1. Rechtsprechung: keine Fernwirkung

89 Nach Ansicht des Bundesgerichtshofs ist eine pauschale Fernwirkung von Beweisverwertungsverboten abzulehnen.[45] Es drohe ein Lahmlegen des gesamten Strafverfahrens, sollte ein Verfahrensfehler ohne weiteres dazu führen, dass auch alle in der Folge erlangten Erkenntnisse nicht verwertet werden dürfen.[46] Die Aussage eines Zeugen dürfe auch dann verwendet werden, wenn die Strafverfolgungsbehörden ihn nach Angaben des Beschuldigten ermittelt haben, die auf unzulässige Weise zustande gekommen seien.[47] Demnach dürfte das Gericht die Aussage des D verwerten.

2. Andere Ansicht: „fruit of the poisonous tree"-doctrine

90 Nach anderer Ansicht soll auch die Verwertung mittelbar erlangter Beweismittel unzulässig sein.[48] Das wird damit begründet, dass andernfalls eine Aushöhlung des Beschuldigtenschutzes drohe.[49] Erlaube man die Verwertung mittelbar erlangter Beweismittel, motiviere dies die Ermittlungsbehörden zu Verstößen gegen verbotene Ermittlungsmaßnahmen, wenn zumindest die Folgeerkenntnisse verwertbar seien.[50] Nach dieser Auffassung dürfte die Aussage des D nicht verwertet werden.

3. Weitere Ansicht: Abwägung im Einzelfall

91 Nach einer dritten Ansicht existiert keine allgemeingültige Regel für die Behandlung der Fernwirkung.[51] Vielmehr müsse eine Abwägung im Einzelfall erfolgen.[52] Zu berücksichtigen sind hierbei einerseits die Schwere des Verstoßes und andererseits die Bedeutung des Tatvorwurfes.[53] Vorliegend steht der Verdacht der Beteiligung an einem Raub, mithin einem Verbrechen (§ 12 Abs. 1, § 249 Abs. 1 StGB) im Raum. Zudem ist zu berücksichtigen, dass nicht in den absoluten Kernbereich der privaten Lebensgestaltung des A eingegriffen wurde.[54] Vielmehr wurde über Umwege eine dritte Person ausfindig gemacht, die ihrerseits freiwillig und eigenverantwortlich gegen A ausgesagt hat. Das spricht im Gesamtbild dafür, dass das staatliche Aufklärungsinteresse hier Vorrang hat. Demnach ist ein Beweisverwertungsverbot nach Abwägung zu verneinen.

44 Übersicht zum Streitstand bei LR-StPO/*Gleß* § 136a StPO Rn. 75.
45 Anders jedoch ausnahmsweise in Fällen des G10-Gesetzes, vgl. BGHSt 29, 244 (247 f.).
46 BGHSt 34, 362 (364).
47 BGHSt 34, 362 (364).
48 *Reichert-Hammer*, JuS 1989, 446 (448) mwN.
49 LR-StPO/*Gleß* § 136a StPO Rn. 75.
50 *Kühne* Rn. 912.1.
51 KK-StPO/*Diemer* § 136a StPO Rn. 42.
52 KK-StPO/*Diemer* § 136a StPO Rn. 42.
53 Graf/*Monka* § 136a StPO Rn. 33.
54 Zu diesem Aspekt grundlegend BVerfGE 34, 238 (245).

4. Stellungnahme

92 Entscheidend ist, welchen Stellenwert man dem Verfahrensrecht einräumt und inwieweit Verfahrensverstöße im Verfahren selbst sanktioniert werden sollen. Zwar ist es nicht die primäre Aufgabe der Beweisverwertungsverbote, Strafverfolgungsbehörden zu disziplinieren.[55] Pflichtwidriges Verhalten ist vielmehr disziplinarisch oder strafrechtlich zu ahnden.[56] Geboten ist allerdings nur eine Aufklärung des Sachverhalts im Rahmen der Gesetze.[57] Der Verfahrensverstoß desavouiert das Verfahren zumindest in Teilen, sodass angemessene Reaktionen im Verfahren durchaus angebracht erscheinen. Ein Ausgleich der widerstreitenden Interessen könnte etwa in Strafzumessungs- oder Vollstreckungslösungen (ähnlich der Reaktion auf ein überlanges Verfahren) liegen.

Ergänzungen und Vertiefung

93 **Prüfungsaufbau: Beweisverwertungsverbot nach § 136a Abs. 3 S. 2 StPO**

1. Richterliche Vernehmung (bei StA und Polizei Anwendbarkeit über Verweis in § 163a Abs. 3 S. 2, § 163a Abs. 4 StPO)
2. Verstoß gegen § 136a Abs. 1 oder Abs. 2 StPO
   a) Beeinträchtigung der Freiheit der Willensentschließung und Willensbetätigung, § 136a Abs. 1 S. 1 (Aufzählung der Maßnahmen nicht abschließend)
   b) Unzulässiger Zwang, § 136a Abs. 1 S. 2 StPO
   c) Drohung oder falsches Versprechen, § 136a Abs. 1 S. 3 StPO
   d) Maßnahmen gegen das Erinnerungsvermögen oder die Einsichtsfähigkeit, § 136a Abs. 2 StPO
3. Rechtsfolge: Verwertungsverbot gemäß § 136a Abs. 3 S. 2 StPO

Zum Vernehmungsbegriff: *Beulke/Swoboda* Rn. 176 ff., *Murmann* Rn. 107 f.

Zu den verbotenen Vernehmungsmethoden des § 136a StPO:

Beulke/Swoboda Rn. 202 ff., 210 (insb. Aushorchen des Angeklagten durch Mithäftling); *Beulke/Zimmermann* Klausurenkurs III Rn. 199 ff. (Hörfalle); *Murmann* Rn. 104 ff. (Hörfalle, Vernehmungsbegriff, verbotene Vernehmungsmethoden); *Hillenkamp*, JuS 2014, 924 ff.; *Jäger*, JA 2020, 231.

Zur Fernwirkung von Beweisverwertungsverboten: *Beulke/Swoboda* Rn. 219, 744 ff.; *Mitsch/Ellbogen* Fall 7; *Murmann* Rn. 246 ff.

55 *Ranft* Rn. 1617.
56 *Ranft* Rn. 1617.
57 *Ranft* Rn. 1617.

Fall 4

Erste Vernehmung; Anforderungen an Belehrung bzw. qualifizierte Belehrung

A fuhr mit seinem Pkw durch die Saarbrücker Innenstadt. Als er gerade in eine Nebenstraße abbiegen wollte, übersah er den ihm entgegenkommenden Passanten P, sodass es zu einer Kollision kam, bei der P verletzt wurde. 94

Ein anderer Autofahrer hatte das gesamte Geschehen beobachtet. Er stellte seinen Wagen an der unübersichtlichen Unfallstelle ab und alarmierte umgehend die Polizei, die auch kurz daraufhin eintraf. Danach kam es zum folgenden Geschehen:

1. Konstellation: A ging gezielt auf die Polizisten zu. Noch bevor diese zu Wort kamen, begann A sofort auf den Polizisten X einzureden, er (A) habe nicht aufgepasst, weil er durch sein Smartphone abgelenkt gewesen sei und trage daher die volle Verantwortung für den Unfall.

2. Konstellation: Nach einer kurzen Orientierung der Polizei wurde A durch X gefragt, was denn passiert sei. Hierauf machte er die gleichen Angaben wie in der ersten Konstellation.

3. Konstellation: Auf Nachfrage der Polizei machte A die gleichen Angaben wie in der ersten und zweiten Konstellation, jedoch nachdem bereits sowohl P als auch der andere Autofahrer der Polizei die Sachlage – entsprechend der Angaben des A – geschildert hatten.

Aufgabe: Können die Aussagen des A in den Konstellationen 1 – 3 in einem späteren Strafverfahren verwertet werden?

Abwandlung:

A wird von der Polizei mit den belastenden Aussagen des P konfrontiert. Eine Belehrung erfolgt nicht, woraufhin A sich selbst belastet.

Am Tag darauf erscheint A auf dem Polizeipräsidium, wird sodann nach § 163a Abs. 4 i.V.m. § 136 StPO belehrt und wiederholt daraufhin seine Aussage. Er betont dabei, alle Verantwortung zu tragen und es sei für ihn selbstverständlich, zu seinem Fehler zu stehen.

Aufgabe: Kann die zweite Aussage des A in einem späteren Strafverfahren verwertet werden?

Zusatzfrage:

Kann im Strafprozess das umfassende Schweigen des Angeklagten zu dessen Lasten herangezogen werden?

(Bearbeitungszeit: 45 min)

Vorüberlegungen

95 Die Aufgabenstellung betrifft die normativen Voraussetzungen einer im Strafverfahren durchgeführten ersten Vernehmung des Beschuldigten. Zentrale Vorgabe aufgrund der Selbstbelastungsfreiheit ist dessen Belehrung gemäß § 136 (i.V.m. § 163a Abs. 4) StPO. In diesem Zusammenhang werden Konstellationen angeführt, die die normativen Grenzen einer Vernehmungssituation und somit der Vorgaben an die Belehrung des Beschuldigten betreffen. Die aufgeführten Fallgruppen gehören zum strafprozessualen Standardwissen. Die erste Konstellation betrifft Spontanäußerungen des Beschuldigten, die zweite die sogenannte informatorische Befragung und die dritte die klassische Vernehmung. In allen drei Fällen ist der strafprozessuale Beschuldigtenbegriff zu erörtern. Die Abwandlung hat die Anwendung der Rechtsfigur der sogenannten qualifizierten Belehrung zum Gegenstand. Eingekleidet ist die Problematik erneut in die Frage der strafprozessualen Verwertbarkeit der abgegebenen Aussage des Tatverdächtigen und mithin nach einem ungeschriebenen Beweisverwertungsverbot. Da dieses stets eine verfahrensfehlerhafte Beweisgewinnung voraussetzt, bildet deren Feststellung den Einstieg in die Prüfung der Voraussetzungen des § 136 StPO. Der Umfang der Zusatzfrage ist erkennbar einfach gehalten, sodass eine gutachterliche Beantwortung nicht erforderlich ist. Die Grundsätze zur belastenden Verwertung des Schweigens eines Angeklagten sind kurz darzulegen und zu diskutieren.

Gliederung

96 **Ausgangsfall**

Konstellation 1:

- I. Vorliegen eines Verfahrensfehlers
  - 1. Verstoß gegen § 163a Abs. 4 i.V.m. § 136 StPO
    - a) Vernehmung eines Beschuldigten
      - aa) Rein objektiver Beschuldigtenbegriff
      - bb) Objektiv-subjektiver Beschuldigtenbegriff
      - cc) Stellungnahme
- II. Ergebnis

Konstellation 2:

- I. Vorliegen eines Verfahrensfehlers
  - 1. Verstoß gegen § 163a Abs. 4 i.V.m. § 136 StPO
  - 2. Zwischenergebnis
- II. Verwertbarkeit der Aussage
- III. Ergebnis

Konstellation 3:

- I. Vorliegen eines Verfahrensfehlers
- II. Verwertbarkeit der Aussage

Abwandlung

I. Aussage des A am Unfallort

II. Aussage des A am nächsten Tag auf dem Polizeipräsidium

1. Verfahrensfehler
   a) Verstoß gegen § 163a Abs. 4 i.V.m. § 136 StPO
      aa) Vernehmung
      bb) Fehlen ordnungsgemäßer Belehrung durch die Vernehmungsperson
   b) Zwischenergebnis
2. Verwertbarkeit der Aussage
3. Ergebnis

Zusatzfrage

Lösungsvorschlag

Ausgangsfall

97 Ob die Aussagen des A in einem Strafverfahren verwertet werden dürfen, hängt davon ab, ob der Verwertung ein Beweisverwertungsverbot entgegensteht.

Ein solches Beweisverwertungsverbot könnte in allen drei geschilderten Situationen daraus resultieren, dass A vor seiner Aussage durch die Polizisten nicht nach § 163a Abs. 4 i.V.m. § 136 StPO[1] belehrt wurde. Es stellt sich jeweils die Frage, ob eine solche Belehrung notwendig gewesen wäre. Nur dann kann das Unterlassen einer solchen Belehrung einen Verfahrensfehler überhaupt begründen, aus dem später ein Beweisverwertungsverbot folgen könnte.

Konstellation 1:

I. Vorliegen eines Verfahrensfehlers

1. Verstoß gegen § 163a Abs. 4 i.V.m. § 136 StPO

a) Vernehmung eines Beschuldigten

98 § 163a Abs. 4 S. 1 StPO i.V.m. § 136 Abs. 1 S. 1 StPO setzen ihrem klaren Wortlaut zufolge voraus, dass eine Vernehmung eines Beschuldigten[2] gegeben sein muss. Im Hinblick darauf, dass A in der ersten beschriebenen Situation direkt nach der Ankunft der Polizisten von sich aus auf diese zugeht, ist zu prüfen, ob darin überhaupt die Vernehmung eines Beschuldigten gesehen werden kann.

Das Strafverfahrensrecht definiert in § 157 StPO zwar, wann von einem Angeschuldigten und wann von einem Angeklagten zu sprechen ist. Eine gesetzliche Definition des Beschuldigten fehlt jedoch.[3] Daraus erklärt sich auch die unterschiedliche Beantwortung dieser Frage.

aa) Rein objektiver Beschuldigtenbegriff

99 Teilweise wird angenommen, eine Person sei schon dann Beschuldigter, wenn gegen sie ein faktischer Tatverdacht besteht.[4] Es erfolgt eine sehr weite Auslegung. Begründungsansätze sind primär materielle Aspekte. Im Fall stehen am Unfallort zwei Fahrzeuge und die gesamte Lage stellt sich als etwas unübersichtlich dar. Insoweit muss davon ausge-

1 § 163a Abs. 4 StPO geht in Fällen der ersten Vernehmung durch die Polizei § 136 StPO vor, so: G/J/T/Z/*Ahlbrecht* § 136 StPO Rn. 3. Zur Verdeutlichung des Zusammenhangs der beiden Normen werden diese im Folgenden dennoch beide zitiert.

2 Seit einer Gesetzesänderung 2021 ist die Beschränkung der Hinweis- und Belehrungspflicht des § 136 Abs. 1 StPO auf die „erste" Vernehmung weggefallen. Seither besteht diese im Falle mehrerer Vernehmungen ausdrücklich vor jeder erneuten Vernehmung. Gleiches gilt für den Fall des § 163a Abs. 4 S. 1 StPO. Durch die Änderung stellt der Gesetzgeber den Schutz der strafprozessualen Rechte des Beschuldigten im Verlauf des gesamten Ermittlungsverfahrens sicher. In der Strafverfolgungspraxis wurde der Beschuldigte bis dahin zur Gewährleistung eines fairen Verfahrens aber bereits ohne gesetzliche Verpflichtung regelmäßig erneut belehrt.

3 *Beulke/Swoboda* Rn. 171.

4 So etwa *Grünwald* S. 78.

gangen werden, dass direkt nach der Ankunft der Polizei noch kein Tatverdacht gegen eine Person begründet wurde, sodass A nach dieser Ansicht keine Beschuldigteneigenschaft aufweist.

bb) Objektiv-subjektiver Beschuldigtenbegriff

Demgegenüber fordert die herrschende Meinung das Hinzutreten eines Willensaktes der Strafverfolgungsbehörde, durch den der bestehende Tatverdacht nach außen hin manifestiert wird.[5] Begründet wird dies einerseits mit einem Heranziehen des Rechtsgedankens von § 397 Abs. 1 AO.[6] Andererseits wird darauf abgestellt, dass das alleinige Bestehen eines Tatverdachts nicht ausreichen könne. Ein potenziell Verdächtiger könne nur durch subjektive Entschlüsse zu einem Beschuldigten werden.[7] **100**

Im Fall besteht – wie erörtert – im relevanten Zeitpunkt kein Tatverdacht gegen A. Hinzu kommt, dass es sicher an einer Manifestierung desselben nach außen hin fehlt.

cc) Stellungnahme

Alle Ansichten kommen zum gleichen Ergebnis, sodass ein Streitentscheid entbehrlich ist. **101**

Mithin war A im Zeitpunkt seiner Aussage kein Beschuldigter. Es handelte sich vielmehr um eine sogenannte Spontanäußerung. Bei einer Spontanäußerung ist der Anwendungsbereich von § 163a Abs. 4 i.V.m. § 136 StPO aus den genannten Gründen nicht eröffnet.[8] Somit musste keine Belehrung durch die Polizisten erfolgen. **102**

II. Ergebnis

Es liegt kein Verfahrensfehler vor. Die Aussage von A kann in einem späteren Strafverfahren verwertet werden. **103**

Konstellation 2:

Auch in dieser Konstellation stellt sich die Frage, ob in dem Austausch von A und den Polizisten eine Vernehmung eines Beschuldigten vorlag.

I. Vorliegen eines Verfahrensfehlers

1. Verstoß gegen § 163a Abs. 4 i.V.m. § 136 StPO

Die Polizei verschaffte sich nach der Ankunft am Tatort einen ersten Überblick über die Sachlage und fragte zu diesem Zweck A, was passiert sei. Die Beschuldigteneigenschaft setzt nach allen Ansichten zumindest das Vorliegen eines Tatverdachts voraus. Ob ein solcher in der konkreten Situation nach einer kurzen Orientierung durch die Polizei besteht, darf bezweifelt werden. **104**

---

5 BGHSt 38, 214 (228); BGHSt 51, 367 (370); Meyer-Goßner/Schmitt/*Köhler* § 163a StPO Rn. 4a.
6 *Beulke/Swoboda* Rn. 173.
7 So *Volk/Engländer* § 9 Rn. 1.
8 G/J/T/Z/*Ahlbrecht* § 136 StPO Rn. 10; *Volk/Engländer* § 9 Rn. 7.

Die Sachlage war unübersichtlich. Dies lag insbesondere daran, dass mehrere Pkw am Unfallort standen. In jedem Falle fehlt es an einer äußeren Manifestierung eines möglichen Tatverdachts durch die Polizei. Die Frage der Polizisten, was passiert sei, diente dazu, sich einen Überblick über die Situation zu verschaffen, und gerade nicht dazu, einem konkret bestehenden Tatverdacht nachzugehen. Fraglich ist, ob einer solchen Betrachtungsweise die Richtlinie des Europäischen Parlamentes und des Rates über das Recht auf Belehrung und Unterrichtung im Strafverfahren (Richtlinie 2012/13/EU) entgegensteht. Allerdings verlangt auch die Richtlinie ausweislich ihres Wortlauts, etwa in den Art. 2 und Art. 6, das Vorliegen eines Tatverdachts. Mangels eines aus der Sachlage ersichtlichen faktischen Tatverdachts der Ermittlungsbeamten ergibt sich auch unter der europarechtskonformen weiten Auslegung keine Beschuldigteneigenschaft des A.

Insofern liegt auch in dieser Konstellation keine Beschuldigtenvernehmung vor. Es handelt sich um eine sogenannte informatorische Befragung durch die Polizei.[9]

2. Zwischenergebnis

105 Es liegt kein Verstoß gegen § 163a Abs. 4 i.V.m. § 136 StPO vor, sodass ein Verfahrensfehler ausscheidet.

II. Verwertbarkeit der Aussage

106 Hinsichtlich der Verwertbarkeit der Aussage von A besteht jedoch dennoch Uneinigkeit. Der Bundesgerichtshof geht davon aus, dass eine Aussage, die im Hinblick auf eine informatorische Befragung durch die Polizei getroffen wird, verwertbar ist.[10] Dies liegt daran, dass § 163a Abs. 4 i.V.m. § 136 StPO nicht anwendbar ist, weil keine Vernehmung eines Beschuldigten vorliegt.

Dennoch gibt es vereinzelt Ansätze in der Rechtsprechung,[11] die sich gegen eine Verwertung solcher Aussagen stellen. Begründet wird dies mit einer Schutzwürdigkeit des Befragten, die daraus resultieren solle, dass die Situation einer informatorischen Befragung aufgrund der bestehenden psychischen Drucksituation mit der einer Vernehmung vergleichbar sei.[12]

Ein solches Vorgehen liefe letztlich auf eine Anwendung von § 163a Abs. 4 i.V.m. § 136 StPO hinaus, obwohl dessen Voraussetzungen nicht vorliegen. Dies kann nicht überzeugen. Hinzu kommt, dass im vorliegenden Fall eine besondere psychische Drucksituation für A nicht erkennbar ist.

III. Ergebnis

107 Somit kann die Aussage des A in einem späteren Strafverfahren verwertet werden.

---

9 *Beulke/Swoboda* Rn. 174.

10 Etwa BGHSt 38, 214 (227 f.); ebenso, wenngleich mit Bezügen zur Spontanäußerung BGH, NJW 1990, 461 (461).

11 Vgl. etwa LG Heilbronn, StV 2005, 380 (383).

12 LG Heilbronn, StV 2005, 380 (383).

Konstellation 3:

I. Vorliegen eines Verfahrensfehlers

Die Polizisten haben durch die Aussagen des P und des anderen Autofahrers einen Tatverdacht gegen A begründet und diesen auch nach außen hin manifestiert, indem sie A aktiv auf das Geschehen angesprochen und mit den Aussagen der übrigen Beteiligten konfrontiert haben. Es liegt somit nach allen Ansichten die Vernehmung eines Beschuldigten vor, sodass § 163a Abs. 4 i.V.m. § 136 StPO Anwendung findet. Die fehlende Belehrung führt zu einem Verfahrensfehler. **108**

II. Verwertbarkeit der Aussage

Nach allgemeiner Meinung resultiert aus diesem Verfahrensfehler ein Beweisverwertungsverbot.[13] Inhaltlich Bezug genommen wird dabei auf den nemo-tenetur-Grundsatz, mit dessen Geltung eine Verwertung einer getroffenen Aussage ohne Belehrung dahingehend, man müsse sich nicht selbst belasten, nicht im Einklang stünde.[14] **109**

Abwandlung

Fraglich ist, ob die Aussage des A in einem späteren Strafverfahren verwertet werden kann. Dies hängt davon ab, ob ein Beweisverwertungsverbot besteht. Ein solches könnte aus einem Verfahrensfehler resultieren. **110**

I. Aussage des A am Unfallort

Ein solcher Verfahrensfehler könnte darin zu sehen sein, dass A vor seiner selbstbelastenden Aussage am Unfallort nicht belehrt wurde. **111**

Insoweit deckt sich die Situation der ersten Abwandlung mit der dritten Konstellation aus dem Ausgangsfall. Die anwesenden Polizisten haben gegen A aufgrund der Aussage von P einen Tatverdacht begründet und diesen auch nach außen hin manifestiert, indem sie A mit den gewonnenen Erkenntnissen konfrontiert und dazu befragt haben. Somit liegt in jedem Fall die Beschuldigteneigenschaft auf Seiten von A vor. Die fehlende Belehrung führt infolge von § 136 StPO dazu, dass die Aussage des A nicht verwertbar ist, weil dahingehend ein Beweisverwertungsverbot besteht. Dies ist zwar nicht in § 136 StPO ausdrücklich normiert, aber in Rechtsprechung und Literatur wegen der Schwere des Verstoßes allgemein anerkannt.

II. Aussage des A am nächsten Tag auf dem Polizeipräsidium

Fraglich ist allerdings, wie es sich auswirkt, dass A am nächsten Tag auf dem Polizeipräsidium seine Aussage wiederholt hat und zuvor nach § 163a Abs. 4 i.V.m. § 136 StPO belehrt wurde. Dadurch könnte der Verfahrensfehler geheilt worden sein, sodass ein Beweisverwertungsverbot ausscheidet. **112**

---

13 BGHSt 38, 214 (218); *Eisenberg* Rn. 373; MüKoStPO/*Schuhr* § 136 StPO Rn. 55 mwN.

14 Beachte insoweit die Widerspruchslösung des BGH, etwa BGHSt 38, 214 (225 f.), dazu: Meyer-Goßner/Schmitt/*Schmitt* § 136 StPO Rn. 20. Ein Beweisverwertungsverbot soll auch dann ausscheiden, wenn der Beschuldigte seine Rechte kannte: BGHSt 38, 214 (224).

1. Verfahrensfehler

a) Verstoß gegen § 163a Abs. 4 i.V.m. § 136 StPO

aa) Vernehmung

113 Eine Vernehmung des A lag vor.

bb) Fehlen ordnungsgemäßer Belehrung durch die Vernehmungsperson

114 Entgegen der Vernehmungssituation am Vortag ist gegenüber A eine Belehrung durch den Polizisten erfolgt. In Anbetracht des vorhergehenden Verfahrensverstoßes ist jedoch fraglich, ob diese dem Belehrungserfordernis nach § 163a Abs. 4 i.V.m. § 136 StPO genügt.

Man kann einerseits anführen, dass A vor seiner erneuten Aussage ordnungsgemäß belehrt wurde und diese Aussage somit verwertbar sein muss.

Dagegen spricht aber, dass § 136 StPO den Beschuldigten schützen will, indem der Staat verpflichtet wird, den Beschuldigten über diverse rechtsstaatliche Schutzelemente aufzuklären.[15] Dieser Zweck kann aber nur erreicht werden, wenn der Beschuldigte bei der zweiten Vernehmung zusätzlich darüber aufgeklärt wird, dass seine Aussage aus der ersten Vernehmung nicht verwertbar ist. Insofern hätte A vor seiner Aussage auf dem Polizeipräsidium zusätzlich darüber belehrt werden müssen, dass seine bisher getroffene Aussage nicht verwertbar ist (sogenannte qualifizierte Belehrung).[16]

Eine solche qualifizierte Belehrung blieb allerdings aus.

b) Zwischenergebnis

115 Mithin lag ein Verfahrensfehler vor.

2. Verwertbarkeit der Aussage

116 Ob dieser Verfahrensfehler zur Unverwertbarkeit der Aussage führt, muss nach der Rechtsprechung des Bundesgerichtshofs mittels einer Abwägung geklärt werden: Demnach „soll die in einem solchen Fall erforderliche (qualifizierte) Belehrung verhindern, dass ein Beschuldigter auf sein Aussageverweigerungsrecht nur deshalb verzichtet, weil er möglicherweise glaubt, eine frühere, unter Verstoß gegen die Belehrungspflicht aus § 136 Abs. 1 S. 2 StPO zustande gekommene Selbstbelastung nicht mehr aus der Welt schaffen zu können. Da der Verstoß gegen die Pflicht zur qualifizierten Belehrung nicht dasselbe Gewicht wie der Verstoß gegen die Belehrung nach § 136 Abs. 1 S. 2 StPO hat, ist in einem solchen Fall die Verwertbarkeit der weiteren Aussagen nach erfolgter Beschuldigtenbelehrung durch Abwägung im Einzelfall zu ermitteln.“[17]

Relevant wird an dieser Stelle etwa die Frage, ob die handelnden Polizisten gezielt versucht haben, durch eine fehlende Belehrung Erkenntnisse zu gewinnen und somit eine Umgehung von § 136 StPO im Raum steht.[18]

---

15 *Volk/Engländer* § 9 Rn. 9; vgl. auch MüKoStPO/*Schuhr* Vor §§ 133 ff. StPO Rn. 74 ff.
16 MüKoStPO/*Schuhr* § 136 StPO Rn. 29; KK-StPO/*Diemer* § 136 StPO Rn. 27a.
17 BGH, NStZ 2009, 702 (703).
18 BGH, NStZ 2009, 702 (703).

Für ein solches Verhalten der staatlichen Behörden gibt der Sachverhalt hier keine Hinweise. Hinzu kommt, dass A selbst sagt, er wolle in jedem Fall die Verantwortung tragen und eine Aussage sei für ihn selbstverständlich. Auch unter diesem Gesichtspunkt erscheint es zielführend, einen Verfahrensfehler durch die unterlassene qualifizierte Belehrung nicht anzunehmen. Auch ist durch das Verhalten von A nicht ersichtlich, dass er nicht davon ausging, von seiner Aussage nicht mehr abrücken zu können.

Mithin liegt kein Beweisverwertungsverbot vor.

3. Ergebnis

Somit kann die Aussage von A auf dem Polizeipräsidium im Strafverfahren verwertet **117**
werden.

Zusatzfrage

Fraglich ist, ob aus dem umfassenden Schweigen des Angeklagten zum Tatvorwurf im **118**
Strafprozess für ihn belastende Rückschlüsse gezogen werden dürfen.

Der Bundesgerichtshof hat dies in einer sehr frühen Entscheidung unter Verweis auf § 261 StPO für durchaus zulässig gehalten.[19]

Dagegen spricht bereits der nemo-tenetur-Grundsatz. Demnach muss sich niemand vor staatlichen Verfolgungsorganen selbst belasten. Das umschließt die Freiheit, zu einem Tatvorwurf zu schweigen. Diese Freiheit, die etwa über Art. 6 Abs. 1 EMRK individualrechtlich abgesichert ist, kann sich nur entfalten, wenn aus ihr keine negativen Rückschlüsse gezogen werden dürfen. Hinzu kommt, dass eine Verwertung des Schweigens des Angeklagten letztlich dazu führen würde, dass der Angeklagte gezwungen wäre, auf dieses Recht zu verzichten.[20]

Mithin kann das umfassende Schweigen – in Abgrenzung zum bloß teilweisen Schweigen[21] – des Angeklagten zum Tatvorwurf im Strafprozess für ihn keine belastenden Folgen haben.

19 BGHSt 1, 366 (367 f.).
20 *Roxin/Schünemann* § 25 Rn. 31 ff.; *Volk/Engländer* § 29 Rn. 9.
21 MüKoStPO/*Bartel* § 261 StPO Rn. 209 – 213 mwN.

Ergänzungen und Vertiefung

119 **Zur Beschuldigtenvernehmung:**

Beulke/Swoboda Rn. 179 ff. (Abgrenzung Spontanäußerungen und informatorische Befragung); *Beulke/Zimmermann* Klausurenkurs III Rn. 474 ff. (Beschuldigtenbegriff, Abgrenzung Spontanäußerung, informatorische Befragung, Vernehmung); *Mitsch/Ellbogen* Fall 8; *Murmann* Rn. 107 ff. (Abgrenzung Vernehmung von Spontanäußerungen und informatorischen Befragungen), 213 ff. (Beschuldigteneigenschaft); *Dannecker*, JuS 2002, 1087 ff. (Beweisverbot bei Verweigerung des Rechts auf Verteidigerkonsultation).

Folgen unterbliebener (qualifizierter) Belehrung:

Beulke/Swoboda Rn. 179 ff. (Belehrungspflicht, qualifizierte Belehrung); *Beulke/Zimmermann* Klausurenkurs III Rn. 202 ff.; *Mitsch/Ellbogen* Fall 5; *Murmann* 213 ff. (Ordnungsgemäße Belehrung, Verwertbarkeit der Aussage); *Ambos/Bock*, JURA 2011, 874 (Beweisverwertungsverbot bei Belehrungsverstoß); *Kreß/Mülfarth*, JA 2011, 268 ff. (Verwertbarkeit der Aussage bei unterbliebener (qualifizierter) Belehrung); *Kudlich*, JA 2005, 429 ff. (Verwertbarkeit von Aussageinhalten bei unterbliebener (qualifizierter Belehrung durch Vernehmung der Verhörperson in der Hauptverhandlung).

Fall 5

Abschluss des Ermittlungsverfahrens durch Einstellung; Reichweite des Strafklageverbrauchs bei verschiedenen Einstellungsarten

Aufgabe 1: 120

Ausgangsfall:

Jurastudent J ist schon wieder durch eine Übungsklausur durchgefallen. Um die nächste Klausur sicher zu bestehen, überfällt er Professor P kurz vor der Klausur und beschafft sich so vorab die Musterlösung. Nach einem anonymen Hinweis leitet die Staatsanwaltschaft S insoweit ein Ermittlungsverfahren gegen J ein. Nach Abschluss der Ermittlungen steht für die Staatsanwaltschaft Folgendes fest: J hat Professor P am späten Abend vor dessen Büro aufgelauert. Während er ihn im Polizeigriff festhielt und an den Haaren zog, verlangte er von ihm die Herausgabe der bevorstehenden Klausur inklusive Musterlösung. Letztere konnte die Polizei im Rahmen einer Wohnungsdurchsuchung bei J sicherstellen.

Wie wird die Staatsanwaltschaft weiter verfahren?

Abwandlung:

Nach Abschluss der Ermittlungen steht für die Staatsanwaltschaft lediglich fest, dass J den P vor dessen Büro antraf. Tatsächlich fehlte P auch die Klausur mit Musterlösung, sie konnte jedoch nicht bei J aufgefunden werden. Im Rahmen einer ärztlichen Untersuchung wurde bei P zwar ein Hämatom am Hinterkopf diagnostiziert, es konnte jedoch nicht nachgewiesen werden, dass dieses auf eine Gewalteinwirkung durch J zurückzuführen war.

Wie wird die Staatsanwaltschaft weiter verfahren?

Aufgabe 2:

1. Nach einiger Zeit findet der Mitbewohner von J, Mathematikstudent M, die in der Abwandlung von Aufgabe 1 vermisste Klausur in seinem Zimmer, welche er der Polizei übergibt. Außerdem melden sich zwei Zeugen, die eine Gewaltanwendung von J an P bestätigen können.
   Muss das wiederaufgenommene Verfahren wegen eines Verfahrenshindernisses eingestellt werden?
2. J wird im Zug ohne Fahrschein erwischt. Bei seiner Vernehmung im Ermittlungsverfahren gibt er an, er habe keine Zeit mehr gehabt, eine Fahrkarte zu kaufen und müsse zu einem wichtigen Vorstellungsgespräch. Die weiteren Ermittlungen ergeben, dass J ein treuer Bahnkunde ist, dem vorher noch nie etwas zu Schulden gekommen ist. Staatsanwalt S stellt das Verfahren deshalb mit Zustimmung des zuständigen Gerichts nach § 153 Abs. 1 StPO ein. Später stellt sich heraus, dass J mit einem anderen, gleichnamigen Bahnkunden verwechselt wurde und im System der Bahn bereits fünf Einträge wegen Schwarzfahrens hinterlegt sind.
   Muss das wiederaufgenommene Verfahren wegen eines Verfahrenshindernisses eingestellt werden?

3. Nach seinem Urlaub in Amsterdam ist J wieder gut gelaunt in seiner Heimatstadt unterwegs. Nach dem Einkaufen im Supermarkt fährt J beim Rückwärtseinparken seinen Kommilitonen K an, der dabei leichte Verletzungen erleidet. Bei seiner polizeilichen Vernehmung gibt J an, dass er K übersehen hatte. Die Staatsanwaltschaft erhebt Anklage gegen J. Diese wird im Hauptverfahren gemäß § 153 Abs. 2 StPO eingestellt, da J nicht vorbestraft ist und auch keine sonstigen Gründe ersichtlich sind, die eine Verfolgung gebieten. Einige Wochen später melden sich zwei Zeugen bei der Staatsanwaltschaft, die am Unfallort wahrgenommen hatten, wie J außer sich vor Zorn war, weil er „seinen Widersacher nicht endgültig beseitigt hatte". K und J sind verfeindet seitdem K die Hausarbeit des J kopiert und als seine eigene ausgegeben hat.
Muss das wiederaufgenommene Verfahren wegen eines Verfahrenshindernisses eingestellt werden?

4. Wie in Abwandlung 3, nur wurde keine Anklage gegen J erhoben, sondern das Verfahren wurde nach § 153a StPO durch Zahlung einer Geldsumme zugunsten des Kinderhilfswerks eingestellt.
Muss das wiederaufgenommene Verfahren wegen eines Verfahrenshindernisses eingestellt werden?

(Bearbeitungszeit: 45 min)

Vorüberlegungen

Die Aufgabenstellung hat die staatsanwaltschaftliche Entscheidung über den Abschluss des Ermittlungsverfahrens zum Gegenstand. Als Herrin des Ermittlungsverfahrens hat die Staatsanwaltschaft in diesem Verfahrensstadium die maßgebliche Entscheidungsgewalt über den weiteren Verlauf des Strafverfahrens (vgl. hierzu schon Fall 2). Die erste Aufgabe befasst sich mit der Entscheidung der Staatsanwaltschaft hinsichtlich des Weiteren Verfahrensgangs bei Abschluss der Ermittlungen. Hierfür stehen verschiedene Möglichkeiten laut Gesetz zur Verfügung, die im Einzelnen dargelegt werden müssen. Die zweite Aufgabe befasst sich mit den Auswirkungen der verfahrensbeendenden Entscheidung über die weitere strafprozessuale Verfolgbarkeit des Geschehens bei später auftretenden neuen Erkenntnissen. Stichwort ist hier der Strafklageverbrauch. Trotz des großen Sachverhaltsumfangs ist der Lösungsumfang nicht zu groß; es genügen knappe Ausführungen im konzentrierten Gutachtenstil. **121**

Gliederung

Aufgabe 1: **122**

I. Ausgangsfall: Auflauern vor dem Büro des Professors
II. Abwandlung: Fehlende Klausur mit Musterlösung

Aufgabe 2:

I. Wiederaufnahme eines nach § 170 Abs. 2 StPO eingestellten Verfahrens
II. Wiederaufnahme eines nach § 153 Abs. 1 StPO eingestellten Verfahrens
III. Wiederaufnahme eines nach § 153 Abs. 2 StPO eingestellten Verfahrens
IV. Wiederaufnahme eines nach § 153a Abs. 1 StPO eingestellten Verfahrens

Lösungsvorschlag

Aufgabe 1:

I. Ausgangsfall: Auflauern vor dem Büro des Professors

123 Die Staatsanwaltschaft könnte nach Abschluss der Ermittlungen gemäß § 170 Abs. 1, § 203 StPO zur Erhebung der öffentlichen Klage verpflichtet sein.

Voraussetzung dafür ist ein hinreichender Tatverdacht i.S.d. § 170 Abs. 1, § 203 StPO.[1] Ein solcher wird angenommen, wenn eine vorläufige Tatbewertung die Prognose rechtfertigt, dass eine Verurteilung des Beschuldigten nach Durchführung der Hauptverhandlung mit Wahrscheinlichkeit zu erwarten ist.[2] Weitere Möglichkeiten zur Erhebung der öffentlichen Klage sind der Antrag auf Erlass eines Strafbefehls nach §§ 407 ff. StPO und der Antrag im beschleunigten Verfahren gemäß §§ 417 ff. StPO.[3] Andernfalls stellt die Staatsanwaltschaft das Verfahren nach § 170 Abs. 2 StPO ein. Daneben ist eine Einstellung aus Opportunitätsgründen i.S.d. §§ 153 ff. StPO möglich.[4] Die Durchführung des Ermittlungsverfahrens liegt ausschließlich in der Zuständigkeit der Staatsanwaltschaft, weshalb sie auch als „Herrin des Vorverfahrens" bezeichnet wird.[5]

Es gilt daher zu prüfen, ob im vorliegenden Fall die Ermittlungen der Staatsanwaltschaft einen hinreichenden Tatverdacht begründen. Laut Sachverhalt ist bekannt, dass J den P im Polizeigriff festhielt, an den Haaren zog und die Herausgabe der Klausur mit Musterlösung verlangte. Diese wurde auch bei J gefunden. Eine vorläufige Bewertung der Tat ergibt damit die Wahrscheinlichkeit der Verurteilung des J zumindest wegen Nötigung nach § 240 Abs. 1 StGB. Folglich besteht ein hinreichender Tatverdacht i.S.d. § 170 Abs. 1, § 203 StPO.

Die Staatsanwaltschaft muss deshalb Anklage gegen J erheben.

II. Abwandlung: Fehlende Klausur mit Musterlösung

124 Die Staatsanwaltschaft könnte in dieser Konstellation ebenfalls zur Erhebung der öffentlichen Klage verpflichtet sein. Fraglich ist jedoch, ob ein hinreichender Tatverdacht gemäß § 170 Abs. 1, § 203 StPO besteht. Die Ermittlungen haben lediglich ergeben, dass P nicht mehr im Besitz der Klausur ist, bei J wurde sie jedoch nicht aufgefunden. Auch konnte nicht festgestellt werden, dass die Verletzung des P auf eine Gewalteinwirkung durch J zurückzuführen ist. Nach dieser Beweislage ist ein Freispruch des J wahrscheinlicher als seine Verurteilung, ein hinreichender Tatverdacht ist abzulehnen. Die Staatsanwaltschaft wird deshalb das Verfahren nach § 170 Abs. 2 StPO einstellen.

---

1 SSW-StPO/*Sing/Andrä* § 170 StPO Rn. 10.
2 MüKoStPO/*Kölbel/Neßeler* § 170 StPO Rn. 14; SSW-StPO/*Sing/Andrä* § 170 StPO Rn. 11.
3 *Heinrich/Reinbacher* Problem 2 Rn. 14.
4 *Beulke/Swoboda* Rn. 492.
5 *Heinrich/Reinbacher* Problem 2 Rn. 1; *Volk/Engländer* § 8 Rn. 1.

Aufgabe 2:

I. Wiederaufnahme eines nach § 170 Abs. 2 StPO eingestellten Verfahrens

Das wiederaufgenommene Verfahren müsste eingestellt werden, sofern ein Verfahrenshindernis vorliegt.[6] Möglicherweise steht der Einleitung eines neuen Verfahrens die Rechtskraft der Einstellungsverfügung nach § 170 Abs. 2 StPO entgegen (Abwandlung Aufgabe 1). Nach herrschender Meinung kommt dieser jedoch keine Rechtskraft zu, es tritt somit kein Strafklageverbrauch i.S.v. Art. 103 Abs. 3 GG ein. Vielmehr kann das Verfahren jederzeit wieder aufgenommen werden.[7] Insbesondere bei neuen Hinweisen, wie vorliegend den Zeugenaussagen und dem Auffinden der Klausur, ist dies der Fall.[8] Begründet wird das Ergebnis mit einem Umkehrschluss aus § 174 Abs. 2, § 211 StPO.[9] Selbst bei gleicher Sach- und Rechtslage wird teilweise eine Wiederaufnahme als möglich angesehen.[10] Somit steht dem wiederaufgenommenen Verfahren kein Verfahrenshindernis entgegen. **125**

II. Wiederaufnahme eines nach § 153 Abs. 1 StPO eingestellten Verfahrens

Auch in diesem Fall könnte dem wiederaufgenommen Verfahren ein Verfahrenshindernis entgegenstehen. In Betracht kommt hier die entgegenstehende Rechtskraft der Einstellungsverfügung nach § 153 Abs. 1 StPO. Nach herrschender Meinung erwächst diese jedoch ebenso wenig in Rechtskraft, ein Strafklageverbrauch ist abzulehnen.[11] Es wird aber überwiegend ein sachlich einleuchtender Grund für eine Wiederaufnahme gefordert.[12] **126**

Vorliegend hat sich ergeben, dass das Ergebnis der Ermittlungen auf einer Namensverwechslung beruht und die Tat unzutreffend bewertet wurde. Nach den neuen Erkenntnissen erscheint die Schuld des Täters nicht mehr gering und es ist auch von einem öffentlichen Verfolgungsinteresse auszugehen. Damit ist ein sachlich einleuchtender Grund für die Wiederaufnahme gegeben. Ein Verfahrenshindernis besteht nicht.

Anmerkung: Unterschied Einstellung nach § 170 Abs. 2 StPO bzw. §§ 153 ff. StPO: Im Unterschied zu einer Einstellung nach § 170 Abs. 2 StPO, besteht in den Fällen der §§ 153 ff. StPO sehr wohl ein hinreichender Tatverdacht.[13] Aus Zweckmäßigkeitserwägungen kann aber von der Strafverfolgung abgesehen werden. Dieses sogenannte Opportunitätsprinzip stellt eine Durchbrechung des Legalitätsprinzips dar.[14]

---

6 *Roxin/Schünemann* § 21 Rn. 24.
7 BGH, NJW 2011, 2310 (2311); KK-StPO/*Moldenhauer* § 170 StPO Rn. 23; SSW-StPO/*Sing/Andrä* § 170 StPO Rn. 20.
8 MüKoStPO/*Kölbel/Neßeler* § 170 StPO Rn. 26.
9 MüKoStPO/*Kölbel/Neßeler* § 170 StPO Rn. 26.
10 KK-StPO/*Moldenhauer* § 170 StPO Rn. 23; SSW-StPO/*Sing/Andrä* § 170 StPO Rn. 20.
11 *Beulke/Swoboda* Rn. 514; KK-StPO/*Diemer* § 153 StPO Rn. 26; MüKoStPO/*Peters* § 153 StPO Rn. 55; SSW-StPO/*Schnabl* § 153 StPO Rn. 26.
12 KK-StPO/*Diemer* § 153 StPO Rn. 26; MüKoStPO/*Peters* § 153 StPO Rn. 55; *Volk/Engländer* § 12 Rn. 20.
13 *Kühne* Rn. 583.
14 *Engländer* Rn. 17.

Bei einer Einstellung nach § 153 Abs. 1 StPO fehlt das öffentliche Verfolgungsinteresse von Anfang an, während es nach § 153a Abs. 1 StPO zunächst gegeben ist, aber durch die Erbringung von Gegenleistungen kompensiert wird.[15]

III. Wiederaufnahme eines nach § 153 Abs. 2 StPO eingestellten Verfahrens

127 Der Wiederaufnahme des Verfahrens könnte die Rechtskraft des Einstellungsbeschlusses nach § 153 Abs. 2 StPO entgegenstehen. Überwiegend besteht Einigkeit, dass dem Beschluss beschränkte Rechtskraft zukommt.[16] Deren Umfang ist jedoch umstritten.

128 1. Nach einer Ansicht ist die Verfolgung zulässig, sofern neue Tatsachen oder Beweismittel vorliegen, die die Schuld des Täters nicht mehr als geringwertig erscheinen lassen bzw. die ein öffentliche Verfolgungsinteresse begründen.[17] Argumentiert wird mit einer Analogie zu § 174 Abs. 2, § 211 StPO, § 45 Abs. 3 S. 4, § 47 Abs. 3 JGG.[18] Hier steuern die Zeugenaussagen neue Tatsachen bei, die im Hinblick auf die Rachehandlung des J sowohl für ein höheres Schuldmaß sprechen als auch ein öffentliches Verfolgungsinteresse begründen.

129 2. Nach anderer Ansicht steht die Rechtskraft einer Wiederaufnahme nur dann nicht entgegen, wenn die Tat aufgrund der neuen Erkenntnisse als Verbrechen einzuordnen ist.[19] Zur Begründung wird dabei § 153a Abs. 1 S. 5 StPO analog herangezogen. Dabei ist es unerheblich, ob sich der Verbrechenscharakter auf neue Tatsachen oder eine andere rechtliche Bewertung stützt.[20]
Vorliegend ergeben die Zeugenaussagen, dass J keine fahrlässige Körperverletzung begangen hat, sondern vielmehr mit Tötungsvorsatz handelte. Damit ist die Tat als versuchtes Verbrechen einzuordnen (§ 212 Abs. 1, § 211, § 23 Abs. 1, § 12 Abs. 1 StGB), sodass auch nach dieser Ansicht eine Wiederaufnahme möglich ist.

130 3. Gegen diese Ansicht kann vorgebracht werden, dass die Interessenlage nicht mit § 153a Abs. 1 S. 5 StPO vergleichbar ist. Nach § 153a Abs. 1 S. 5 StPO muss der Beschuldigte Auflagen oder Weisungen erfüllen, was nach § 153 Abs. 2 StPO nicht gefordert wird.[21]
Für eine solche Einordnung streitet der aus dem Rechtsstaatsprinzip abgeleitete Vertrauensschutz des Beschuldigten. Es besteht im Hinblick auf den Umfang der Sachverhaltsaufklärung eine Ähnlichkeit mit dem Urteilsverfahren, in dem nach Urteilserlass allein aufgrund neuer Tatsachen auch keine Durchbrechung der Rechtskraft zu Lasten des Angeklagten zugelassen wird.[22]
Die Entscheidung des Streits kann dahinstehen, da im vorliegenden Fall beide Ansichten zum selben Ergebnis führen.

---

15 *Beulke/Swoboda* Rn. 518.
16 BGHSt 48, 331 (333 ff.); *Beulke/Swoboda* Rn. 518; MüKoStPO/*Peters* § 153 StPO Rn. 56; SSW-StPO/*Schnabl* § 153 StPO Rn. 27.
17 *Beulke/Swoboda* Rn. 516.
18 *Beulke/Swoboda* Rn. 516.
19 BGHSt 48, 331 (334 f.); MüKoStPO/*Peters* § 153 StPO Rn. 56; SSW-StPO/*Schnabl* § 153 StPO Rn. 27.
20 BGHSt 48, 331 (335).
21 LR-StPO/*Beulke* § 153 StPO Rn. 90.
22 BGHSt 48, 331 (337); MüKoStPO/*Peters* § 153 StPO Rn. 58 ff.

Der Wiederaufnahme des Verfahrens steht nicht die Rechtskraft des Einstellungsbeschlusses nach § 153 Abs. 2 StPO entgegen.

IV. Wiederaufnahme eines nach § 153a Abs. 1 StPO eingestellten Verfahrens

Das wiederaufgenommene Verfahren müsste eingestellt werden, wenn die Einstellungsverfügung nach § 153a Abs. 1 StPO einen Strafklageverbrauch zur Folge hat. **131**

Nach herrschender Ansicht führt die Einstellung gemäß § 153a Abs. 1 StPO nach Erfüllung der Auflage zu einem beschränkten Strafklageverbrauch (endgültiges Verfahrenshindernis).[23] Gemäß § 153a Abs. 1 S. 5 StPO kann die Tat nicht mehr als Vergehen verfolgt werden. Möglich ist hingegen noch die Verfolgung als Verbrechen. Neue Tatsachen sind dabei nicht erforderlich.[24]

Die Zeugenaussagen haben ergeben, dass J nicht nur das Vergehen der fahrlässigen Körperverletzung begangen hat, sondern mit Tötungsvorsatz handelte. Die Tat ist somit als versuchtes Verbrechen einzuordnen (s.o.). Damit ist trotz Zahlung der Geldsumme kein Strafklageverbrauch eingetreten. Ein Verfahrenshindernis liegt nicht vor, womit das Verfahren nicht eingestellt werden muss.

Ergänzungen und Vertiefung

Beendigung des Ermittlungsverfahrens, Einstellung aus Opportunität, Eingeschränkter Strafklageverbrauch: **132**

Beulke/Swoboda Rn. 488 ff., 513 ff.; *Beulke/Zimmermann* Klausurenkurs III Rn. 711 f.; *Murmann* Rn. 154 ff., 305; *Bock*, JA 2013, 667 ff.; *Esser*, JA 2014, 674 ff. (Strafklageverbrauch, insb. Wiederaufnahme des Verfahrens nach Verfahrenseinstellung); *Rackow*, JA 2011, 23 ff. (Anklageerhebung, Einstellung, hinreichender Tatverdacht, Wiederaufnahme von Ermittlungen, Strafklageverbrauch); *Hennig/Schlütter*, JuS 2022, 929.

---

23 MüKoStPO/*Peters* § 153a StPO Rn. 35; Meyer-Goßner/Schmitt/*Schmitt* § 153a StPO Rn. 52; SSW-StPO/*Schnabl* § 153a StPO Rn. 30; *Volk/Engländer* § 12 Rn. 27.

24 MüKoStPO/*Peters* § 153a StPO Rn. 36; SSW-StPO/*Schnabl* § 153a StPO Rn. 31.

Fall 6

Untersuchungshaft; einzelne Haftgründe; Rechtsbehelfe

133 **Aufgabe 1:**

Ausgangsfall:

Jurastudent J ist das sparsame Studentenleben satt. Er will mit seiner Freundin F einen Neustart auf Pantelleria, einer italienischen Mittelmeerinsel unweit der tunesischen Küste, wagen. Schon seit Jahren schwärmt F von der Heimat ihrer Familie. Während verschiedener Familienbesuche wurde J zunehmend in die enge Familienstruktur integriert. Insbesondere die Yacht des Cousins der F hat es ihm angetan. Mit dieser hatten sie bereits zwei Mal die Tante der F im tunesischen Kelibia besucht. Um ein ähnlich standesgemäßes Leben beginnen zu können, muss J auf schnellem Weg zu Geld kommen. Dafür bricht er, gerüstet mit der Dienstwaffe seines Vaters, einem Polizisten, in die Privatwohnung des wohlhabenden Arztes A ein. Leider ist diesem der Schutz seines Hab und Guts wichtiger als von J erwartet, denn J wird von Wachmann W im Wohnzimmer überrascht. J versucht, W mittels Schlägen und Tritten zu bezwingen, zum Einsatz der Waffe kommt es aber nicht. Die von W alarmierte und sofort hinzukommende Polizei kann noch eingreifen und das Geschehen innerhalb kürzester Zeit beenden. Seither hat J erkennbare Handlungen vorgenommen, die darauf schließen lassen, dass er das Land dauerhaft verlassen werde; er hat sein Auto verkauft, seinen Mietvertrag fristgerecht gekündigt und seine Exmatrikulation zum Semesterende veranlasst.

Der zuständige Ermittlungsrichter erlässt auf Antrag der Staatsanwaltschaft einen schriftlichen Haftbefehl gegen J. War dieser rechtmäßig?

Abwandlung:

J möchte ebenfalls ein neues Leben beginnen. Im Unterschied zum Ausgangsfall hat er jedoch keine Freundin mit Familie in Pantelleria, sondern pflegt mit Ausnahme seines treuen Hundes fast keine Kontakte. Mangels Führerscheins kennt er auch die Umgebung seiner Heimatstadt kaum. Um das miserable Studentendasein hinter sich zu lassen, recherchiert er umfassend über mögliche Einbruchsopfer. Neben der Wohnung des A hat er noch die Villen des vermögenden Ehepaars E und des Kunstsammlers K in seinen Masterplan aufgenommen. Leider scheitert aber, ebenso wie oben, bereits der erste Einbruch.

Der zuständige Ermittlungsrichter erlässt auf Antrag der Staatsanwaltschaft einen schriftlichen Haftbefehl gegen J. War dieser rechtmäßig?

Aufgabe 2:

Wie im Ausgangsfall der Aufgabe 1 bricht J in die Wohnung des A ein. Als er von W überrascht wird, schafft er es, diesen mit einem gezielten Schuss zu Fall zu bringen. J wird von der eintreffenden Polizei gestellt. Für W kommt jedoch jede Hilfe zu spät, er erliegt im Krankenhaus seinen Verletzungen. Wie in der Abwandlung des Ausgangsfalls ist J ein einsamer Mensch, der in seiner Heimat örtlich stark verwurzelt ist.

Der zuständige Ermittlungsrichter erlässt auf Antrag der Staatsanwaltschaft einen schriftlichen Haftbefehl gegen J, der durch Verhaftung vollstreckt wird. J erhebt dagegen Haftbeschwerde, welcher der Haftrichter nicht abhilft. Hat diese Aussicht auf Erfolg?

(Bearbeitungszeit: 1 h 15 min)

Vorüberlegungen

134 Die Aufgabenstellung hat den Themenkomplex der Untersuchungshaft zum Gegenstand. In der ersten Aufgabe geht es zunächst um die reine Untersuchung der Rechtmäßigkeitsvoraussetzungen ihrer Anordnung. Hierbei muss der Bearbeiter die bereits aus dem öffentlichen Recht bekannte Differenzierung zwischen formellen und materiellen Rechtmäßigkeitsvoraussetzungen beachten, anhand der die normativen Voraussetzungen zuzuordnen sind. Die förmlichen Vorgaben bereiten bei der Prüfung keine Schwierigkeiten. Gleichwohl ist vom Bearbeiter zu erwarten, dass er diese in gebotenen knapper Form zutreffend behandelt. In der materiellen Rechtmäßigkeit ist zunächst der dringende Tatverdacht festzustellen; auf die Unterscheidung der verschiedenen Verdachtsgrade der StPO wird an dieser Stelle verwiesen (hierzu *Beulke/Swoboda* Rn. 175). Den Schwerpunkt der Prüfung bildet sodann die Feststellung des Haftgrunds. Im Ausgangsfall sind eingehende Ausführungen zur Fluchtgefahr in Anbetracht der Kontakte des Täters zum Ausland erforderlich. Bei der Abwandlung hingegen bildet der Haftgrund der Wiederholungsgefahr den Schwerpunkt. Da sowohl der Grundfall als auch die Abwandlung den gleichen Prüfungsverlauf aufweisen, sind die Ausführungen zur Abwandlung unter dem Hinweis auf die umfangreiche Prüfung des Ausgangsfalls entsprechend knapp zu behandeln. Gegenstand der Aufgabe 2 ist die Prüfung der Erfolgsaussichten der Haftbeschwerde. Sie erfordert vom Verfasser Kenntnisse über die allgemeinen normativen Voraussetzungen einer Beschwerde als Rechtsbehelf der Strafprozessordnung. Wie bereits in Fall 1 muss der Bearbeiter die Unterscheidung von Zulässigkeit und Begründetheit kennen und berücksichtigen. Die Zulässigkeit bereitet keine großen Schwierigkeiten, sodass eine knappe Untersuchung der Voraussetzungen ausreicht. Die Begründetheit führt zu einer erneuten Prüfung der Rechtmäßigkeit der Untersuchungshaft, wobei auf die umfassenden Ausführungen zum Ausgangsfall der ersten Aufgabe verwiesen werden kann. Den Schwerpunkt bildet erneut die Untersuchung des Haftgrunds. Hierbei ist auf die Rechtsprechung des Bundesverfassungsgerichts zum sogenannten „Quasi-Haftgrund" im Kontext einer verfassungskonformen restriktiven Auslegung der Vorschrift einzugehen.

Gliederung

Aufgabe 1: 135

Ausgangsfall

1. Formelle Rechtmäßigkeit der Anordnung
   a) Schriftform des Haftbefehls
   b) Anordnung durch zuständigen Richter
   c) Inhaltliche Anforderungen des Haftbefehls
2. Materielle Rechtmäßigkeit der Anordnung
   a) Dringender Tatverdacht
   b) Haftgrund
      aa) Kontakte nach Italien
      bb) Kontakte nach Tunesien
   c) Verhältnismäßigkeit
3. Ergebnis:

Abwandlung

1. Formelle Voraussetzungen
2. Materielle Voraussetzungen
   a) Dringender Tatverdacht
   b) Haftgrund
3. Ergebnis

Aufgabe 2:

I. Zulässigkeit der Beschwerde
   1. Zuständigkeit
   2. Statthaftigkeit
   3. Beschwerdeberechtigung und Beschwer
   4. Form und Frist
   5. Ergebnis

II. Begründetheit der Beschwerde
   1. Formelle Voraussetzungen der Untersuchungshaft
   2. Materielle Voraussetzungen der Untersuchungshaft
      a) Dringender Tatverdacht
      b) Haftgrund
   3. Ergebnis

III. Gesamtergebnis

Lösungsvorschlag

Aufgabe 1:

Ausgangsfall

136 Der Haftbefehl war rechtmäßig, sofern die formellen sowie materiellen Voraussetzungen der Anordnung von Untersuchungshaft vorlagen.[1]

1. Formelle Rechtmäßigkeit der Anordnung

a) Anordnung durch zuständigen Richter

137 In formeller Hinsicht müsste die Untersuchungshaft durch den zuständigen Richter angeordnet worden sein. Vor Anklageerhebung ist nach § 125 Abs. 1 StPO der Richter bei dem Amtsgericht zuständig, in dessen Bezirk ein Gerichtsstand begründet ist oder sich der Beschuldigte aufhält. Er kann grundsätzlich nur auf Antrag der Staatsanwaltschaft tätig werden, § 125 Abs. 1 StPO. Die Voraussetzung wurde vorliegend eingehalten.

b) Schriftform des Haftbefehls

138 Die Anordnung müsste gemäß § 114 Abs. 1 StPO zudem in Gestalt eines schriftlichen Haftbefehls ergangen sein. Dies lag vor.

c) Inhaltliche Anforderungen des Haftbefehls

139 Der Haftbefehl muss den inhaltlichen Anforderungen des § 114 Abs. 2 StPO entsprechen. Mangels entgegenstehender Angaben ist hiervon auszugehen.

Die formellen Voraussetzungen der Untersuchungshaft sind mithin erfüllt.

2. Materielle Rechtmäßigkeit der Anordnung

140 In materieller Hinsicht setzt der Erlass eines Haftbefehls nach § 112 Abs. 1 S. 1 StPO einen dringenden Tatverdacht und einen Haftgrund voraus. Zudem darf die Untersuchungshaft nicht außer Verhältnis zu der Bedeutung der Sache und der zu erwartenden Strafe bzw. Maßregel stehen, § 112 Abs. 1 S. 2 StPO.

a) Dringender Tatverdacht

141 Ein dringender Tatverdacht liegt vor, wenn nach dem aktuellen Stand der Ermittlungen eine hohe Wahrscheinlichkeit besteht, dass der Beschuldigte die Tat begangen hat und alle Voraussetzungen der Strafbarkeit und Verfolgbarkeit gegeben sind.[2] Der Wahrscheinlichkeitsgrad muss höher sein als bei dem hinreichenden Tatverdacht nach § 170 Abs. 1, § 203 StPO.[3]

---

1 *Engländer* Rn. 118 f.
2 *Beulke/Swoboda* Rn. 320; *Roxin/Schünemann* § 30 Rn. 5.
3 MüKoStPO/*Böhm/Werner* § 112 StPO Rn. 22.

J wurde von W im Wohnzimmer des Arztes überrascht. Die Zeugenaussage des W ist ein ausreichendes Beweismittel für einen Diebstahlsversuch (§ 242 Abs. 1, § 244 Abs. 1 Nr. 1 lit. a, § 244 Abs. 1 Nr. 3, § 244 Abs. 3, §§ 22, 23 Abs. 1 StGB). Zudem traf die Polizei W noch am Tatort an. Zu diesem Zeitpunkt trat und schlug J weiterhin auf W ein, sodass die Polizisten die zusätzliche Begehung einer Körperverletzung (§ 223 Abs. 1 StGB) bezeugen können. Eine hohe Wahrscheinlichkeit für das Eingreifen von Rechtfertigungs-, Schuld- bzw. Strafausschließungsgründen ist nicht ersichtlich. Somit besteht in beiden Fällen eine hohe Wahrscheinlichkeit der Tatbegehung, ein dringender Tatverdacht ist zu bejahen.

b) Haftgrund

Das Erfordernis eines Haftgrundes wird in § 112 Abs. 1, 2 StPO normiert. Vorliegend **142**
kommt der Haftgrund der Fluchtgefahr nach § 112 Abs. 2 Nr. 2 StPO in Betracht. Fluchtgefahr liegt vor, wenn die Würdigung aller Umstände des Falles es wahrscheinlicher macht, dass sich der Beschuldigte dem Strafverfahren entziehen als sich ihm zur Verfügung stellen wird.[4] Das ist im Rahmen einer Gesamtbetrachtung zu bewerten. Dabei sind insbesondere die Persönlichkeit des Beschuldigten, seine privaten Verhältnisse sowie Art und Schwere der Tat zu berücksichtigen.[5]

aa) Kontakte nach Italien

Laut Sachverhalt hat J über F enge soziale Kontakte nach Italien. Er war bereits öfter **143**
vor Ort, weshalb angenommen werden könnte, er werde sich dem Strafverfahren durch Flucht dorthin entziehen. Jedoch begründet selbst ein Wohnsitz im EU-Ausland noch keine Fluchtgefahr, wenn der Beschuldigte für Ladungen der deutschen Justiz erreichbar ist.[6] Wegen der Möglichkeit der Erwirkung eines Europäischen Haftbefehls muss der Beschuldigte nämlich jederzeit mit seiner Auslieferung rechnen.[7] Sofern ein solcher vorliegt, ist zu prüfen, ob der Betroffene sich einem Auslieferungsersuchen entziehen wird.[8]

Anmerkung: In der wegweisenden Entscheidung des Europäischen Gerichtshofs vom 27.5.2019 zu den verbundenen Rechtssachen C-508/18, C-82/19 PPU PI[9] und C-509/18 PF[10] hat der Europäische Gerichtshof entschieden, dass deutsche Staatsanwaltschaften nicht (wie bisher üblich) selbst einen Europäischen Haftbefehl ausstellen dürfen. Die deutschen Staatsanwaltschaften sind danach wegen der bestehenden Weisungsrechte, die auch für den Einzelfall ausgesprochen werden können, nicht hinreichend unabhängig gegenüber der Exekutive. Aus diesem Grund erfüllen sie nicht die Anforderungen an eine „Justizbehörde", die nach dem Rahmenbeschluss über den Europäischen Haftbefehl einen solchen ausstellen dürfen. In der Praxis werden die Europäischen Haftbefehle in Deutschland seitdem von Richtern unterzeichnet, die das Unabhängigkeitskriterium erfüllen. Darüber hinaus hat sich eine intensive Debatte um eine Einschränkung des Weisungsrechts in einem neuen § 146 Abs. 2

4 BGH, NJW 2014, 2372 (2373); Meyer-Goßner/Schmitt/*Schmitt* § 112 Rn. 17.
5 *Beulke/Swoboda* Rn. 322; MüKoStPO/*Böhm* § 112 StPO Rn. 50.
6 OLG Karlsruhe, StV 2007, 140 (141); OLG Karlsruhe, StV 2005, 33 (34); OLG Dresden v. 24.2.2005 – 1 Ws 29/05, 3192; MüKoStPO/*Böhm/Werner* § 112 StPO Rn. 58.
7 MüKoStPO/*Böhm/Werner* § 112 StPO Rn. 58; KK-StPO/*Graf* § 112 StPO Rn. 22b.
8 OLG Karlsruhe, StV 2007, 140 (141).
9 Abrufbar unter http://curia.europa.eu/juris/document/document.jsf?text=&docid=214466&pageIndex=0&doclang=DE&mode=req&dir=&occ=first&part=1&cid=9497732.
10 Abrufbar unter http://curia.europa.eu/juris/document/document.jsf?text=&docid=214465&pageIndex=0&doclang=DE&mode=req&dir=&occ=first&part=1&cid=9498053.

GVG entwickelt.[11] Ziel ist es, insbesondere justizfremde Erwägungen aus dem Weisungsrecht auszuschließen und die Fälle zulässiger Weisungen konkret zu benennen. Umstritten ist insbesondere, inwieweit auch in Beurteilungsspielräume und Ermessensentscheidungen eingegriffen werden können soll.

Der Sachverhalt macht keine Angaben dazu, dass J einen Wohnsitz in Italien angemeldet hat. Damit steht nicht fest, dass sein Aufenthalt ermittelt werden kann und er sich einer Hauptverhandlung stellen wird. Ob er sich bei Erlass eines Europäischen Haftbefehls einem Auslieferungsersuchen entziehen wird, kann deshalb nicht abschließend beurteilt werden.

bb) Kontakte nach Tunesien

144 Jedoch könnte ein anderer Umstand die Fluchtgefahr begründen. Für J besteht die Möglichkeit, mit der Yacht des Cousins nach Tunesien und damit ins außereuropäische Ausland zu reisen. Zudem bestehen bei J wegen seiner engen Verwobenheit mit der Familie der F zugleich enge soziale Kontakte zu der in Tunesien wohnhaften Tante. Da J auf diesem Wege bereits zweimal das Land bereist hat, ist eine konkret realisierbare Flucht nach Tunesien nicht unwahrscheinlich. Im Gegensatz zu einem Wohnsitz im Ausland wäre im Falle einer Flucht des J auch die Ermittlung eines konkreten Aufenthaltsorts ungewiss. Zudem bestehen konkrete Anhaltspunkte dafür, dass J sich für eine Flucht ins Ausland vorbereitet.[12] Mangels Gültigkeit des Europäischen Haftbefehls in Tunesien kommt seine Auslieferung insoweit nicht in Betracht, weshalb eine hohe Wahrscheinlichkeit dafürsprechen muss, dass er sich dem Verfahren in Deutschland stellen wird.[13] Diese ist dem Sachverhalt aber nicht zu entnehmen, sodass zumindest eine Fluchtgefahr ins außereuropäische Ausland zu bejahen ist. Der Haftgrund des § 112 Abs. 2 Nr. 2 StPO besteht.

c) Verhältnismäßigkeit

145 Schließlich dürfte die Untersuchungshaft nicht außer Verhältnis zu der Bedeutung der Sache und der zu erwartenden Strafe bzw. Maßregel stehen, § 112 Abs. 1 S. 2 StPO. Vorliegend ist es hinreichend wahrscheinlich, dass J einen Diebstahl nach § 242 Abs. 1, § 244 Abs. 1 Nr. 1 lit. a, § 244 Abs. 1 Nr. 3, § 244 Abs. 4, §§ 22, 23 Abs. 1 StGB sowie eine einfache Körperverletzung nach § 223 Abs. 1 StGB begangen hat. Im Hinblick auf die Mindeststrafe des § 244 Abs. 4 StGB, Freiheitsstrafe von einem Jahr (Verbrechen), kann nicht von einer Unverhältnismäßigkeit der Anordnung ausgegangen werden.

Auch die materiellen Rechtmäßigkeitsvoraussetzungen der Untersuchungshaft wurden erfüllt.

3. Ergebnis

146 Damit wurde der Haftbefehl rechtmäßig erlassen.

---

11 Vgl. Referentenentwurf des BMJ eines Gesetzes zur Erhöhung der Transparenz von Weisungen gegenüber der Staatsanwaltschaft, Bearbeitungsstand 26.3.2024.

12 Vgl. OLG Köln, StV 2006, 25; MüKoStPO/*Böhm* § 112 StPO Rn. 57.

13 OLG Köln, StV 2005, 393, 394; MüKoStPO/*Böhm* § 112 StPO Rn. 59.

Abwandlung

Der Haftbefehl war rechtmäßig, sofern die formellen sowie materiellen Voraussetzungen der Anordnung von Untersuchungshaft vorlagen. 147

1. Formelle Voraussetzungen

Im Hinblick auf die formellen Voraussetzungen der Untersuchungshaft kann auf die Ausführungen zum Ausgangsfall verwiesen werden. 148

2. Materielle Voraussetzungen

In materieller Hinsicht müssten auch hier dringender Tatverdacht, Haftgrund und Verhältnismäßigkeit zu bejahen sein, § 112 Abs. 1 StPO. 149

a) Dringender Tatverdacht

Der dringende Tatverdacht ist entsprechend zum Ausgangsfall zu bejahen, J wurde beim Einbruch in die Wohnung des A von W sowie der Polizei gestellt. 150

b) Haftgrund

Eine andere Bewertung könnte sich jedoch beim Haftgrund ergeben. Für die Annahme von Fluchtgefahr nach § 112 Abs. 2 Nr. 2 StPO muss bei Würdigung aller Umstände des Einzelfalls eine höhere oder überwiegende Wahrscheinlichkeit für die Annahme sprechen, dass sich der Beschuldigte dem Strafverfahren entziehen wird.[14] Im Gegensatz zum Ausgangsfall hat J keine Kontakte ins Ausland, ist wenig mobil und lebt insgesamt zurückgezogen. Damit gibt es weder Anhaltspunkte dafür, dass J im In- noch im Ausland untertauchen wird, Fluchtgefahr ist mithin zu verneinen. 151

Möglicherweise könnte jedoch der Haftgrund der Wiederholungsgefahr nach § 112a Abs. 1 S. 1 Nr. 2 StPO einschlägig sein. Dafür müsste J wiederholt oder fortgesetzt eine die Rechtsordnung schwerwiegend beeinträchtigende Straftat aus dem Katalog des § 112a Abs. 1 S. 1 Nr. 2 StPO begangen haben. Darüber hinaus müssten bestimmte Tatsachen die Gefahr begründen, dass er vor Verurteilung weitere erhebliche Straftaten gleicher Art begeht oder die Straftat fortsetzen wird. Schließlich müsste die Haft erforderlich sein und J müsste eine Freiheitsstrafe von mehr als einem Jahr zu erwarten haben (§ 112a Abs. 1 S. 1 StPO).

Vorliegend ist J dringend verdächtig, einen Diebstahl nach § 242 Abs. 1, § 244 Abs. 1 Nr. 1 lit. a, § 244 Abs. 1 Nr. 3, § 244 Abs. 4, §§ 22, 23 Abs. 1 StGB in der Wohnung des A begangen zu haben. Zusätzlich müsste das Merkmal der wiederholten oder fortgesetzten Begehung erfüllt sein. Wiederholt ist eine Straftat dann begangen, wenn der Beschuldigte mindestens zwei Mal durch verschiedene Taten dasselbe Strafgesetz verletzt hat. Von einer fortgesetzten Begehung ist auszugehen, wenn eine fortgesetzte Handlung i.S.d. materiellen Strafrechts vorliegt.[15] Vorliegend hatte J zwar die Begehung weiterer Wohnungseinbruchdiebstähle bei E und J geplant, aber noch nicht umgesetzt.

---

14 MüKoStPO/*Böhm* § 112 StPO Rn. 41.
15 KK-StPO/*Graf* § 112a StPO Rn. 13.

Von einer wiederholten Begehung kann damit noch nicht ausgegangen werden. Folglich sind die Voraussetzungen des § 112a Abs. 1 S. 1 Nr. 2 StPO nicht erfüllt, der Haftgrund der Wiederholungsgefahr liegt nicht vor.

Mithin fehlt es an einem Haftgrund. Der Erlass des Haftbefehls war somit materiell rechtswidrig.

3. Ergebnis

152 Der Erlass des Haftbefehls war rechtswidrig.

Anmerkung: § 112a StPO ist im Vergleich zu den anderen Haftgründen nach § 112 StPO subsidiär, vgl. § 112a Abs. 2 StPO.

Im Unterschied zu § 112 StPO stellt § 112a StPO kein Mittel der Verfahrenssicherung dar, sondern eine vorbeugende Maßnahme zum Schutz der Rechtsgemeinschaft vor weiteren erheblichen Straftaten.[16]

Aufgabe 2:

153 Die Haftbeschwerde des J hat Aussicht auf Erfolg, wenn sie zulässig und begründet ist.

I. Zulässigkeit der Beschwerde

154 Sie ist zulässig, wenn die Sachentscheidungsvoraussetzungen erfüllt sind.

1. Zuständigkeit

155 Sofern der Haftrichter der Beschwerde nicht abhilft, ist die Strafkammer des Landgerichts für die Beschwerde zuständig, § 73 Abs. 1, § 76 Abs. 1 GVG.

2. Statthaftigkeit

156 Daneben müsste die Beschwerde statthaft sein. Nach § 304 Abs. 1 StPO ist die Beschwerde gegen alle von den Gerichten im ersten Rechtszug oder im Berufungsverfahren erlassenen Beschlüsse und gegen die Verfügungen des Vorsitzenden, des Richters im Vorverfahren und eines beauftragten oder ersuchten Richters zulässig, soweit das Gesetz sie nicht ausdrücklich einer Anfechtung entzieht. Zwar erwähnt § 304 Abs. 1 StPO nur Beschlüsse und Verfügungen, jedoch unterliegt der Beschwerde grundsätzlich jede richterliche Maßnahme.[17] Vorliegend richtet sie sich gegen den vom Richter im Ermittlungsverfahren erlassenen Haftbefehl, § 114 Abs. 1, § 125 Abs. 1 StPO. Ein gesetzlicher Ausschluss ist nicht ersichtlich, womit die Beschwerde grundsätzlich statthaft ist.

---

16 *Beulke/Swoboda* Rn. 325; KK-StPO/*Graf* § 112a StPO Rn. 4.

17 MüKoStPO/*Neuheuser* § 304 StPO Rn. 10; KK-StPO/*Zabeck* § 304 StPO Rn. 1.

Abzugrenzen ist die Beschwerde von der Haftprüfung, neben der eine Beschwerde unzulässig ist, § 117 Abs. 2 S. 1 StPO. Im Gegensatz zur Haftbeschwerde hat sie keinen Devolutiveffekt, weshalb der Haftrichter darüber entscheidet, § 126 Abs. 1 StPO.[18] J hat aber keinen Antrag auf Haftprüfung gestellt, weshalb sich das Problem der Subsidiarität nicht stellt.

Die Beschwerde ist mithin statthaft.

3. Beschwerdeberechtigung und Beschwer

Darüber hinaus müsste J beschwerdeberechtigt sowie beschwert sein.[19] Zu den Beschwerdeberechtigten gehören neben der Staatsanwaltschaft und Beschuldigten (§ 296 Abs. 1 StPO), auch andere von der Entscheidung betroffene Personen, § 304 Abs. 2 StPO. J ist als Beschuldigter bereits nach § 296 Abs. 1 StPO beschwerdeberechtigt. **157**

Eine Beschwer liegt vor, wenn der Betroffene durch die angefochtene Entscheidung in seinen Rechten verletzt ist.[20] J als Beschuldigter ist beschwert, wenn die Entscheidung zu seinem Nachteil ergangen ist.[21] J befindet sich in Untersuchungshaft. Der zu seinen Lasten ergangene Haftbefehl beeinträchtigt ihn insbesondere in seinem Grundrecht aus Art. 2 Abs. 2 S. 2 GG. Damit ist er auch beschwert.

4. Form und Frist

Die Beschwerde muss in schriftlicher Form eingelegt werden, § 306 Abs. 1 StPO. Ein Fristerfordernis besteht nicht. Lediglich im Falle der sofortigen Beschwerde ist die Einhaltung einer Frist vorgesehen, § 311 Abs. 2 StPO.[22] **158**

5. Ergebnis

Die Sachentscheidungsvoraussetzungen liegen vor, sodass die Haftbeschwerde des J zulässig ist. **159**

II. Begründetheit der Beschwerde

Die Beschwerde ist begründet, wenn die Anordnung des Haftbefehls rechtswidrig war. **160**

1. Formelle Voraussetzungen der Untersuchungshaft

Im Hinblick auf die formellen Voraussetzungen der Untersuchungshaft ist auf die Ausführungen zu Aufgabe 1 zu verweisen. **161**

Die Anordnung der Untersuchungshaft war somit formell rechtmäßig.

---

18 *Roxin/Schünemann* § 30 Rn. 63.
19 *Volk/Engländer* § 37 Rn. 3 ff.
20 *Kindhäuser/Schumann* § 28 Rn. 19.
21 *Beulke/Swoboda* Rn. 821; *Roxin/Schünemann* § 53 Rn. 12.
22 *Kühne* Rn. 1036.

2. Materielle Voraussetzungen der Untersuchungshaft

162 Fraglich ist, ob die Anordnung der Untersuchungshaft auch materiell rechtmäßig war.

a) Dringender Tatverdacht

163 Im Hinblick auf den Diebstahlsversuch ist der dringende Tatverdacht entsprechend zum Ausgangsfall zu bejahen. J wurde beim Einbruch in die Wohnung des A von W sowie der Polizei gestellt. Zudem gibt es für die Polizei genügend Beweise für einen Mord des A an W nach § 212 Abs. 1, § 211 StGB wegen Verdeckungsabsicht. Mithin besteht auch in diesem Fall eine hohe Wahrscheinlichkeit der Tatbegehung. Ein dringender Tatverdacht kann angenommen werden.

b) Haftgrund

164 Schließlich müsste auch ein Haftgrund i.S.v. § 112 Abs. 1, 2 StPO vorliegen.

165 **aa)** Ebenso wie in der Abwandlung gibt es aufgrund der fehlenden Kontakte des J und der starken Verwurzlung in seinem Heimatort keine Anhaltspunkte für Fluchtgefahr nach § 112 Abs. 2 Nr. 2 StPO.

166 **bb)** Auch für die Annahme von Verdunkelungsgefahr nach § 112 Abs. 2 Nr. 3 oder Wiederholungsgefahr nach § 112a Abs. 1 StPO liefert der Sachverhalt keine Hinweise.

167 **cc)** In Betracht kommt lediglich § 112 Abs. 3 StPO wegen des Verdachts der Katalogtat der § 212 Abs. 1, § 211 StGB.

168 Nach dem Wortlaut des § 112 Abs. 3 StPO darf eine Untersuchungshaft auch in den Fällen angeordnet, in denen kein Haftgrund nach § 112 Abs. 2 StPO besteht, sofern der Beschuldigte der Begehung einer Katalogtat dringend verdächtig ist. Dies ist, wie oben beschrieben, der Fall. Allein nach dem Wortlaut der Norm wären somit die Voraussetzungen für den Erlass eines Haftbefehls erfüllt.

Gegen ein solch weites Verständnis des § 112 Abs. 3 StPO hat sich jedoch das Bundesverfassungsgericht gewandt.[23] Die Norm sei bei weitem Verständnis rechtswidrig, da die Untersuchungshaft auch dann angeordnet werden könnte, wenn sie zur Sicherung des Erkenntnis- oder Vollstreckungsverfahrens gar nicht erforderlich wäre.[24] Der Zweck der Untersuchungshaft ist es aber gerade, die Durchführung eines geordneten Strafverfahrens zu gewährleisten und die spätere Strafvollstreckung sicherzustellen. Eine Anordnung außerhalb dieses Zweckes sei unverhältnismäßig und würde der Unschuldsvermutung zuwiderlaufen.[25]

Demnach darf Untersuchungshaft im Wege einer verfassungskonformen Auslegung nur verhängt werden, wenn zusätzlich der Haftgrund der Flucht-, Verdunkelungs-, oder Wiederholungsgefahr hinzutritt. Daran werden jedoch nicht so hohe Anforderungen wie in § 112 Abs. 2 StPO gestellt. Vielmehr ist es ausreichend, wenn nach den konkreten Umständen des Einzelfalles eine Flucht- oder Verdunkelungsgefahr nicht auszuschließen ist oder wenn ernstlich zu befürchten ist, dass der Beschuldigte ähnliche Taten wiederholen wird.[26]

---

23 BVerfGE 19, 342 ff.
24 BVerfGE 19, 342 (350).
25 BVerfGE 19, 342 (347, 349).
26 BVerfGE 19, 342 (350 f.).

J hat wenig Kontakte, insbesondere nicht im Ausland und ist in seiner Heimat stark verwurzelt. Damit besteht noch nicht einmal eine abstrakte[27] Fluchtgefahr. Auch gibt es keine Hinweise für eine abstrakte Verdunkelungs- oder Wiederholungsgefahr.
Folglich ist auch der Haftgrund des § 112 Abs. 3 StPO nicht erfüllt.

Ein Haftgrund kommt somit nicht in Betracht.

Die Anordnung der Untersuchungshaft war mithin materiell rechtswidrig.

3. Ergebnis

Mangels Haftgrund war der Erlass des Haftbefehls rechtswidrig. Die Haftbeschwerde ist somit auch begründet. **169**

III. Gesamtergebnis

Die Haftbeschwerde des J ist zulässig und begründet und hat somit Aussicht auf Erfolg. **170**

Ergänzungen und Vertiefung

Prüfungsaufbau: Anordnung der Untersuchungshaft[28] **171**

I. Formelle Voraussetzungen:
1. Schriftlicher Haftbefehl: § 114 Abs. 1 StPO (Inhalt § 114 Abs. 2 StPO)
2. Zuständigkeit: Richter § 114 Abs. 1 StPO
   - *Ermittlungsverfahren*: Ermittlungsrichter beim Amtsgericht auf Antrag der Staatsanwaltschaft § 125 Abs. 1 StPO
   - *Nach Anklageerhebung*: mit der Sache befasstes Gericht § 125 Abs. 2 StPO

II. Materielle Voraussetzungen:
1. Dringender Tatverdacht § 112 Abs. 1 StPO
   - *Nach dem aktuellen Stand der Ermittlungen besteht eine hohe Wahrscheinlichkeit, dass der Beschuldigte die Tat begangen hat und alle Voraussetzungen der Strafbarkeit und Verfolgbarkeit liegen vor.*[29]
2. Haftgrund
   - Flucht/Fluchtgefahr § 112 Abs. 2 Nr. 1 bzw. Nr. 2 StPO
   - Verdunkelungsgefahr § 112 Abs. 2 Nr. 3 StPO
   - Verdacht eines Kapitaldelikts § 112 Abs. 3 StPO
     → *verfassungskonforme Auslegung: „Quasi-Haftgrund"*
   - Wiederholungsgefahr § 112a Abs. 1 StPO
3. Verhältnismäßigkeit § 112 Abs. 1 S. 2 StPO

---

27 *Engländer* Rn. 120.
28 In Anlehnung an: *Beulke*/Swoboda Rn. 319 ff; *Engländer* Rn. 114 ff.; *Roxin/Schünemann* § 30 Rn. 4 ff.
29 *Roxin/Schünemann* § 30 Rn. 5.

Prüfungsaufbau: Beschwerde[30]

I. Zulässigkeit

1. Zuständigkeit: sofern Haftrichter nach § 306 Abs. 1 StPO nicht abhilft:
   - Strafkammer des Landgerichts, § 73 Abs. 1, § 76 Abs. 1 GVG bzw.
   - Oberlandesgericht, § 120 Abs. 3, § 120 Abs. 4, § 121 Abs. 1 Nr. 2 GVG bzw.
   - Bundesgerichtshof § 135 Abs. 2 GVG
2. Statthaftigkeit
   - § 304 Abs. 1 StPO
3. Beschwerdeberechtigung und Beschwer
   - Beschwerdeberechtigung: § 296 Abs. 1 StPO, § 304 Abs. 2 StPO
   - Beschwer: wenn Betroffener durch die angefochtene Entscheidung in seinen Rechten verletzt ist
   - Beschuldigter (+) wenn die Entscheidung zu seinem Nachteil ergangen ist.[31]
4. Form und Frist
   - Schriftform § 306 Abs. 1 StPO
   - grundsätzlich keine Frist, Ausnahme § 311 Abs. 2 StPO

II. Begründetheit

- Richtet sich nach den jeweiligen Voraussetzungen der angegriffenen Maßnahme.

Untersuchungshaft und entsprechende Rechtsbehelfe:

Beulke/Swoboda Rn. 318 ff. (Untersuchungshaft), 867 ff. (Beschwerde); *Beulke/Zimmermann* Klausurenkurs III Rn. 916 ff.; *Murmann* Rn. 67 ff.; *Kudlich*, JA 2005, 429 ff.; *Krumdiek*, JA 2010, 191 ff.; *Rackow*, JA 2011, 23 ff.; *Wieneck*, NStZ 2019, 702.

---

30 In Anlehnung an: *Beulke/Swoboda* Rn. 868 ff.; *Kindhäuser/Schumann* § 32 Rn. 4 ff.; *Roxin/Schünemann* § 53 Rn. 8 ff., § 56 Rn. 2 ff.

31 *Kindhäuser/Schumann* § 28 Rn. 19; *Roxin/Schünemann* § 53 Rn. 12.

Fall 7

Beweiserhebung; Brechmitteleinsatz; Beweisverwertungsverbote

Der sierra-leonische Staatsangehörige J wurde von Polizeibeamten in Zivil dabei beobachtet, wie er mehrfach kleine Plastikbeutel aus seinem Mund nahm und Personen gegen Geld übergab. Die Beamten gingen davon aus, dass es sich bei dem Beutelinhalt um Kokain handelte. Sie nahmen J fest, der daraufhin einen in seinem Mund befindlichen Gegenstand schluckte. Die Beamten nahmen an, dass es sich auch hierbei um einen Kokainbeutel handeln musste. Weitere Beutel mit Betäubungsmitteln wurden bei J nicht gefunden. Da man eine Gefährdung des Ermittlungserfolges befürchtete, ordnete der Staatsanwalt S die Verabreichung eines Brechmittels an. J wurde in ein Krankenhaus gebracht, wo er sich gegen die Einnahme des Mittels wehrte. Aufgrund sprachlicher Barrieren konnte zudem keine sachliche Erörterung der Situation zwischen den Beamten, dem Arzt und J erfolgen. Daraufhin wurde J von vier Polizeibeamten festgehalten, während ein Arzt ihm zwangsweise das Brechmittel verabreichte. J erbrach in der Folge den erwarteten Plastikbeutel, der ca. 0,22 Gramm Kokain beinhaltete. Im Anschluss wurde er aufgrund eines Haftbefehls in Untersuchungshaft genommen. J gibt an, er habe aufgrund der Brechmitteleinnahme mehrere Tage lang nur Flüssignahrung zu sich nehmen können. Außerdem müsse er sich wegen anhaltender Magenschmerzen weiteren ärztlichen Behandlungen unterziehen. Im Einzelnen sind die körperlichen Auswirkungen der Einnahme von Brechmitteln unter Medizinern stark umstritten. In Deutschland gab es in der Vergangenheit zwei Todesfälle, die auf die Einnahme von Brechmitteln zurückgeführt werden. Auf der anderen Seite führt die Staatsanwaltschaft an, dass das Abwarten des Ausscheidens des Beutels auf natürlichem Wege ebenfalls mit gesundheitlichen Risiken verbunden sei, da es zu Vergiftungen im Darmtrakt kommen könne. Insofern sei die Einnahme des Brechmittels das mildere Mittel gewesen. 172

Gegen J läuft ein Prozess wegen unerlaubten Handeltreibens mit Betäubungsmitteln, wobei das Kokainpäckchen nach Auffassung der Staatsanwaltschaft als zentrales Beweismittel dienen soll.

Darf das Gericht seine Entscheidung auf das erbrochene Kokainpäckchen als Beweismittel stützen?[1]

(Bearbeitungszeit: 1 h 30 min)

1 Angelehnt an EGMR, NJW 2006, 3117 („Jalloh/Deutschland“).

Vorüberlegungen

173 Die Aufgabenstellung hat den Standardfall des Brechmitteleinsatzes bei der Strafverfolgung zum Gegenstand. Das Problem wird nicht nur im Strafprozessrecht relevant, sondern auch im Verfassungsrecht als Problem im Rahmen der Verfassungsbeschwerde. In dieser Aufgabenkonstellation ist das verfassungsrechtliche Problem auf der Ebene des einfachen Rechts innerhalb der normativen Voraussetzungen zu erörtern. Einstieg in die Prüfung ist die Frage nach der Verwertbarkeit des erbrochenen Beweisstücks als Beweismittel bei der Urteilsfindung. Wie bereits in den vorhergehenden Fällen erfordert dies die Untersuchung eines möglichen Beweisverwertungsverbots. In diesem Kontext ergibt sich dieses jedoch nicht aus einer unmittelbaren gesetzlichen Regelung, sondern aus den normativen Grundsätzen der Strafprozessordnung, die durch die rechtswissenschaftliche Literatur und die richterliche Rechtsfortbildung herausgearbeitet wurden. Zunächst ist es sinnvoll, das Ausscheiden von gesetzlich normierten Beweisverwertungsverboten knapp festzustellen. Hieran schließt sich die Untersuchung eines ungeschriebenen Beweisverbots an. In Anbetracht der Aufgabenstellung ist zu prüfen, ob ein ungeschriebenes unselbstständiges Beweisverwertungsverbot eingreift. Dies erfordert zunächst eine rechtswidrige Beweiserhebung. Dabei ist der Bearbeiter gehalten, die rechtlichen Vorgaben zu untersuchen, die eine Verabreichung des Brechmittels legitimieren könnten. Naheliegende Ermächtigungsgrundlagen innerhalb der Strafprozessordnung sind die §§ 94 ff., 102 StPO, die jedoch schnell abgelehnt werden können. Sodann ist die körperliche Untersuchung gemäß § 81a StPO zu prüfen. Die formellen Voraussetzungen der Maßnahmen sind ohne größeren Begründungsaufwand zu bejahen. Innerhalb der materiellen Voraussetzungen ist die Beschuldigteneigenschaft des Betroffenen festzustellen, die sich nach denselben Kriterien richtet, wie bei § 136 StPO (vgl. hierzu Fall 4). Die weiteren Voraussetzungen der körperlichen Untersuchung sind in gebotenem Umfang zu erörtern. Den Schwerpunkt bildet die Prüfung der Verhältnismäßigkeit der Maßnahme. Im Falle der Ablehnung ist die Widerrechtlichkeit der Beweiserhebung im Grunde festgestellt. Eine knappe Ablehnung der Ermittlungsgeneralklausel als Ermächtigungsgrundlage einer solch beeinträchtigenden Maßnahme ist dennoch obligatorisch. Im Anschluss an die Feststellung der Widerrechtlichkeit der Beweiserhebung muss jedoch das Beweisverwertungsverbot positiv festgestellt werden. Hierfür muss der Bearbeiter auf die einzelnen in Literatur und Rechtsprechung vertretenen Ansichten eingehen.

Gliederung

A. Gesetzliches Beweisverwertungsverbot **174**
- I. § 136a Abs. 3 S. 2 StPO
- II. Zwischenergebnis

B. Ungeschriebenes Beweisverwertungsverbot
- I. §§ 94 ff., 102 StPO
- II. § 81a StPO
  - 1. Formelle Rechtmäßigkeit
  - 2. Materielle Rechtmäßigkeit
    - a) Beschuldigter
    - b) Verfahrenserhebliche Tatsache
    - c) Körperliche Untersuchung
    - d) Anderer körperlicher Eingriff
    - e) Durch einen Arzt nach den Regeln der ärztlichen Kunst
    - f) Keine Befürchtung gesundheitlicher Nachteile
    - g) Verhältnismäßigkeit
      - aa) Legitimer Zweck
      - bb) Geeignetheit
      - cc) Erforderlichkeit
      - dd) Angemessenheit
    - h) Zwischenergebnis
  - 3. Ergebnis
- III. § 161 Abs. 1 StPO
- IV. Ergebnis

C. Rechtsfolge: Beweisverwertungsverbot
- I. Abwägungslehre
- II. Rechtskreistheorie
- III. Schutzzwecktheorie

D. Ergebnis

Lösungsvorschlag

175 Das Gericht darf seine Entscheidung auf das erbrochene Kokainpäckchen stützen, wenn kein Beweisverwertungsverbot entgegensteht. Beweisverwertungsverbote schließen bestimmte Erkenntnisse von der Berücksichtigung im Urteil aus.[2]

A. Gesetzliches Beweisverwertungsverbot

176 Es ist zunächst zu erörtern, ob ein Verstoß gegen ein gesetzliches (absolutes) Beweisverwertungsverbot in Betracht kommt.[3]

I. § 136a Abs. 3 S. 2 StPO

177 Möglicherweise greift hier § 136a Abs. 3 S. 2 StPO, wenn der Brechmitteleinsatz eine unerlaubte Methode nach § 136a Abs. 1 oder § 136a Abs. 2 darstellt. Die Anwendbarkeit der Norm setzt jedenfalls das Vorliegen einer Vernehmung voraus. Eine solche ist gegeben, wenn der Fragende dem Befragten in amtlicher Funktion gegenübertritt und in dieser Eigenschaft Auskunft verlangt (herrschende Meinung, sogenannter formeller Vernehmungsbegriff).[4] Eine solche Situation ist hier nicht gegeben. Die Beamten verlangten keine Auskunft von J im Rahmen einer klassischen Vernehmungssituation. Vielmehr ließen sie ihm zwangsweise Mittel verabreichen, ohne dass eine Äußerung des J erwirkt werden sollte. Mangels Vernehmung ist § 136a Abs. 3 S. 2 StPO nicht anwendbar.[5]

II. Zwischenergebnis

178 Weitere gesetzliche Beweisverwertungsverbote, die vorliegend einschlägig sein könnten, sind nicht ersichtlich. Es liegt kein normiertes Beweisverwertungsverbot vor.

B. Ungeschriebenes Beweisverwertungsverbot

179 Neben den ausdrücklich in der StPO normierten absoluten Beweisverwertungsverboten ist anerkannt, dass ein Verbot der Verwertung auch in weiteren Fällen gegeben sein kann.[6] Eine allgemeine Regel hierfür existiert nicht.[7] Zu unterscheiden ist dabei zunächst zwischen selbstständigen und unselbstständigen Beweisverwertungsverboten.[8] Bei selbstständigen Beweisverwertungsverboten ist die Beweiserhebung an sich rechtmäßig, die Erkenntnisse dürfen jedoch ausnahmsweise aus bestimmten Gründen nicht verwertet werden.[9] Unselbstständige Beweisverwertungsverbote knüpfen dagegen an

---

2 *Beulke/Swoboda* Rn. 702; Meyer-Goßner/Schmitt/*Schmitt* Einl. Rn. 55.
3 Überblick zu den Beweisverwertungsverboten bei *Hombrecher*, JA 2016, 457.
4 BGHSt 42, 139 (145); G/J/T/Z/*Ahlbrecht* § 136 Rn. 10; *Krey/Heinrich* Rn. 1162; *Beulke/Swoboda* Rn. 177.
5 Etwas anderes ergibt sich auch nicht nach dem von einer Mindermeinung vertretenen sogenannten faktischen Vernehmungsbegriff (Nachweise dazu bei BGHSt 42, 139 [146]). Auch nach diesem wird vorausgesetzt, dass eine Äußerung des Beschuldigten erwirkt werden soll.
6 *Beulke/Swoboda* Rn. 704; *Roxin/Schünemann* § 24 Rn. 21; *Krey/Heinrich* Rn. 1582.
7 Übersicht zum Meinungsstand bei *Krey/Heinrich* Rn. 1584 ff. sowie näher nachfolgend unter C.
8 *Beulke/Swoboda* Rn. 704.
9 *Beulke/Swoboda* Rn. 704.

eine bereits rechtswidrige Beweiserhebung an.[10] In Betracht kommt hier ein unselbstständiges Beweisverwertungsverbot. Mithin müsste eine rechtswidrige Beweiserhebung erfolgt sein. Davon ist auszugehen, wenn die Maßnahme nicht auf eine rechtliche Grundlage gestützt werden kann.

I. §§ 94 ff., 102 StPO

Stellenweise wird vertreten, dass die Verabreichung eines Brechmittels zum Erlangen von Beweismitteln an den Voraussetzungen der §§ 94 ff., 102 StPO zu messen sei.[11] Die Situation ähnele eher einer Durchsuchung oder Beschlagnahme als einer körperlichen Untersuchung.[12] Dagegen spricht, dass diese Auffassung den Beschuldigten mit einem „Raum" vergleicht, der betreten und durchsucht werden kann.[13] Das führt zu einer Verobjektivierung des Beschuldigten.[14] Der vorliegende Eingriff ist daher nicht an den §§ 94 ff., 102 StPO zu messen. **180**

II. § 81a StPO

In Betracht kommt hier vielmehr § 81a StPO als Ermächtigungsgrundlage. § 81a StPO erlaubt körperliche Untersuchungen und Eingriffe zur Feststellung von Tatsachen, die für das Verfahren von Bedeutung sind, auch ohne Einwilligung des Beschuldigten, wenn die Maßnahme durch einen Arzt nach den Regeln der ärztlichen Kunst vorgenommen wird und kein Nachteil für die Gesundheit des Beschuldigten zu befürchten ist (§ 81a Abs. 1 S. 1, 2 StPO). **181**

Die Maßnahme müsste formell und materiell rechtmäßig vorgenommen worden sein.

1. Formelle Rechtmäßigkeit

Die Vorschriften über Zuständigkeit, Verfahren und Form müssten gewahrt worden sein. Zweifel bestehen hier allenfalls im Hinblick auf die Anordnung der Maßnahme. Nach § 81a Abs. 2 S. 1 StPO steht die Anordnung grundsätzlich dem Richter zu. Vorliegend ordnete jedoch S als Staatsanwalt die Maßnahme an. Nach § 81a Abs. 2 S. 1 StPO darf die Maßnahme durch einen Staatsanwalt angeordnet werden, wenn der Untersuchungserfolg durch Verzögerung gefährdet ist.[15] Der Staatsanwaltschaft kommt also in Fällen von Gefahr in Verzug ausnahmsweise eine Eilkompetenz zu. Gefahr im Verzug besteht, wenn die richterliche Anordnung nicht eingeholt werden kann, ohne dass der Zweck der Maßnahme gefährdet wird.[16] Der zu erlangende Gegenstand befand sich vorliegend mutmaßlich im Magen des J und konnte daher wieder ausgeschieden werden. Es ist daher **182**

10 *Beulke/Swoboda* Rn. 704.

11 OLG Frankfurt, NJW 1997, 1647 (1648).

12 OLG Frankfurt, NJW 1997, 1647 (1648).

13 *Safferling*, JURA 2008, 100 (106).

14 *Safferling*, JURA 2008, 100 (106).

15 Der Wortlaut des § 81a Abs. 2 StPO wurde 2017 novelliert. Früher normierte § 81a Abs. 2 StPO im Grundsatz den Richtervorbehalt sowie als Ausnahme die Eilkompetenz der Staatsanwaltschaft und ihrer Ermittlungspersonen bei Gefahr im Verzug. Mit der Gesetzesänderung wurde ein neuer Satz 2 eingeführt. Demnach bedarf die Blutprobenentnahme keiner richterlichen Anordnung, sofern der Verdacht zur Begehung bestimmter, im Einzelnen normierter, Straßenverkehrsdelikte besteht.

16 BVerfGE 51, 97 (111); Meyer-Goßner/Schmitt/*Köhler* § 98 Rn. 6.

davon auszugehen, dass ein Abwarten mit weiteren Maßnahmen den Ermittlungserfolg gefährden konnte. S durfte die Maßnahme gemäß § 81a Abs. 2 S. 1 StPO anordnen (andere Ansicht gut vertretbar).

2. Materielle Rechtmäßigkeit

183 Es müssten auch die materiellen Voraussetzungen der Norm gewahrt sein.

a) Beschuldigter

184 J müsste Beschuldigter gewesen sein.

Beschuldigter wird ein Verdächtiger durch einen Willensakt der Strafverfolgungsbehörde, in dem zum Ausdruck kommt, dass sie das Strafverfahren gegen ihn als Beschuldigten führen will.[17]

J müsste also zunächst Verdächtiger gewesen sein. Ein Anfangsverdacht ist gegeben, wenn konkrete tatsächliche Anhaltspunkte vorliegen, die nach kriminalistischen Erfahrungen die Beteiligung des Betroffenen an einer verfolgbaren Straftat als möglich erscheinen lassen, wobei der Strafverfolgungsbehörde ein Beurteilungsspielraum zusteht (vgl. auch § 152 Abs. 2 StPO).[18] Die Tatsache, dass J augenscheinlich Gegenstände in seinem Mund verbarg und durch Schlucken einem Zugriff entziehen wollte, spricht dafür, dass er ein Interesse daran hatte, sein Vorgehen vor den Strafverfolgungsorganen zu verheimlichen. Außerdem entspricht es dem typischen Verhalten von Drogendealern, auf diese Art und Weise ihre Ware zu transportieren. Zudem wurde J beim Verkauf seiner Beutel beobachtet. Damit sind konkrete Anhaltspunkte dafür gegeben, dass J an einer Straftat nach § 29a BtMG beteiligt gewesen sein könnte. Dies machte ihn zum Verdächtigen.

Spätestens die Anordnung der Maßnahme nach § 81a StPO durch S begründete zudem das konkludente Einleiten eines gezielten Ermittlungsverfahrens.[19] J war damit auch Beschuldigter.

b) Verfahrenserhebliche Tatsache

185 Die Maßnahme müsste dem Zweck gedient haben, verfahrenserhebliche Tatsachen festzustellen. Darunter versteht man Tatsachen, die mittelbar oder unmittelbar für die Schuld- und/oder Rechtsfolgenseite von Bedeutung sind.[20] Das Vorhandensein eines Kokainbeutels im Magen des J könnte erheblichen Einfluss auf den Schuldvorwurf haben. Es handelt sich damit um eine verfahrenserhebliche Tatsache.

c) Körperliche Untersuchung

186 Fraglich ist nun zunächst, ob das Vorgehen eine körperliche Untersuchung darstellte. Darunter versteht man die Feststellung der Beschaffenheit des Körpers durch bloße

17 BGHSt 10, 8 (12); *Beulke/Swoboda* Rn. 172.
18 BVerfG, NStZ 1994, 499 (500); *Beulke/Swoboda* Rn. 172; *Kindhäuser/Schumann* § 4 Rn. 10.
19 Graf/*Goers* § 81a StPO Rn. 1.
20 OLG Hamm v. 19.7.2016 – 5 Ws 249/16; Graf/*Goers* § 81a StPO Rn. 3.

sinnliche Wahrnehmung ohne körperlichen Eingriff.[21] J wurde ein Brechmittel verabreicht. Damit blieb es nicht bei einer bloßen sinnlichen Wahrnehmung der Beschaffenheit seines Körpers. Eine körperliche Untersuchung liegt nicht vor.

d) Anderer körperlicher Eingriff

Da die ausdrücklich in § 81a Abs. 1 S. 2 StPO genannte Entnahme von Blutproben erkennbar nicht einschlägig ist, kommt letztlich noch ein anderer körperlicher Eingriff in Betracht. Darunter versteht man jedes Vorgehen, bei dem dem Körper natürliche Bestandteile entnommen werden, dem Körper Stoffe zugeführt werden oder sonst in das Körperinnere eingegriffen wird.[22] Durch das Verabreichen des Brechmittels wurde dem Körper des J ein Stoff zugeführt, sodass ein anderer körperlicher Eingriff i.S.d. § 81a Abs. 1 S. 2 StPO vorliegt. **187**

e) Durch einen Arzt nach den Regeln der ärztlichen Kunst

Der Eingriff wurde durch einen Arzt vorgenommen. Anhaltspunkte dafür, dass die Regeln der ärztlichen Kunst missachtet wurden, sind nicht ersichtlich. **188**

f) Keine Befürchtung gesundheitlicher Nachteile

Durch die Verabreichung des Brechmittels dürften keine gesundheitlichen Nachteile zu befürchten gewesen sein. **189**

Ein Nachteil liegt dann vor, wenn eine erheblich über die Untersuchungsdauer hinauswirkende Beeinträchtigung des körperlichen Wohlbefindens gegeben ist.[23] J moniert hier, dass er über einen längeren Zeitraum mit gesundheitlichen Beschwerden zu kämpfen hatte. Darauf kann es jedoch nicht zwingend ankommen, da die Beurteilung dahingehend erfolgen muss, ob solche Nachteile von vornherein zu erwarten waren.

Wie sich Brechmittel auf das körperliche Wohlbefinden auswirken können, ist im Einzelnen auch unter Medizinern umstritten.[24] Da es zuvor bereits zwei Todesfälle in Deutschland gab, die auf den Einsatz von Brechmitteln zurückgeführt werden,[25] waren gesundheitliche Nachteile auch für J von vornherein zu befürchten. Eine endgültige Entscheidung kann jedoch dahinstehen, wenn die Maßnahme aus anderen Gründen rechtswidrig war.

g) Verhältnismäßigkeit

Wie jedes staatliche Handeln gegenüber natürlichen Personen muss sich auch eine Maßnahme nach § 81a StPO am Grundsatz der Verhältnismäßigkeit messen lassen.[26] Wegen des weiten Wortlauts der Norm wird eine restriktive Auslegung des Anwendungsbereichs und damit verbunden eine besondere Gewichtung der Verhältnismäßigkeit gefor- **190**

---

21 G/J/T/Z/*Brauer* § 81a StPO Rn. 6; LR-StPO/*Krause* § 81a StPO Rn. 18.
22 G/J/T/Z/*Brauer* § 81a StPO Rn. 9.
23 G/J/T/Z/*Brauer* § 81a StPO Rn. 16; LR-StPO/*Krause* § 81a StPO Rn. 31 mwN.
24 Darstellung und weitere Nachweise bei EGMR, NJW 2006, 3117 (3118) und G/J/T/Z/*Brauer* § 81a StPO Rn. 18.
25 EGMR, NJW 2006, 3117 (3118).
26 Grundlegende Darstellung bei *Sodan/Ziekow* § 24 Rn. 32 ff.

dert.[27] Die Maßnahme müsste einem legitimen Zweck gedient haben sowie geeignet, erforderlich und angemessen gewesen sein.

aa) Legitimer Zweck

191 Die Maßnahme diente dem Zweck, Beweismittel für ein mögliches Strafverfahren zu erlangen. Das deckt sich insbesondere mit der Vorgabe des § 152 Abs. 2 StPO, welcher die Staatsanwaltschaft verpflichtet, bei entsprechenden Anhaltspunkten Ermittlungen durchzuführen. Ein legitimer Zweck liegt somit vor.

bb) Geeignetheit

192 Das Verabreichen des Brechmittels war dazu geeignet, an den Kokainbeutel als mögliches Beweismittel zu gelangen.

cc) Erforderlichkeit

193 Es dürfte kein milderes, gleich effektives Mittel zur Verfügung gestanden haben. In Betracht kommt hier insbesondere ein Abwarten des Ausscheidens auf natürlichem Wege. Dagegen lässt sich jedoch einwenden, dass ein längeres Verbleiben des Beutels im Körper das Risiko erhöhen kann, dass sich der Beutel auflöst und der Inhalt sich im Körper verbreitet.[28] Es kann daher nicht mit Sicherheit gesagt werden, dass es sich beim Abwarten um ein milderes Mittel handelt. Von der Erforderlichkeit ist mithin auszugehen.

dd) Angemessenheit

194 Fraglich ist, ob die Maßnahme im konkreten Fall auch angemessen war.

Zu berücksichtigen sind hier einerseits das in § 152 Abs. 2 StPO niedergelegte staatliche Strafverfolgungsinteresse und andererseits die Rechte des J. Neben seinen Grundrechten (Art. 1 Abs. 1 S. 1 GG, Art. 2 Abs. 2 S. 1 GG) sind hier insbesondere auch die Rechte aus der EMRK zu berücksichtigen. Die EMRK steht in Deutschland zwar nur auf dem Rang eines einfachen Bundesgesetzes.[29] Dennoch ist das gesamte deutsche Recht im Lichte der EMRK zu interpretieren. Es gilt das Prinzip der Völkerrechtsfreundlichkeit des Grundgesetzes.[30] Insbesondere bei Abwägungsfragen ist daher eine Auslegungsweise zu wählen, die die Rechte der EMRK angemessen würdigt.[31]

Das durch die Polizeibeamten beobachtete Verhalten des J begründete hier konkrete Anhaltspunkte für eine Straftat, sodass grundsätzlich ein berechtigtes Interesse daran bestand, Maßnahmen nach § 81a StPO zu ergreifen. Auf der anderen Seite ist die vorgefundene Menge von 0,22 Gramm relativ gering, sodass nicht mit einer hohen Strafe zu rechnen ist. Zudem betrafen die hervorgerufenen körperlichen Reaktionen das Grundrecht des J aus Art. 2 Abs. 2 S. 1 GG in nicht unerheblicher Weise. Daneben könnte auch das Folterverbot gemäß Art. 3 EMRK betroffen sein. Dafür müsste die Maßnahme ein Mindestmaß an Schwere erreicht haben, wobei es auf die Umstände des Einzelfalls

27 BVerfGE 16, 194 (200 f.); G/J/T/Z/*Brauer* § 81a StPO Rn. 1.
28 Eine medizinische Auffassung, die von EGMR, NJW 2006, 3117 (3118) dargestellt wird.
29 BVerfGE 111, 307 (317); *Satzger* § 11 Rn. 13 mwN.
30 BVerfGE 111, 307 (317 f.); *Satzger* § 11 Rn. 14.
31 BVerfGE 111, 307 (317 f.); *Satzger* § 11 Rn. 14.

ankommt.[32] Art. 3 EMRK verbietet zwar nicht grundsätzlich, gegen den Willen eines Beschuldigten zu medizinischen Maßnahmen zu greifen, um Beweise für eine Straftat zu erlangen.[33] Dennoch sind an die Rechtmäßigkeit hohe Anforderungen zu stellen. Zum einen sprechen die nicht unerheblichen gesundheitlichen Risiken, die aufgrund vorheriger Todesfälle beim Brechmitteleinsatz zu befürchten waren, für einen Verstoß gegen Art. 3 EMRK.[34] Zum anderen ist auch die Art und Weise des Vorgehens zu berücksichtigen: J konnte aufgrund sprachlicher Barrieren nicht angemessen kommunizieren und wurde sodann von vier Beamten gewaltsam festgehalten. Das Einführen des Brechmittels konnte nur unter Anwendung körperlichen Zwangs erreicht werden. Unter derartigen Umständen zum Erbrechen genötigt zu werden, erscheint demütigend und kann auch zu psychischem Leiden führen.[35] Das gewaltsame Vorgehen war dazu geeignet, ein erhöhtes Maß an Angst und Furcht bei J zu erwecken.[36] Die erregten physischen und psychischen Leiden sprechen im Gesamtbild dafür, dass J i.S.v. Art. 3 EMRK unmenschlich und erniedrigend behandelt wurde.[37] Berücksichtigt man diese Wertungen der EMRK und setzt sie in Relation zum Tatvorwurf, kommt man zu dem Ergebnis, dass das Vorgehen insgesamt unangemessen und damit unverhältnismäßig war.

h) Zwischenergebnis

Die Maßnahme nach § 81a StPO war vorliegend unverhältnismäßig und damit materiell **195**
rechtswidrig.

3. Ergebnis

Die Maßnahme lässt sich nicht auf § 81a StPO stützen. **196**

III. § 161 Abs. 1 StPO

In Betracht kommt zuletzt noch die Ermittlungsgeneralklausel des § 161 Abs. 1 S. 1 **197**
StPO. § 161 Abs. 1 S. 1 StPO erlaubt den Ermittlungsbehörden nach seinem Wortlaut zunächst Ermittlungen jeder Art. Dies gilt gemäß § 161 Abs. 1 S. 1 StPO jedoch nur, soweit die Befugnisse nicht besonders geregelt sind. Vorliegend liegt ein körperlicher Eingriff vor, sodass der Anwendungsbereich des § 81a StPO an sich eröffnet ist. Damit darf nicht mehr auf § 161 Abs. 1 S. 1 StPO zurückgegriffen werden, da ansonsten die speziellen Voraussetzungen unterlaufen würden. Daneben wäre die Maßnahme ohnehin aus oben genannten Gründen auch hier unverhältnismäßig.

IV. Ergebnis

Weitere Ermächtigungsgrundlagen sind nicht ersichtlich. Die Maßnahme ist vorliegend **198**
nicht von strafprozessualen Rechtsgrundlagen gedeckt und damit rechtswidrig.

---

32 EGMR, NJW 2006, 3117 (3119).
33 EGMR, NJW 2006, 3117 (3119).
34 EGMR, NJW 2006, 3117 (3121).
35 EGMR, NJW 2006, 3117 (3121).
36 EGMR, NJW 2006, 3117 (3121).
37 EGMR, NJW 2006, 3117 (3121).

C. Rechtsfolge: Beweisverwertungsverbot

199 Fraglich ist, ob hieraus ein Beweisverwertungsverbot folgt. Es gibt keine allgemeingültige Regel für die Behandlung rechtswidriger Beweiserhebung auf Verwertungsebene.[38] Für den Umgang mit dieser Frage werden verschiedene Ansatzpunkte vertreten.[39]

I. Abwägungslehre

200 Nach einer Auffassung hat eine Abwägung im Einzelfall zu erfolgen.[40] Abzuwägen ist das staatliche Strafverfolgungsinteresse gegen die Schwere des Verstoßes.[41]

Für den hier hauptsächlich in Betracht kommenden § 81a StPO wird zumeist angenommen, dass eine Verletzung in der Regel nicht zu einem Verwertungsverbot führt.[42] Lediglich bei willkürlicher Annahme von Gefahr im Verzug oder besonders schwerwiegenden Fehlern in der Anwendung der Norm sollen Verwertungsverbote in Betracht kommen.[43] Eine Nichtbeachtung des Verhältnismäßigkeitsgrundsatzes allein solle noch nicht ausreichen.[44]

Auch hier sind bei der Abwägung wieder die Wertungen der EMRK zu berücksichtigen. Insbesondere Art. 6 Abs. 1 EMRK kommt eine erhöhte Bedeutung zu. Die Norm garantiert ein faires Strafverfahren, sogenannter fair-trial-Grundsatz. Die Verwertung des Kokainpäckchens als Beweismittel könnte hiergegen verstoßen, da dieses unter Verletzung von Art. 3 EMRK und damit unter Verstoß gegen ein „Kernstück der nach der Konvention geschützten Rechte und Freiheiten" erlangt wurde.[45] Das Kokainpäckchen soll nach Auffassung der Staatsanwaltschaft als zentrales Beweismittel für den Schuldnachweis dienen. Damit fußt der gesamte Prozess letztlich auf der unmenschlichen und erniedrigenden Behandlung des J. Dieser Umstand ist dazu geeignet, das Verfahren im Falle einer Verwertung als unfair i.S.v. Art. 6 Abs. 1 EMRK erscheinen zu lassen.[46]

Berücksichtigt man diese Wertungen der EMRK, führt die Gesamtabwägung im konkreten Einzelfall dazu, dass von einem Verwertungsverbot auszugehen ist.

II. Rechtskreistheorie

201 Nach der Rechtskreistheorie kommt es für die Verwertungsfrage darauf an, ob die rechtswidrige Beweiserhebung den Rechtskreis des Beschuldigten wesentlich berührt, oder ob sie für ihn nur von untergeordneter oder keiner Bedeutung ist.[47]

---

38 Hierzu schon oben unter B.
39 Grundlegende Übersicht zum Meinungsstand bei *Krey/Heinrich* Rn. 1584 ff.
40 BVerfG, NStZ 2012, 496 (499); LR-StPO/*Krause* § 81a StPO Rn. 93.
41 BGH, NStZ 2007, 601 (602); Graf/*Goers* § 81a StPO Rn. 38.
42 Graf/*Goers* § 81a StPO Rn. 40; LR-StPO/*Krause* § 81a StPO Rn. 93; Meyer-Goßner/Schmitt/*Schmitt* § 81a StPO Rn. 32.
43 G/J/T/Z/*Brauer* § 81a StPO Rn. 32 mwN.
44 LR-StPO/*Krause* § 81a StPO Rn. 94; Meyer-Goßner/Schmitt/*Schmitt* § 81a StPO Rn. 32b.
45 EGMR, NJW 2006, 3117 (3122).
46 EGMR, NJW 2006, 3117 (3123).
47 BGHSt 11, 213 (215).

§ 81a StPO soll mit seinen engen Voraussetzungen die körperliche Unversehrtheit des Beschuldigten (Art. 2 Abs. 2 S. 1 GG) wahren,[48] weshalb sein Rechtskreis berührt ist. Außerdem ist J im konkreten Fall durch den Verstoß gegen Art. 3 EMRK in einer zentralen völkerrechtlichen Garantie betroffen. Auch aus der Rechtskreistheorie muss sich vorliegend ein Verwertungsverbot ergeben.

III. Schutzzwecktheorie

Nach der Schutzzwecktheorie muss überprüft werden, ob die Verwertung des Beweismittels dem Sinn des Beweiserhebungsverbotes zuwiderläuft bzw. die Verwertung die Verletzung des Schutzzwecks des Erhebungsverbotes noch weiter vertiefen würde.[49] **202**

§ 81a StPO schränkt zwar einerseits selbst die Rechte aus Art. 2 Abs. 2 S. 1 GG ein, schützt diese aber andererseits auch dadurch, dass eingreifende Maßnahmen an klare Voraussetzungen geknüpft werden.[50] Daneben soll die Norm nach ihrem Wortlaut das Erlangen von Beweismitteln aber grundsätzlich gerade ermöglichen („...darf zur Feststellung von Tatsachen angeordnet werden, die für das Verfahren von Bedeutung sind."). Dass die Erlangung dieser Beweismittel an die durch die Norm statuierten Voraussetzungen geknüpft ist, spricht dafür, dass eine Verwertung nicht erfolgen soll, wenn die Voraussetzungen nicht eingehalten wurden. Im Ergebnis sind zudem auch hier die Wertungen des Art. 6 Abs. 1 EMRK zu berücksichtigen, sodass jedenfalls dann keine Verwertung erfolgen soll, wenn ein eklatanter Verstoß gegen die Fairness des Verfahrens vorliegt. Das ist hier der Fall.

D. Ergebnis

Unter Berücksichtigung der EMRK kommen vorliegend alle Ansichten zum gleichen Ergebnis. Das Kokainpäckchen darf nicht als Beweismittel im Prozess gegen J verwertet werden. **203**

Ergänzungen und Vertiefung

Brechmitteleinsatz: **204**

Beulke/Swoboda Rn. 374, 419; *Murmann* Rn. 94 ff.; *Conrad*, JuS 2018, 451 ff.

Zum unselbstständigen Beweisverwertungsverbot:

Beulke/Swoboda Rn. 704 ff.; *Beulke/Zimmermann* Klausurenkurs III Rn. 259 ff.; *Murmann* Rn. 202 ff.; *Meglau/Berrer*, JuS 2017, 658 ff.; *Tetzlaff*, JuS 2013, 152 ff.; *Jäger*, JA 2023, 432 ff.; *Mosbacher*, JuS 2023, 136 f; *Heinze*, JURA 2023, 747 ff.

48 MüKoStPO/*Trück* § 81a StPO Rn. 1.
49 MüKoStPO/*Kudlich* Einleitung Rn. 463.
50 MüKoStPO/*Trück* § 81a StPO Rn. 1.

Fall 8

Abhörmaßnahmen; Hörfalle; Stimmenvergleich

205 **Aufgabe 1:**[1]

Der Häftling H war wegen Mitgliedschaft in einer kriminellen Vereinigung (§ 129 StGB) und mehreren weiteren Delikten zu einer Freiheitsstrafe von neun Jahren verurteilt worden. Während dieser Zeit wurde er von Rechtsanwalt R vertreten. Gegen H wurden erneut Ermittlungen eingeleitet, weil der Verdacht aufkam, dass er Mordaufträge erteilte, seine Beteiligungen an mehreren Bordellbetrieben organisierte und über die Verteilung der entnommenen Gelder bestimmte. R zahlte über einen Zeitraum von einem halben Jahr insgesamt 3.000 € auf das Anstaltskonto von H ein. Gegen ihn ermittelte die Staatsanwaltschaft nun auch wegen Verdachts der Geldwäsche in besonders schwerem Fall. Aus den vorangegangenen Ermittlungen gegen H hatte sich ergeben, dass R von den Geldflüssen zwischen H und den Angehörigen seiner Organisation und der Herkunft der Einnahmen aus Bordellbetrieben gewusst hat. Deshalb ordnete die Staatsanwaltschaft über das Amtsgericht das Abhören der Gespräche zwischen H und R in der Justizvollzugsanstalt an. Die aus diesen Gesprächen gewonnenen Erkenntnisse bestätigen den Verdacht. R wird angeklagt.

Sind die abgehörten Gespräche in der Hauptverhandlung verwertbar?

Aufgabe 2:[2]

Nachdem H wieder auf freiem Fuß ist, führt er sein Ganovenleben weiter. Mit mehreren Komplizen entführte er die reichen Unternehmertöchter T und S, um deren Vater zur Herausgabe erheblicher Geldbeträge zu erpressen. Zur Regelung der Lösegeldübergabe rief ein Mitglied der Bande bei dem Vater an. Die Geldübergabe scheiterte jedoch, woraufhin die beiden Töchter erschossen wurden. Gegen H besteht ein dringender Tatverdacht, sodass er in Untersuchungshaft genommen wird. Unklar ist jedoch der Umfang seiner Tatbeteiligung. Diese könnte durch einen Stimmvergleich mit der auf Tonband gespeicherten Stimme des Sprechers der Entführer näher beleuchtet werden. Deshalb wird auf Antrag der Staatsanwaltschaft durch das zuständige Gericht angeordnet, die Stimme des H gegen seinen Willen und sein Wissen in der Justizvollzugsanstalt aufzunehmen. Von der Einholung eines Einverständnisses seitens des H wird abgesehen, da dieser in keiner Weise bereit ist, mit den Strafverfolgungsorganen zu kooperieren. Die Aufzeichnung erfolgt während eines Gesprächs innerhalb der Hafträume mit einem anderen Inhaftierten über das Essen. Dieser hat von der Aufzeichnung ebenfalls keine Kenntnis. Gegen H wird Anklage erhoben.

Kann die Tonbandaufnahme aus der JVA zum Zwecke eines Stimmenvergleichs in der Hauptverhandlung verwertet werden?

(Bearbeitungszeit: 1 h 30 min)

1 Nach BVerfG, NJW 2006, 2974.
2 Nach BGHSt 34, 39 ff.

Vorüberlegungen

Die Aufgabenstellung betrifft in beiden Alternativen den Komplex der heimlichen Ermittlungsmaßnahmen der §§ 100 ff. StPO, hier die akustischen Überwachungsmaßnahmen. In beiden Fallkonstellationen werden Gespräche in einer Justizvollzugsanstalt überwacht und als Beweis im Verfahren herangezogen. Der entscheidende Unterschied liegt jedoch in der Beweisrichtung. Während bei der ersten Aufgabe tatsächlich die gesprochenen Inhalte von Relevanz sind, kommt es im zweiten Fall auf die feststellbare klangliche Beschaffenheit der Stimme an. In beiden Fällen bildet die Frage nach einem unselbstständigen ungeschriebenen Beweisverwertungsverbot aufgrund der möglichen widerrechtlichen Beweiserhebung den gedanklichen Ausgangspunkt der Prüfung. Im ersten Fall hat bei der Untersuchung der tauglichen Ermächtigungsgrundlage zunächst eine Abgrenzung von großem und kleinem Lauschangriff zu erfolgen. Hierbei ist die Frage zu erörtern, ob Hafträume unter den verfassungsrechtlich geschützten Begriff der Wohnung zu fassen sind. Mit der überwiegenden Auffassung ist dies zu verneinen. Sodann sind die Voraussetzungen der Maßnahme nach § 100f StPO zu untersuchen. Die formellen Voraussetzungen bergen keine Schwierigkeiten. Bei den materiellen Voraussetzungen ist eine strukturierte Prüfung geboten. Der Schwerpunkt liegt auf der Verhältnismäßigkeit der Maßnahme. Hierbei sind die Berufsfreiheit des Rechtsanwalts und in diesem Zusammenhang der Schutz der Vertraulichkeit des Anwalt-Mandanten-Verhältnisses zu berücksichtigten und mit dem öffentlichen Interesse an einer prozessualen Sachaufklärung in Relation zu setzen. Die Verhältnismäßigkeit wird sodann abgelehnt. Die weitere Prüfung richtet sich nach den normativen Grundsätzen zur Feststellung eines ungeschriebenen Beweisverwertungsverbots, sodass auf die in Rechtsprechung und Literatur vertretenen Ansichten einzugehen ist. Im zweiten Fall ist der Besonderheit des Stimmenvergleichs Rechnung zu tragen. Deshalb ist die Maßnahme zunächst auf ihre Erfassung von § 81b StPO als erkennungsdienstliche Maßnahme zu prüfen. Sodann ist die Maßnahme erneut nach § 100f StPO zu untersuchen. Da kein Rechtsanwalt betroffen ist, bereitet die Prüfung in diesem Zusammenhang nur wenig Schwierigkeiten, sodass auf die einzelnen Voraussetzungen in der gebotenen Kürze einzugehen ist. 206

Gliederung

207 **Aufgabe 1:**

I. Rechtswidrigkeit der Beweiserhebung
  1. § 100c Abs. 1 StPO
  2. § 100f Abs. 1 StPO
    a) Formelle Voraussetzungen der Maßnahme
    b) Materielle Voraussetzungen der Maßnahme
      aa) Verdacht einer Katalogtat
      bb) Schwer-Wiegen der Tat im Einzelfall
      cc) Subsidiarität
      dd) Verhältnismäßigkeit
    c) Ergebnis
  3. § 161 Abs. 1 StPO
  4. Zwischenergebnis

II. Rechtsfolge: Beweisverwertungsverbot
  1. Rechtskreistheorie
  2. Schutzzweck der Norm
  3. Abwägungslehre
  4. Hypothetischer Ermittlungsverlauf
  5. Stellungnahme

III. Ergebnis

Aufgabe 2:

A. Unselbstständiges Beweisverwertungsverbot

I. Rechtswidrigkeit der Beweiserhebung
  1. § 81b StPO
  2. § 100f Abs. 1 StPO
    a) Formelle Voraussetzungen der Maßnahme
    b) Materielle Voraussetzungen der Maßnahme
      aa) Verdacht einer Katalogtat
      bb) Schwer-Wiegen der Tat im Einzelfall
      cc) Subsidiarität
      dd) Verhältnismäßigkeit
    c) Ordnungsgemäße Durchführung
      aa) Außerhalb von Wohnungen
      bb) Einsatz technischer Mittel
    d) Zwischenergebnis

II. Ergebnis

B. Selbstständiges Beweisverwertungsverbot bei § 100f StPO

C. Gesamtergebnis

Lösungsvorschlag

Aufgabe 1:

Die abgehörten Gespräche sind in der Hauptverhandlung verwertbar, wenn kein Beweisverwertungsverbot entgegensteht.[3] Dabei gilt es zwischen selbstständigen und unselbstständigen Beweisverwertungsverboten zu differenzieren. Letzteres ist dadurch charakterisiert, dass es auf einer rechtswidrigen Beweiserhebung beruht. Im Unterschied dazu setzt ein selbstständiges Beweisverwertungsverbot keine rechtswidrige Beweiserhebung voraus.[4] **208**

Vorliegend kommt ein unselbstständiges Beweisverwertungsverbot in Betracht.

I. Rechtswidrigkeit der Beweiserhebung

Dafür ist zunächst erforderlich, dass die Beweiserhebung rechtswidrig war. Fraglich ist daher, ob das Abhören der Gespräche zwischen H und R auf eine rechtliche Grundlage gestützt werden konnte. **209**

1. § 100c Abs. 1 StPO

Die Abhörmaßnahme könnte auf § 100c Abs. 1 StPO gestützt werden. Dafür müsste sie in einer Wohnung mittels eines technischen Geräts durchgeführt worden sein und die Voraussetzungen von § 100c Abs. 1 Nr. 1 bis Nr. 4 StPO erfüllt sein. Obwohl als Katalogtat eine besonders schwere Form der Geldwäsche in Betracht kommt (§ 100c Abs. 1 Nr. 1, § 100b Abs. 2 Nr. 1 lit. m StPO), erscheint bereits fraglich, ob der Besuchsraum der Justizvollzugsanstalt als Wohnung angesehen werden kann. Der Wohnungsbegriff des § 100c StPO erfasst alle nach Art. 13 GG geschützten Räume.[5] Letzterer ist grundsätzlich weit auszulegen. Es werden beispielsweise auch Geschäftsräume erfasst.[6] Eine Ausweitung auf Hafträume wird jedoch überwiegend abgelehnt.[7] Dafür spricht, dass der Besucherraum dem Gefangenen keine Privatsphäre gewährleistet, wie dies der Schutzbereich von Art. 13 GG voraussetzt. Vielmehr können die Besuche durch einen Anstaltsbediensteten überwacht werden.[8] Mangels Durchführung in einer Wohnung kann die Abhörmaßnahme folglich nicht auf § 100c Abs. 1 StPO gestützt werden. **210**

2. § 100f Abs. 1 StPO

Es könnte jedoch § 100f Abs. 1 StPO als Rechtsgrundlage herangezogen werden. Danach kann auch ohne Wissen der Betroffenen das nichtöffentlich gesprochene Wort außerhalb von Wohnungen mit technischen Mitteln abgehört und aufgezeichnet werden, wenn bestimmte Tatsachen den Verdacht begründen, dass jemand als Täter oder Teilneh- **211**

---

3 *Beulke/Swoboda* Rn. 702; Meyer-Goßner/Schmitt/*Schmitt* Einl. Rn. 55.
4 *Beulke/Swoboda* Rn. 704; *Volk/Engländer* § 28 Rn. 4 f.
5 MüKoStPO/*Rückert* § 100c StPO Rn. 7.
6 BVerfGE 32, 54 (69 ff.).
7 BGHSt 53, 294 (300); BGH, NStZ 1999, 145 (146); KK-StPO/*Heinrichs/Weingast* § 102 StPO Rn. 8; BeckOK-StPO/*Hegmann* § 100c StPO Rn. 17; zumindest kritisch gesehen von BVerfG, NJW 2006, 2974 (2975).
8 BGHSt 53, 294 (300); BGH, NStZ 1999, 145 (146).

mer eine in § 100a Abs. 2 StPO bezeichnete, auch im Einzelfall schwerwiegende Straftat begangen oder in Fällen, in denen der Versuch strafbar ist, zu begehen versucht hat, und die Erforschung des Sachverhalts oder die Ermittlung des Aufenthaltsortes eines Beschuldigten auf andere Weise aussichtslos oder wesentlich erschwert wäre.

a) Formelle Voraussetzungen der Maßnahme

212 Nach § 100f Abs. 4 i.V.m. § 100e Abs. 1 S. 1 StPO dürfen die Maßnahmen nur auf Antrag der Staatsanwaltschaft richterlich angeordnet werden. Dies wurde laut Sachverhalt eingehalten.

b) Materielle Voraussetzungen der Maßnahme

213 Daneben müssten die materiellen Voraussetzungen der Maßnahme vorliegen.

aa) Verdacht einer Katalogtat

214 Zunächst ist der Verdacht einer Tat aus dem Katalog des § 100b Abs. 2 StPO erforderlich. Vorliegend wird gegen R wegen Geldwäsche in besonders schwerem Fall nach § 261 Abs. 1 Nr. 2, § 261 Abs. 5 StGB ermittelt. Im Hinblick auf den Verdachtsgrad ist ein einfacher Verdacht ausreichend. Dieser muss jedoch durch schlüssiges Tatsachenmaterial ein gewisses Maß an Konkretisierung und Stärke erreicht haben.[9] Der erhöhte Verdachtsgrad, der für die Anklageerhebung gefordert wird, ist nicht erforderlich.[10] Vorliegend wurden gegen H erneut Ermittlungen eingeleitet, im Rahmen derer bekannt wurde, dass R von den Geldflüssen zwischen H und seiner Vereinigung und der Herkunft der Mittel aus Bordellbetrieben wusste. Zudem hat R über einen Zeitraum von einem halben Jahr insgesamt 3.000 € auf das Anstaltskonto von H eingezahlt. Daraus ergibt sich zumindest ein Verdacht, dass R Geld, das aus einer rechtswidrigen Tat herrührt, in der Absicht, dessen Auffinden, dessen Einziehung oder die Ermittlung von dessen Herkunft zu vereiteln, gemäß § 261 Abs. 1 Nr. 2 StGB verbracht hat.[11] Die rechtswidrige Vortat ergibt sich wegen der Mitgliedschaft des H in einer kriminellen Vereinigung aus § 129 StGB. Im Hinblick auf den Bordellbetrieb kommt eventuell auch noch § 232a StGB als rechtswidrige Tat in Betracht. Ob diese Erkenntnisse im Hinblick auf die Intensität der Abhörmaßnahme schon ausreichen, um einen Verdacht der Geldwäsche zu begründen, erscheint zweifelhaft. Aus der Eingriffsintensität der Maßnahme ergeben sich aber nicht notwendigerweise erhöhte Anforderungen an den Verdachtsgrad. Vielmehr ist diese im Rahmen der Verhältnismäßigkeitsprüfung zu berücksichtigen.[12] Damit können die Anhaltspunkte an dieser Stelle genügen, um den Verdacht der Geldwäsche zu begründen. Der Verdacht einer Katalogtat ist gegeben.

---

9 KK-StPO/*Heinrichs/Weingast* § 100f StPO Rn. 15; MüKoStPO/*Rückert* § 100f StPO Rn. 24.

10 MüKoStPO/*Rückert* § 100f StPO Rn. 24; BeckOK-StPO/*Hegmann* § 100f StPO Rn. 8.

11 Die Geldwäsche nach § 261 StGB wurde 2021 grundlegend novelliert. Früher kam eine Strafbarkeit nur bei Vorliegen bestimmter Katalogtaten in Betracht. Seit der Gesetzesänderung verfolgt die Strafnorm jedoch den sogenannten „all crime“-Ansatz, wonach es auf das Vorliegen bestimmter Katalogtaten nicht mehr ankommt.

12 LR-StPO/*Hauck* § 100f StPO Rn. 13.

bb) Schwer-Wiegen der Tat im Einzelfall

Die Katalogtat müsste auch im Einzelfall schwer wiegen. Im Hinblick auf den Strafrahmen ist dies bei Straftaten mit einer Mindesthöchststrafe von fünf Jahren der Fall.[13] Die Geldwäsche in besonders schwerem Fall weist eine Höchststrafe von zehn Jahren auf, erfüllt also dieses Kriterium. **215**

cc) Subsidiarität

Zusätzlich müsste die Erforschung des Sachverhalts auf andere Weise aussichtslos sein oder erschwert werden. Dies ist insbesondere dann der Fall, wenn weniger eingriffsintensive Maßnahmen weder für sich genommen noch in einer Kombination Aussicht auf gleichartigen Erfolg bieten.[14] Eine offene Überwachung der Gespräche hätte keine gleichartigen Erfolgsaussichten gehabt, da H und R ihr Verhalten entsprechend hätten ausrichten können. Andere gleich effektive und weniger eingriffsintensive Maßnahmen sind nicht ersichtlich. Damit wurde die Subsidiaritätsklausel gewahrt. **216**

dd) Verhältnismäßigkeit

Die Maßnahme müsste schließlich auch verhältnismäßig gewesen sein, d.h. der Eingriff dürfte nicht außer Verhältnis zur Bedeutung der Sache und der Stärke des Tatverdachts stehen.[15] **217**

Problematisch erscheint dies vorliegend im Hinblick auf den Eingriff in die Berufsfreiheit des R aus Art. 12 Abs. 1 S. 1 GG. Dieses Grundrecht gewährleistet dem Verteidiger eine freie Berufsausübung und schützt das Vertrauensverhältnis zwischen Mandanten und Strafverteidiger, welches unverzichtbare Grundlage einer effektiven Verteidigung ist. Maßnahmen, die geeignet sind, dieses zu stören oder auszuschließen, greifen in die Berufsfreiheit des Verteidigers ein.[16] Strafverfolgungsbehörden und Gerichte sind deshalb verpflichtet, im Rahmen der ihnen zugewiesenen Aufgaben auf die besondere Stellung der Strafverteidiger angemessen Rücksicht zu nehmen.[17] Einfachgesetzlich wird die effektive Verteidigung in Form einer ungestörten Kommunikation zwischen dem Mandanten und seinem Verteidiger nach § 148 StPO geschützt. Diese ist zugleich Ausfluss des Rechts auf ein faires Verfahren und wird entsprechend durch Art. 6 Abs. 3 lit. c EMRK garantiert.[18]

Im Hinblick auf die besondere Stellung des Strafverteidigers sind die Eingriffsvoraussetzungen des Art. 12 Abs. 1 S. 2 GG und der Grundsatz der Verhältnismäßigkeit besonders sorgfältig zu beachten.[19] Vorliegend erscheint es zweifelhaft, ob diese Besonderheit angemessen berücksichtigt wurde. Zum einen wurde die gesamte Kommunikation überwacht, da weder sachlich noch zeitlich eine Eingrenzung erfolgt ist. Zum anderen müssen im Hinblick auf das Gewicht des Eingriffs Verdachtsgründe bestehen, die über vage

---

13 MüKoStPO/*Rückert* § 100f StPO Rn. 26.
14 LR StPO/*Hauck* § 100f StPO Rn. 14.
15 LR StPO/*Hauck* § 100f StPO Rn. 16.
16 BVerfG, NJW 2006, 2974 (2975).
17 BVerfG, NJW 2004, 1305 (1306).
18 MüKoStPO/*Thomas/Kämpfer* § 148 StPO Rn. 1 f.
19 BVerfG, NJW 2006, 2974 (2975).

Anhaltspunkte und bloße Vermutungen hinausreichen.[20] Bekannt war, dass R von den Geldflüssen zwischen H und den Angehörigen seiner Organisation und der Herkunft der Einnahmen aus Bordellbetrieben gewusst hat. Zudem hat er auf das Anstaltskonto des H 3.000 € eingezahlt. Damit war, wie oben dargestellt, ein Vortatverdacht nach § 261 Abs. 1 Nr. 2, § 261 Abs. 5 StGB begründet. Dieser muss jedoch im Hinblick auf die Eingriffsintensität genau dargelegt werden. Für eine solche Darlegung gibt es im Sachverhalt keine Anhaltspunkte. Zudem enthält er keine Hinweise dafür, dass der befasste Richter den Verdacht Geldwäschehandlung ausreichend beschrieben hat. Auch in Anbetracht der Tatsache, dass § 261 StGB nicht die schwerste in § 100f Abs. 1, § 100a Abs. 2 StPO normierte Katalogtat darstellt, erscheint der Eingriff nicht mehr verhältnismäßig.

Die materiellen Anforderungen der Maßnahme sind somit nicht verwirklicht.

c) Ergebnis

218 Die Abhörmaßnahme konnte nicht auf § 100f Abs. 1 StPO gestützt werden.

3. § 161 Abs. 1 StPO

219 Schließlich könnte die Ermittlungsgeneralklausel gemäß § 161 Abs. 1 StPO als Rechtsgrundlage herangezogen werden. Sie ermächtigt zu solchen Ermittlungsmaßnahmen, die eine minder intensive Eingriffswirkung haben und in der StPO nicht speziell normiert sind. Infolge der Wesentlichkeitstheorie kann sie jedoch nicht für Eingriffe höherer Grundrechtsrelevanz herangezogen werden. Insbesondere kann sie nicht dazu dienen, die Verhältnismäßigkeit einer speziellen Maßnahme zu umgehen, vielmehr ist diese auch hier zu beachten.[21] Damit scheidet die Ermittlungsgeneralklausel als Rechtsgrundlage ebenfalls aus.

4. Zwischenergebnis

220 Folglich gibt es keine Rechtsgrundlage, auf die die Abhörmaßnahme gestützt werden konnte. Die Beweiserhebung war mithin rechtswidrig.

II. Rechtsfolge: Beweisverwertungsverbot

221 Aus der rechtswidrigen Beweiserhebung könnte ein Beweisverwertungsverbot resultieren. Nicht jede fehlerhafte Beweiserhebung führt jedoch zur Unverwertbarkeit des erlangten Beweismittels. Eine allgemeine Regel, wann die Verletzung eines Beweiserhebungsverbots zu einem Beweisverwertungsverbot führt, existiert bisher nicht. Vielmehr werden verschiedene Kriterien verwendet.[22]

1. Rechtskreistheorie

222 Nach der Rechtskreistheorie ist darauf abzustellen, ob die Verletzung den Rechtskreis des Beschwerdeführers wesentlich berührt oder ob sie für ihn nur von untergeordneter oder keiner Bedeutung ist.[23]

---

20 BVerfG, NJW 2006, 2974 (2975).
21 MüKoStPO/*Kölbel/Ibold* § 161 StPO Rn. 7.
22 *Beulke/Swoboda* Rn. 704; *Volk/Engländer* § 28 Rn. 8.
23 BGHSt 17, 245 (247); BGHSt 11, 213 (214 ff.).

Vorliegend berührt die Abhörmaßnahme R in seinem Recht aus Art. 12 Abs. 1 S. 1 GG und steht einer effektiven Verteidigung seines Mandanten entgegen. Im Hinblick auf die oben aufgezeigte besondere Stellung des Strafverteidigers, ist der Rechtskreis des R wesentlich berührt.

2. Schutzzweck der Norm

Anderer Ansicht nach ist auf den Schutzzweck der verletzten Beweiserhebungsnorm abzustellen.[24] Verfolgte der Gesetzgeber mit dem Erlass der verletzten Norm die Absicht, Urteile die auf einer Verletzung dieser Norm beruhen, zu verhindern, kann ein Beweisverwertungsverbot angenommen werden.[25] **223**

Die Rechtswidrigkeit der Beweiserhebung ist darauf zurückzuführen, dass die dem Grunde nach einschlägige Beweiserhebungsnorm § 100f StPO nicht anwendbar war und die Maßnahme auch auf sonst keine Ermächtigungsgrundlage gestützt werden konnte. Die Anwendbarkeit von § 100f Abs. 1 StPO scheiterte nicht an den normierten formellen und materiellen Voraussetzungen, sondern an der Verhältnismäßigkeit. Die Vorschrift erlaubt einen Eingriff in den Schutz des Allgemeinen Persönlichkeitsrechts in Ausprägung des Rechts am gesprochenen Wort nach Art. 2 Abs. 1 i.V.m. Art. 1 Abs. 1 GG und stellt einen Rechtfertigungsgrund für eine Verletzung der Vertraulichkeit des Wortes nach § 201 StGB dar.[26] Da legitime Eingriffe nur innerhalb der Grenzen des § 100f StPO zulässig sein sollen, dient die Norm auch der Begrenzung solcher Grundrechtseingriffe.[27] Das Abhören des Gesprächs zwischen H und R stellt mangels Verhältnismäßigkeit der Maßnahme einen von § 100f Abs. 1 StPO nicht mehr erfassten Eingriff in das Recht am gesprochenen Wort dar. Dass die Verhältnismäßigkeit an den Konsequenzen für die Berufsfreiheit scheiterte, ist unbeachtlich, da § 100f StPO nur Ermittlungseingriffe und eine entsprechende Beweisgewinnung in den vorgegebenen normativen Grenzen legitimieren soll. Infolgedessen steht der Schutzzweck des § 100f StPO ebenfalls einer Verwertung der gewonnenen Aufnahmen entgegen.

3. Abwägungslehre

Nach der Abwägungslehre ist im Einzelfall das staatliche Interesse an der Strafverfolgung mit der Bedeutung des verletzten Interesses des Bürgers abzuwägen. Dabei ist insbesondere die Schwere des Delikts und das Gewicht des Verfahrensverstoßes zu berücksichtigen.[28] **224**

Ohne die Abhörmaßnahme hätte die Staatsanwaltschaft keine Erkenntnisse über die Geldwäschetat des R erhalten. Im Hinblick auf den Strafrahmen des § 261 Abs. 1 Nr. 2, § 261 Abs. 5 StGB ist auch von einem gesteigerten Strafverfolgungsinteresse auszugehen. Andererseits ist die durch Art. 12 Abs. 1 S. 1 GG geschützte, besondere Stellung des Strafverteidigers zu berücksichtigen. Die Abhörung eines Mandantengesprächs steht einer effektiven Verteidigung diametral entgegen. Zwar ist die Maximalstrafe der Geld-

24 *Beulke/Swoboda* Rn. 705; *Rudolphi*, MDR 1970, 93 (97 ff.).
25 *Rudolphi*, MDR 1970, 93 (97).
26 MüKoStPO/*Rückert* § 100f StPO Rn. 2; SK-StPO/*Greco/Wolter* § 100f StPO Rn. 6.
27 KK-StPO/*Bruns* § 100f StPO Rn 2; BeckOK-StPO/*Hegmann* § 100f StPO Rn. 3; Meyer-Goßner/Schmitt/*Schmitt* Einl. Rn. 56b.
28 BGHSt 47, 172 (179 f.); BGHSt 54, 69 (87).

wäsche in besonders schwerem Fall mit zehn Jahren als hoch anzusehen, es handelt sich aber nicht um ein schwerstes Delikt wie Mord oder Totschlag. Im Ergebnis ist deshalb davon auszugehen, dass das Interesse des R gegenüber dem Strafverfolgungsinteresse überwiegt.

4. Hypothetischer Ermittlungsverlauf

225 Zusätzlich wird vertreten, dass ein Beweisverwertungsverbot nicht angenommen werden kann, wenn die gewonnenen Informationen auch legal hätten erlangt werden können.[29]

Vorliegend ist mangels Verhältnismäßigkeit der Maßnahme keine Norm einschlägig, auf die das Abhören des Gesprächs hätte gestützt werden können. Auch im Rahmen eines hypothetischen Ermittlungsverlaufes hätte genau diese Maßnahme nicht rechtmäßig angeordnet werden können.

5. Stellungnahme

226 Gegen die Rechtskreistheorie wird vorgebracht, dass der Angeklagte ein Recht darauf habe, dass nicht nur die speziell zu seinem Schutz bestimmten Vorschriften beachtet werden, sondern dass allgemein die Justizförmigkeit des Verfahrens gewährleistet bleibt.[30]

Eine nicht unerhebliche Schwäche der Schutzzwecktheorie besteht darin, dass der Schutzzweck nicht immer eindeutig festgestellt werden kann.[31]

An der Abwägungslehre wird kritisiert, dass bei einem Verstoß gegen Bestimmungen gegen das Strafverfahrensrecht die Vornahme einer Abwägung nicht richtig sei, da eine solche bereits vom Gesetzgeber getroffen wurde.[32]

Gegen die Berücksichtigung eines hypothetischen Ermittlungsverlaufs spricht, dass der generalpräventiven Funktion der Beweisverwertungsverbote damit eine zu geringe Bedeutung beigemessen wird.[33]

Ein Streitentscheid kann aber dahinstehen, da alle Theorien zum selben Ergebnis führen.

III. Ergebnis

227 Die Erkenntnisse aus dem abgehörten Mandantengespräch können wegen eines unselbstständigen Beweisverwertungsverbotes in der Hauptverhandlung nicht berücksichtigt werden.

Aufgabe 2:

228 Die Tonbandaufnahme ist in der Hauptverhandlung verwertbar, wenn kein Beweisverwertungsverbot entgegensteht.[34]

---

29 BGHSt 24, 125 (130); BGH, NStZ 2004, 449 (450); *Hellmann* Rn. 784.
30 *Roxin/Schünemann* § 24 Rn. 24.
31 *Volk/Engländer* § 28 Rn. 10.
32 *Beulke/Swoboda* Rn. 705.
33 *Roxin/Schünemann* § 24 Rn. 26; *Volk/Engländer* § 28 Rn. 14.
34 *Beulke/Swoboda* Rn. 702; Meyer-Goßner/Schmitt/*Schmitt* Einl. Rn. 55.

A. Unselbstständiges Beweisverwertungsverbot

Auch hier kommt zunächst ein unselbstständiges Beweisverwertungsverbot in Betracht. Dafür ist erforderlich, dass die Beweiserhebung rechtswidrig war. 229

I. Rechtswidrigkeit der Beweiserhebung

Fraglich ist deshalb, ob die Tonbandaufnahme auf eine rechtliche Grundlage gestützt werden konnte. 230

1. § 81b StPO

Zunächst könnte § 81b StPO herangezogen werden. Danach dürfen Lichtbilder, Fingerabdrücke und ähnliche Maßnahmen auch gegen den Willen des Beschuldigten auf- bzw. vorgenommen werden, sofern es für die Zwecke der Durchführung des Strafverfahrens oder des Erkennungsdienstes notwendig ist. 231

Die Tonbandaufzeichnung könnte eine ähnliche Maßnahme darstellen. Darunter werden solche gefasst, die der Feststellung der körperlichen Beschaffenheit dienen, ohne dass es einer körperlichen Untersuchung i.S.d. § 81a Abs. 1 StPO bedarf.[35] Den Maßnahmen ist gemein, dass sie als Erfassung einer „dauerhaften Persönlichkeitsgegebenheit" anzusehen sind.[36] Ob eine längere Sprechprobe dieses Kriterium erfüllt, wurde vom Bundesgerichtshof offengelassen.[37] Zumindest scheitert die Maßnahme aber wegen ihrer Durchsetzung mit Zwang. Die Norm verpflichtet den Beschuldigten nur, Identifizierungsmaßnahmen zu dulden, nicht aber sie durch aktives Tun selbst herbeizuführen. Eine Durchsetzung gegen seinen Willen ist lediglich möglich, sofern er passiv Beteiligter bleibt. Bei der Durchführung einer Stimmprobe wirkt der Beschuldigte hingegen aktiv an seiner Strafverfolgung mit. Eine ähnliche Maßnahme i.S.d. § 81b StPO ist damit abzulehnen.[38]

Dafür spricht auch, dass § 81b StPO nicht unter einem allgemeinen Richtervorbehalt steht, womit der Gesetzgeber die darunterfallenden Maßnahmen als weniger eingriffsintensiv bewertet. Eine solche stellt eine heimlich vorgenommene Tonbandaufnahme im Hinblick auf das Recht am gesprochenen Wort aber gerade nicht dar.[39]

Mithin scheidet § 81b StPO als Rechtsgrundlage aus.

2. § 100f Abs. 1 StPO

Die Maßnahme könnte jedoch auf § 100f Abs. 1 StPO gestützt worden sein. Danach kann auch ohne Wissen der Betroffenen das nichtöffentlich gesprochene Wort außerhalb von Wohnungen mit technischen Mitteln abgehört und aufgezeichnet werden, wenn bestimmte Tatsachen den Verdacht begründen, dass jemand als Täter oder Teilnehmer eine in § 100a Abs. 2 StPO bezeichnete, auch im Einzelfall schwerwiegende Straftat begangen oder in Fällen, in denen der Versuch strafbar ist, zu begehen versucht hat, und die Erforschung des Sachverhalts oder die Ermittlung des Aufenthaltsortes eines Beschuldigten auf andere Weise aussichtslos oder wesentlich erschwert wäre. 232

35 MüKoStPO/*Trück* § 81b StPO Rn. 9.
36 BGHSt 34, 39 (45).
37 BGHSt 34, 39 (45).
38 BGHSt 34, 39 (45 f.); BeckOK-StPO/*Goers* § 81b StPO Rn. 4.1.
39 BGHSt 34, 39 (46 f.).

a) Formelle Voraussetzungen der Maßnahme

233 Nach § 100f Abs. 4 i.V.m. § 100e Abs. 1 S. 1 StPO dürfen die Maßnahmen nur auf Antrag der Staatsanwaltschaft durch das Gericht angeordnet werden. Dies wurde laut Sachverhalt eingehalten.

b) Materielle Voraussetzungen der Maßnahme

234 Daneben müssten die materiellen Voraussetzungen der Maßnahme vorgelegen haben.

aa) Verdacht einer Katalogtat

235 Zunächst ist der Verdacht einer Katalogtat nach § 100a Abs. 2 StPO erforderlich.

Vorliegend besteht gegen H ein dringender Tatverdacht wegen Mordes an T und S nach § 212 Abs. 1, § 211 StGB, erpresserischen Menschenraubes nach § 239a Abs. 1 StGB, Geiselnahme nach § 239b Abs. 1 StGB sowie versuchter räuberischer Erpressung nach § 253 Abs. 1, §§ 255, 22, 23 Abs. 1 StGB. Damit liegen Katalogtaten i.S.v. § 100a Abs. 2 Nr. 1 lit. h, § 100a Abs. 2 Nr. 1 lit. i und § 100a Abs. 2 Nr. 1 lit. k StPO vor. Auch der in Aufgabe 1 dargestellte Verdachtsgrad ist im Hinblick auf den dringenden Tatverdacht erfüllt.

bb) Schwer-Wiegen der Tat im Einzelfall

236 Die Katalogtaten müssten auch im Einzelfall schwer wiegen. Im Hinblick auf den Strafrahmen ist dies bei Straftaten mit einer Mindesthöchststrafe von fünf Jahren der Fall.[40] Allein der Mord weist eine lebenslängliche Freiheitsstrafe auf, erpresserischer Menschenraub und Geiselnahme werden zumindest mit fünf Jahren Freiheitsstrafe bestraft. Das Kriterium ist folglich auch erfüllt. Lediglich die versuchte räuberische Erpressung weist einen geringeren Strafrahmen von mindestens einem Jahr auf.

cc) Subsidiarität

237 Zusätzlich müsste die Erforschung des Sachverhalts auf andere Weise aussichtslos sein oder erschwert werden. Dies ist insbesondere dann der Fall, wenn weniger eingriffsintensive Maßnahmen weder für sich genommen noch in einer Kombination Aussicht auf gleichartigen Erfolg bieten.[41] Weniger eingriffsintensiv wäre die Maßnahme gewesen, wenn sie offen, also mit Einverständnis des H erfolgt wäre. Laut Sachverhalt war H aber nicht gewillt, mit den Strafverfolgungsorganen zu kooperieren. Damit wurde die Subsidiaritätsklausel gewahrt.

dd) Verhältnismäßigkeit

238 Die Maßnahme müsste schließlich verhältnismäßig gewesen sein, d.h. der Eingriff dürfte nicht außer Verhältnis zur Bedeutung der Sache und der Stärke des Tatverdachts stehen.[42] Vorliegend besteht gegen H ein dringender Tatverdacht wegen § 212 Abs. 1, § 211, § 239a Abs. 1 und § 239b Abs. 1 StGB. Der hierfür erforderliche Tatverdacht ist

40 MüKoStPO/*Rückert* § 100f StPO Rn. 26.
41 LR StPO/*Hauck* § 100f StPO Rn. 14.
42 LR StPO/*Hauck* § 100f StPO Rn. 16.

höher als der für die Anklageerhebung nach § 170 Abs. 1, § 203 StPO erforderliche. Mord ist zudem die schwerste in § 100f Abs. 1, § 100a Abs. 2 StPO normierte Katalogtat. Der Eingriff in das Recht am gesprochenen Wort erscheint deshalb verhältnismäßig.

c) Ordnungsgemäße Durchführung

Die Durchführung der Maßnahme müsste den Vorgaben des § 100f StPO entsprechen. **239**

aa) Außerhalb von Wohnungen

Die Vorschrift erlaubt Abhörmaßnahmen außerhalb des von Art. 13 GG geschützten **240**
Bereichs.[43] Vorliegend wurde das Gespräch zwischen H und einem anderen gutgläubigen Gefängnisinsassen innerhalb der Hafträume aufgenommen. Wie in der ersten Aufgabe dargestellt, fallen Hafträume nicht unter den Wohnungsbegriff. Eine Maßnahme außerhalb des von Art. 13 GG geschützten Bereichs fand mithin statt.

bb) Einsatz technischer Mittel

Die Art der technischen Mittel sind in der Norm nicht näher spezifiziert. Allgemein ist **241**
nur eine Sprachaufzeichnung gestattet.[44] Eine Tonbandaufnahme stellt eine solche dar.

d) Zwischenergebnis

Die Voraussetzungen des § 100f Abs. 1 StPO sind mithin erfüllt. **242**

Die Norm konnte als Rechtsgrundlage für die Tonbandaufnahme herangezogen werden.

II. Ergebnis

Die Beweiserhebung war somit rechtmäßig und ein unselbstständiges Beweisverwer- **243**
tungsverbot scheidet aus.

B. Selbstständiges Beweisverwertungsverbot bei § 100f StPO

Ein selbstständiges Beweisverwertungsverbot kommt bei der Durchführung der Maß- **244**
nahme nach § 100f StPO nicht in Betracht.[45] Insbesondere erscheint ein grundrechtliches Verwertungsverbot aus Art. 2 Abs. 1 i.V.m. Art. 1 Abs. 1 GG mangels Anhaltspunkten bezüglich einer Überwachung im Bereich der Intimsphäre nicht einschlägig. Auch eine Betroffenheit der Privatsphäre erscheint nicht ersichtlich. Bei einer etwaigen Abwägung würden im Hinblick auf die Schwere der Delikte und des Tatvorwurfs die Belange der Strafrechtspflege überwiegen.

---

43 KK-StPO/*Heinrichs/Weingast* § 100f StPO Rn. 2; LR StPO/*Hauck* § 100f StPO Rn. 3.
44 MüKoStPO/*Rückert* § 100f StPO Rn. 31 f.
45 *Beulke/Swoboda* Rn. 722.

C. Gesamtergebnis

245 Es existiert folglich kein Beweisverwertungsverbot, das der Verwertung der Tonbandaufnahme in der Hauptverhandlung entgegensteht.

Anmerkung zu BGHSt 34, 39 (Stimmenvergleich): Im Originalurteil des Bundesgerichtshofs[46], dem dieser Fall zugrunde liegt, wurde ein Rückgriff auf § 100a StPO aF in analoger Anwendung diskutiert, da zu diesem Zeitpunkt eine Rechtsgrundlage für die akustische Überwachung außerhalb von Wohnraum, wie sie nunmehr in § 100f StPO zu finden ist, noch nicht existierte. Die Regelung wurde erst am 15.7.1992 in Gestalt des damaligen § 100c Abs. 1 Nr. 2 StPO durch das Gesetz zur Bekämpfung des illegalen Rauschgifthandels und anderer Erscheinungsformen der Organisierten Kriminalität (OrgKG) eingefügt.[47] § 100a StPO aF war im Anwendungsbereich auf die heimliche Überwachung der Telekommunikation beschränkt und ermächtigte zu hierauf bezogenen Aufzeichnungen. Insofern besteht eine gewisse Ähnlichkeit mit der vorgenommenen Tonbandaufzeichnung, da diese ebenfalls ohne Wissen des Betroffenen durchgeführt wurde.[48] Ein wesentlicher Unterschied besteht jedoch bei den betroffenen Rechtsgütern. Während § 100a StPO aF die Voraussetzungen eines Eingriffs in das Fernmeldegeheimnis nach Art. 10 Abs. 2 S. 1 GG regelte, greift das heimliche Abhören eines nichtöffentlichen Gesprächs in das allgemeine Recht am gesprochenen Wort i.S.d. Art. 2 Abs. 1 i.V.m. Art. 1 Abs. 1 GG ein. Eine Analogie wurde deshalb abgelehnt.[49]

Ergänzungen und Vertiefung

246 **Abhörmaßnahmen in Hafträumen/Stimmenvergleich:**

Beulke/Swoboda Rn. 414, 743 (Abhörmaßnahmen in Hafträumen), 212 (Stimmenvergleich); *Kubiciel/Stam*, JA 2014, 512 ff. (Abhörmaßnahmen in Hafträumen)

Zum unselbständigen Beweisverwertungsverbot:

Beulke/Swoboda Rn. 704 ff.; *Beulke/Zimmermann* Klausurenkurs III Rn. 200 ff.; *Murmann* Rn. 202 ff.; *Meglalu/Berrer*, JuS 2017, 658 ff.; *Tetzlaff*, JuS 2013, 152 ff.

46 BGHSt 34, 39 ff.
47 BGBl. I 1992 S. 1302 ff. (1307).
48 BGHSt 34, 39 (50).
49 BGHSt 34, 39 (50).

Fall 9

Hypothetischer Ersatzeingriff

Ausgangsfall:[1] 247

L wurde am 4.10.2023 vorläufig festgenommen und in Untersuchungshaft verbracht, weil gegen ihn der Tatverdacht einer gefährlichen Körperverletzung mittels gefährlichen Werkzeugs gemäß § 224 Abs. 1 Nr. 2 Alt. 2 StGB bestand. Bei ihren weiteren Ermittlungen stießen die Polizeibeamten auf den Pkw des L. Sie vermuteten, in dem Pkw die Tatwaffe finden zu können, mit der die gefährliche Körperverletzung mutmaßlich begangen wurde. Daher informierten sie den zuständigen Oberstaatsanwalt O. O war nicht bewusst, dass die mutmaßliche gefährliche Körperverletzung bereits über zehn Tage zurücklag und ordnete wegen Gefahr in Verzug eine Durchsuchung des Pkw an, ohne sich zuvor um eine richterliche Anordnung der Durchsuchung zu bemühen. Daraufhin durchsuchten die Polizeibeamten den Pkw. Die mutmaßliche Tatwaffe wurde zwar nicht gefunden, stattdessen jedoch ein Beutel, der ca. 93 Gramm Kokain beinhaltete.

Darf das aufgefundene Kokain in einem Verfahren wegen unerlaubten Handeltreibens mit Betäubungsmitteln gegen L als Beweismittel verwertet werden?

Abwandlung:

Gegen A bestand der begründete Verdacht, sich wegen Geldwäsche gemäß § 261 Abs. 1 StGB strafbar gemacht zu haben, wobei es um Summen von mehreren hunderttausend Euro gehen sollte. Da sich eine lückenlose Aufklärung des Sachverhalts äußerst schwierig gestaltete und man davon ausging, dass A mit potenziellen Mittätern über sein Vorgehen telefonisch kommunizierte, beantragte die zuständige Staatsanwaltschaft beim zuständigen Gericht die Anordnung einer Telekommunikationsüberwachung. Das Gericht gab dem Antrag statt. In einem abgehörten Telefongespräch zwischen A und einem „Geschäftspartner" deutete A an, seinen Bekannten B umgebracht zu haben, der seinen Machenschaften auf die Schliche gekommen war. Tatsächlich wird von einem Spaziergänger die Leiche des B gefunden.

Darf das Gericht die Informationen aus dem Telefongespräch in einem Verfahren wegen Mordes gemäß § 211 StGB gegen A verwerten?

(Bearbeitungszeit: 1 h 15 min)

---

1 Angelehnt an BGH v. 21.4.2016 – 2 StR 394/15. Siehe auch die Entscheidungsbesprechung mit Anm. *Jäger* JA 2017, 710 ff.

Vorüberlegungen

248 Die Fallkonstellation betrifft die Thematik des hypothetischen Ersatzeingriffs in unterschiedlichen Zusammenhängen. Im Ausgangsfall geht es um die Frage nach der möglichen Unbeachtlichkeit der bloß formellen Rechtswidrigkeit einer durchgeführten Maßnahme. Die Abwandlung hat hingegen die Verwertbarkeit von Beweisen zum Gegenstand, die aufgrund rechtmäßiger Ermittlungsmaßnahmen in anderen Verfahren gewonnen wurden. Der Prüfungseinstieg im Ausgangsfall erfolgt über die Untersuchung eines ungeschriebenen unselbstständigen Beweisverwertungsverbots, nach einem zuvor knapp erfolgten Ausschluss gesetzlich normierter Beweisverwertungsverbote. Die erkennbar in Betracht zu ziehende Durchsuchung nach §§ 102, 105 Abs. 1 StPO ist mangels ordnungsgemäßer Anordnung bereits formell rechtswidrig. Weitere Ermächtigungsgrundlagen, insbesondere die Ermittlungsgeneralklausel kommen nicht in Betracht. Sodann ist aufgrund der Widerrechtlichkeit der Beweiserhebung ein hieraus resultierendes Beweisverwertungsverbot zu erörtern. Innerhalb der unterschiedlichen Rechtsansichten ist im Kontext der Abwägungslehre der Gedanke des hypothetischen Ersatzeingriffs zu diskutieren. Bedeutsam ist die Frage, ob formell widerrechtlich erlangte Beweise bei sonst materieller Rechtmäßigkeit der Ermittlungsmaßnahme verwertet werden können.

Die Abwandlung der Aufgabenstellung setzt sich mit der gesetzlichen Normierung des hypothetischen Ersatzeingriffs in der diesen legitimierenden Sonderregelung des § 479 Abs. 2 S. 2 StPO auseinander. Der Einstieg der Prüfung erfolgt hier nicht über die Frage nach einem Verbot der Verwertung, sondern nach ihrer ausdrücklichen gesetzlichen Erlaubnis. Die bei den meisten Studierenden wenig bekannte Regelung ist anhand ihrer dem Gesetzeswortlaut zu entnehmenden Tatbestandsvoraussetzungen zu untersuchen. Sie läuft auf eine inzidente Untersuchung der hingegen bekannten Regelung des § 100a StPO hinaus, deren Voraussetzungen keine Schwierigkeiten bereiten. Insofern ist bloß ein geringfügiges Umdenken bei der Untersuchung der Voraussetzungen erforderlich.

Gliederung

Ausgangsfall: **249**

A. Gesetzliches Beweisverwertungsverbot
B. Ungeschriebenes Beweisverwertungsverbot
  I. Durchsuchung, §§ 102 ff. StPO
    1. Formelle Rechtmäßigkeit
    2. Ergebnis
  II. Ermittlungsgeneralklausel, § 161 Abs. 1 S. 1 StPO
  III. Zwischenergebnis
  IV. Rechtsfolge: Beweisverwertungsverbot
    1. Rechtskreistheorie
    2. Schutzzwecktheorie
    3. Abwägungslehre
      a) Grundsätzliche Abwägung
      b) Gedanke des hypothetischen Ersatzeingriffs
    4. Ergebnis
  V. Gesamtergebnis

Abwandlung:

  I. Maßnahme, die nur bei Verdacht bestimmter Straftaten zulässig ist
  II. Personenbezogene Daten
  III. Rechtmäßigkeit der Maßnahme
    1. Formelle Rechtmäßigkeit
    2. Materielle Rechtmäßigkeit
      a) Telekommunikationsüberwachung
      b) Verdacht
      c) Katalogtat
      d) Schwere im Einzelfall
      e) Subsidiarität
      f) Verhältnismäßigkeit
      g) Zwischenergebnis
    3. Ergebnis
  IV. Anderes Verfahren
  V. Beweiszwecke
  VI. Hypothetisch mögliche rechtmäßige Anordnung
  VII. Ergebnis

Lösungsvorschlag

Ausgangsfall:

250 Das gefundene Kokain darf als Beweismittel verwertet werden, wenn kein Beweisverwertungsverbot entgegensteht. Beweisverwertungsverbote schließen bestimmte Erkenntnisse von der Berücksichtigung im Urteil aus.[2]

A. Gesetzliches Beweisverwertungsverbot

251 Fraglich ist zunächst, ob ein gesetzlich ausdrücklich normiertes Beweisverwertungsverbot einschlägig ist. Als solches kommt hier allenfalls § 479 Abs. 2 S. 1 StPO in Betracht.[3] Das setzt nach dem Wortlaut der Norm aber eine Maßnahme voraus, die nur bei Verdacht bestimmter Straftaten zulässig ist. Als Maßnahme könnten hier nur eine Durchsuchung nach den §§ 102 ff. StPO oder ein Tätigwerden aufgrund der Generalklausel des § 161 Abs. 1 S. 1 StPO einschlägig sein. Beide Regelungen setzen keine bestimmten Straftaten voraus. Damit ist § 479 Abs. 2 S. 2 StPO nicht einschlägig.

B. Ungeschriebenes Beweisverwertungsverbot

252 Es könnte vielmehr ein ungeschriebenes Beweisverwertungsverbot einschlägig sein. Ungeschriebene Beweisverwertungsverbote lassen sich ihrerseits unterteilen in selbstständige und unselbstständige Beweisverwertungsverbote.[4] Bei selbstständigen Beweisverwertungsverboten ist die Beweiserhebung an sich rechtmäßig, die Erkenntnisse dürfen jedoch ausnahmsweise aus bestimmten Gründen nicht verwertet werden.[5] Unselbstständige Beweisverwertungsverbote knüpfen dagegen an eine bereits rechtswidrige Beweiserhebung an.[6] In Betracht kommt hier ein unselbstständiges Beweisverwertungsverbot. Mithin müsste eine rechtswidrige Beweiserhebung erfolgt sein. Das ist jedenfalls dann der Fall, wenn die beweisbringende Maßnahme nicht formell und materiell rechtmäßig erfolgt ist, soweit das Gesetz hierzu Vorgaben macht.

I. Durchsuchung, §§ 102 ff. StPO

253 Möglicherweise ist das Vorgehen der Ermittlungsbehörden von den §§ 102 ff. StPO gedeckt. Die §§ 102 ff. StPO normieren die Voraussetzungen für eine Durchsuchung durch die Ermittlungsbehörden.[7] Dass die Maßnahme zunächst nicht auf das Kokain, sondern auf ein mutmaßliches Beweismittel im Hinblick auf eine gefährliche Körperverletzung gerichtet war, steht der Rechtmäßigkeit nicht per se entgegen, was sich aus § 108 Abs. 1 StPO ableiten lässt.[8]

2 *Beulke/Swoboda* Rn. 702; Meyer-Goßner/Schmitt/*Schmitt* Einl Rn. 55.
3 *Beulke/Swoboda* Rn. 703.
4 *Krey/Heinrich* Rn. 1578; *Beulke/Swoboda* Rn. 704.
5 *Krey/Heinrich* Rn. 1578; *Beulke/Swoboda* Rn. 704.
6 *Krey/Heinrich* Rn. 1578; *Beulke/Swoboda* Rn. 704.
7 Grundlegende Darstellung bei *Beulke/Swoboda* Rn. 399 ff.
8 Meyer-Goßner/Schmitt/*Köhler* § 108 StPO Rn. 1.

1. Formelle Rechtmäßigkeit

Es müssten zunächst die formellen Vorschriften gewahrt worden sein. **254**

Zweifel könnten sich hier daraus ergeben, dass O die Durchsuchung angeordnet hat. Nach § 105 Abs. 1 S. 1 StPO dürfen Durchsuchungen grundsätzlich nur durch den Richter angeordnet werden. Das ist hier nicht geschehen. Ausnahmsweise durfte gemäß § 105 Abs. 1 S. 1 StPO aber auch O als zuständiger Oberstaatsanwalt die Durchsuchung anordnen, wenn Gefahr im Verzug vorlag. Das ist der Fall, wenn die vorherige Einholung der richterlichen Anordnung den Erfolg der Durchsuchung gefährden würde.[9] Hierfür gibt es aber objektiv keinerlei Anhaltspunkte. Dass O sich darüber irrte, hat insofern keine Bedeutung.[10] Außerdem muss – selbst, wenn von Dringlichkeit ausgegangen wird – grundsätzlich zunächst versucht werden, eine richterliche Anordnung zu erhalten.[11] Auch hierum hat sich O nicht bemüht. O durfte die Durchsuchung vorliegend mangels bestehender Gefahr im Verzug nicht anordnen. Die Maßnahme ist wegen Verstoßes gegen § 105 Abs. 1 S. 1 StPO formell rechtswidrig.

2. Ergebnis

Da bereits die formellen Anforderungen der §§ 102 ff. StPO nicht erfüllt sind, ist die **255**
Maßnahme nicht nach diesen Normen rechtmäßig erfolgt.

II. Ermittlungsgeneralklausel, § 161 Abs. 1 S. 1 StPO

Fraglich ist sodann, ob die Maßnahme nach der Ermittlungsgeneralklausel rechtmäßig **256**
war.[12] § 161 Abs. 1 S. 1 StPO erlaubt den Ermittlungsbehörden zunächst Ermittlungen jeder Art. Darauf kann man sich nach dem Wortlaut der Norm jedoch nur stützen, soweit nicht andere gesetzliche Vorschriften die Befugnisse besonders regeln. Die StPO regelt in den §§ 102 ff. StPO die Voraussetzungen einer Durchsuchung gesondert. Daher ist es hier nicht möglich, die Maßnahme auf die Generalklausel des § 161 Abs. 1 S. 1 StPO zu stützen, da ansonsten die strengeren Voraussetzungen der §§ 102 ff. StPO ins Leere liefen.[13]

III. Zwischenergebnis

Weitere Ermächtigungsgrundlagen kommen nicht in Betracht, insbesondere da die **257**
§§ 102 ff. StPO die Rechtmäßigkeit einer Durchsuchung abschließend regeln. Die Maßnahme war damit rechtswidrig.

IV. Rechtsfolge: Beweisverwertungsverbot

Fraglich ist jedoch, ob aus der Rechtswidrigkeit der Maßnahme zwingend eine Unver- **258**
wertbarkeit der Erkenntnisse im Strafverfahren folgt, da vorliegend gerade kein ausdrückliches gesetzliches Beweisverwertungsverbot einschlägig ist. Zu beachten ist zunächst, dass die Durchsuchung an sich kein Beweismittel darstellt, dessen Verwertbar-

9 LR-StPO/*Tsambikakis* § 105 StPO Rn. 83.
10 BGH vom 21.4.2016 – 2 StR 394/15 – BeckRS 2016, 11272 Rn. 15.
11 BVerfGE 103, 142 (155); Meyer-Goßner/Schmitt/*Köhler* § 105 StPO Rn. 2.
12 Zur Begrifflichkeit: Meyer-Goßner/Schmitt/*Köhler* § 161 StPO Rn. 1.
13 MüKoStPO/*Kölbel/Ibold* § 161 StPO Rn. 7.

keit verboten sein könnte.[14] Jedoch können Fehler bei der Durchsuchung die Verwertbarkeit der hierbei aufgefundenen Beweismittel beeinträchtigen.[15] Für die Begründung ungeschriebener Beweisverwertungsverbote werden verschiedene Ansätze vertreten.

1. Rechtskreistheorie

259 Nach der Rechtskreistheorie kommt es für die Verwertungsfrage darauf an, ob die rechtswidrige Beweiserhebung den Rechtskreis des Beschuldigten wesentlich berührt, oder ob sie für ihn nur von untergeordneter oder keiner Bedeutung ist.[16] Die Rechtswidrigkeit der Beweiserhebung beruht hier auf einer Verletzung des § 105 Abs. 1 S. 1 StPO. Die Norm bezweckt eine vorbeugende Kontrolle der Anordnung durch eine neutrale Instanz.[17] Grund dafür ist, dass die Grundrechte des Betroffenen gesichert werden sollen.[18] Eine Verletzung von § 105 Abs. 1 S. 1 StPO betrifft den Betroffenen mithin mittelbar in seinen Grundrechten und damit in seinem Rechtskreis. Nach der Rechtskreistheorie führt eine Verletzung von § 105 Abs. 1 S. 1 StPO zu einem Beweisverwertungsverbot.

2. Schutzzwecktheorie

260 Nach der Schutzzwecktheorie muss überprüft werden, ob die Verwertung des Beweismittels dem Sinn des Beweiserhebungsverbotes zuwiderläuft bzw. die Verwertung die Verletzung des Schutzzwecks des Erhebungsverbotes noch weiter vertiefen würde.[19] Sinn des § 105 Abs. 1 S. 1 StPO ist die mittelbare Sicherung der Grundrechte durch eine neutrale und unabhängige Kontrollinstanz. Würde man Erkenntnisse, die unter Verstoß des § 105 Abs. 1 S. 1 StPO erlangt wurden, im Verfahren gegen den Beschuldigten verwenden, würde das die Beeinträchtigung seiner Grundrechte intensivieren. Damit führt auch nach der Schutzzwecktheorie ein Verstoß gegen die Anordnungsregelung des § 105 Abs. 1 S. 1 StPO zu einem Beweisverwertungsverbot.

3. Abwägungslehre

261 Nach anderer Auffassung hat eine Abwägung im Einzelfall zu erfolgen.[20] Abzuwägen ist dabei das staatliche Strafverfolgungsinteresse gegen die Schwere des Verstoßes.[21]

a) Grundsätzliche Abwägung

262 Auf der einen Seite steht hier das generelle staatliche Strafverfolgungsinteresse. Das aufgefundene Kokain im Pkw des L begründet objektiv hinreichende Anhaltspunkte dafür, dass L Straftaten nach dem BtMG begangen hat, sodass grundsätzlich ein berechtigtes Interesse an einer effektiven Strafverfolgung und damit einhergehend einer Verwertung der Beweismittel besteht. Auf der anderen Seite steht ein schwerwiegender Verstoß gegen § 105 Abs. 1 S. 1 StPO. Es sind objektiv keine Anhaltspunkte erkennbar,

14 LR-StPO/*Tsambikakis* § 105 StPO Rn. 139.
15 LR-StPO/*Tsambikakis* § 105 StPO Rn. 139.
16 BGHSt 11, 213 (215).
17 MüKoStPO/*Hauschild* § 105 StPO Rn. 1; LR-StPO/*Tsambikakis* § 105 StPO Rn. 1.
18 BVerfGE 103, 142 (151); LR-StPO/*Tsambikakis* § 105 StPO Rn. 1.
19 MüKoStPO/*Kudlich* Einleitung Rn. 463.
20 BVerfG NStZ 2012, 496 (499).
21 BGH NStZ 2007, 601 (602).

wieso sich die Staatsanwaltschaft auf Gefahr im Verzug berufen hat. Seinen Irrtum hierüber hat O nicht begründet. Ebenso ist der Staatsanwaltschaft vorzuwerfen, dass sie zuvor nicht einmal den Versuch unternommen hat, das Gericht für die Anordnung einer Durchsuchung zu erreichen.[22] Insbesondere, da sich L zum Zeitpunkt der Anordnung durch O in Untersuchungshaft befand, und somit nicht zu befürchten war, dass er Beweismittel aus dem Pkw entsorgen könnte, wäre ein besser geordnetes Vorgehen notwendig gewesen.[23] Es sind objektiv keine Umstände erkennbar, die das Vorgehen des O geboten oder nachvollziehbar erscheinen lassen. Im Gesamtbild ist von einem willkürlichen und schwerwiegenden Verfahrensverstoß durch die Staatsanwaltschaft auszugehen, sodass die Abwägung grundsätzlich zu einer Unverwertbarkeit führen muss.[24]

b) Gedanke des hypothetischen Ersatzeingriffs

Stellenweise wird aber auch der sogenannte Gedanke des hypothetischen Ersatzeingriffs als entscheidendes Abwägungskriterium herangezogen.[25] Dabei geht es um die Frage, ob das rechtswidrig erlangte Beweismittel auch rechtmäßig hätte erlangt werden können.[26] Befürworter dieses Gedankens lehnen ein Verwertungsverbot also dann ab, wenn die Ermittlungsbehörden auf rechtmäßigem Weg an das Beweismittel hätten gelangen können. Es sind vorliegend jedenfalls keine Anhaltspunkte erkennbar, die dagegensprechen, dass eine Durchsuchung des Pkw auch hätte rechtmäßig angeordnet werden können, wenn die Staatsanwaltschaft die gesetzlichen Vorgaben befolgt hätte. Insbesondere ergibt sich aus § 108 Abs. 1 S. 1 StPO, dass auch das zufällig gefundene Kokain, das in keiner Beziehung zum ursprünglichen Verdacht der gefährlichen Körperverletzung steht, hätte rechtmäßig in Beschlag genommen werden dürfen. Nach diesem Ansatz könnte man von einer Verwertbarkeit des Kokains als Beweismittel ausgehen. **263**

Unabhängig von der Frage, ob man den Gedanken des hypothetischen Ersatzeingriffs generell anerkennt oder ablehnt, ist dieser jedenfalls bei einer Verkennung des Richtervorbehalts des § 105 Abs. 1 S. 1 StPO nicht anwendbar.[27] Die Norm legt eine klare Kompetenzordnung fest, die bei Anwendung des hypothetischen Ersatzeingriffs unterlaufen würde.[28] Könnten sich die Ermittlungsbehörden in einem solchen Fall darauf berufen, dass das Beweismittel rechtmäßig zu erreichen gewesen wäre, wäre der gesetzlich normierte Richtervorbehalt faktisch sinnlos.[29] Das hätte das Leerlaufen eines wesentlichen Erfordernisses eines rechtsstaatlichen Ermittlungsverfahrens zur Folge.[30] Unabhängig von der Frage, ob die Figur des hypothetischen Ersatzeingriffs grundlegend anzuerkennen ist, kann sie vorliegend jedenfalls nicht auf den schwerwiegenden Verstoß gegen § 105 Abs. 1 S. 1 StPO angewandt werden.

---

22 BGH v. 21.4.2016 – 2 StR 394/15.
23 BGH v. 21.4.2016 – 2 StR 394/15.
24 BGH v. 21.4.2016 – 2 StR 394/15.
25 Grundlegende Darstellung mit weiteren Nachweisen bei *Kindhäuser/Schumann* § 23 Rn. 31 f.
26 *Kindhäuser/Schumann* § 23 Rn. 31 f.
27 BGH v. 21.4.2016 – 2 StR 394/15.
28 BGH v. 21.4.2016 – 2 StR 394/15.
29 BGH v. 21.4.2016 – 2 StR 394/15.
30 BGH v. 21.4.2016 – 2 StR 394/15.

4. Ergebnis

264 Vorliegend kommen alle Auffassungen zu dem Ergebnis, dass der Verstoß gegen § 105 Abs. 1 S. 1 StPO zu einem Beweisverwertungsverbot führt.

V. Gesamtergebnis

265 Das im Pkw aufgefundene Kokain darf nicht als Beweismittel gegen L verwertet werden.

Abwandlung:

266 Das Gericht darf die Erkenntnisse verwerten, wenn kein Beweisverwertungsverbot entgegensteht, oder wenn die Verwertung ausdrücklich erlaubt ist. Vorliegend könnte die Sonderregelung des § 479 Abs. 2 S. 2 StPO eingreifen. Hierbei handelt es sich um eine besondere gesetzliche Ausprägung des bereits im Ausgangsfall angesprochenen hypothetischen Ersatzeingriffs.[31]

Nach § 479 Abs. 2 S. 2 StPO dürfen aufgrund einer Maßnahme, die nur bei Verdacht bestimmter Straftaten zulässig ist, erlangte personenbezogene Daten ohne Einwilligung in anderen Verfahren zu Beweiszwecken nur zur Aufklärung solcher Straftaten verwendet wären, zu deren Aufklärung eine solche Maßnahme nach der StPO hätte angeordnet werden dürfen.

Im Ausgangsfall war die Norm nicht einschlägig, da die dort vorgenommenen Maßnahmen (§§ 102 ff. StPO) nicht nur bei Verdacht bestimmter Straftaten zulässig sind.

Fraglich ist, ob die Voraussetzungen des § 479 Abs. 2 S. 2 StPO nun hier vorliegen.

I. Maßnahme, die nur bei Verdacht bestimmter Straftaten zulässig ist

267 Zunächst müsste eine Maßnahme vorgenommen worden sein, die nur bei Verdacht bestimmter Straftaten zulässig ist. Einschlägig ist hier die Telekommunikationsüberwachung gemäß § 100a StPO.

Nach § 100a Abs. 1 S. 1 Nr. 1 StPO ist die Telekommunikationsüberwachung nur zulässig bei den in § 100a Abs. 2 StPO aufgezählten Straftaten.

Damit ist diese Voraussetzung erfüllt.

II. Personenbezogene Daten

268 Es müssten personenbezogene Daten erlangt worden sein. Darunter versteht man sämtliche durch Einzelermittlungen gegen bestimmte Personen erlangte Erkenntnisse.[32] Vorliegend wurden im Rahmen von Ermittlungen Erkenntnisse zur Person des A erlangt, die auf das Begehen einer Straftat hindeuten können.

---

31 Graf/*Wittig* § 479 StPO Rn. 5; *Kindhäuser/Schumann* § 23 Rn. 31.
32 KK-StPO/*Graf* § 496 StPO Rn. 2.

III. Rechtmäßigkeit der Maßnahme

Weitere Voraussetzung ist, dass die Maßnahme nach § 100a Abs. 1, 2 StPO rechtmäßig erfolgte.[33] Das ist der Fall, wenn sie formell und materiell rechtmäßig durchgeführt wurde. **269**

1. Formelle Rechtmäßigkeit

Es handelten vorliegend die zuständige Staatsanwaltschaft und das zuständige Gericht. Die Anordnung erfolgte, wie von § 100e Abs. 1 S. 1 StPO vorgesehen, durch das Gericht auf Antrag der Staatsanwaltschaft. Ein Verstoß gegen die Formvorschriften nach § 100e Abs. 3, 4 StPO ist nicht ersichtlich. Die Maßnahme wurde damit formell rechtmäßig vorgenommen. **270**

2. Materielle Rechtmäßigkeit

Fraglich ist, ob auch die materiellen Voraussetzungen vorliegen.[34] **271**

a) Telekommunikationsüberwachung

Vorliegend wurde die Telekommunikation des A überwacht. **272**

b) Verdacht

Nach § 100a Abs. 1 S. 1 Nr. 1 StPO muss für die Anordnung der Telekommunikationsüberwachung zunächst der Verdacht einer Straftat bestanden haben. Im Rahmen von § 100a Abs. 1 S. 1 Nr. 1 StPO wird ein „qualifizierter Tatverdacht" gefordert, der ein gewisses Maß an Konkretisierung erreicht haben muss und nicht nur unerheblich sein darf.[35] Laut Sachverhalt bestand gegen A der begründete Verdacht, sich wegen Geldwäsche strafbar gemacht zu haben. **273**

c) Katalogtat

Nach § 100a Abs. 1 S. 1 Nr. 1 StPO muss sich der Verdacht ferner auf eine der in Abs. 2 aufgezählten „schweren Straftaten" beziehen. Gegen A bestand der Verdacht, zumindest Mittäter an einer Geldwäsche gewesen zu sein. Diese wird in § 100a Abs. 2 Nr. 1 lit. m StPO genannt, sodass auch dieses Merkmal einschlägig ist. **274**

d) Schwere im Einzelfall

Nach § 100a Abs. 1 S. 1 Nr. 2 StPO darf die Telekommunikationsüberwachung nur angeordnet werden, wenn die Tat, wegen welcher der Verdacht besteht, auch im Einzelfall schwer wiegt. Das bedeutet, dass die Tat nicht nur abstrakt aufgrund ihres Deliktscharakters, sondern auch bezogen auf ihre konkrete Begehung und ihre Folgen schwerwiegend sein muss.[36] Der konkrete Tatverdacht bezog sich auf Geldsummen von mehreren hunderttausend Euro. Damit ist von einer gewissen Schwere auszugehen. **275**

---

33 Graf/*Wittig* § 479 StPO Rn. 6.
34 Aufbau orientiert an G/J/T/Z/*Gercke/Grözinger* § 100a StPO Rn. 1 ff.
35 G/J/T/Z/*Gercke/Grözinger* § 100a StPO Rn. 17 mwN.
36 G/J/T/Z/*Gercke/Grözinger* § 100a StPO Rn. 21.

e) Subsidiarität

276 Nach § 100a Abs. 1 S. 1 Nr. 3 StPO darf die Telekommunikationsüberwachung nur angeordnet werden, wenn die Erforschung des Sachverhalts auf andere Weise wesentlich erschwert oder aussichtslos wäre. Davon ist auszugehen, da sich die lückenlose Aufklärung des Sachverhalts vorliegend schwierig gestaltete, wegen der Schwere des Verdachts umfassende Ermittlungen aber zwingend geboten waren.

f) Verhältnismäßigkeit

277 Wie jede hoheitliche Maßnahme, muss auch die Anordnung der Telekommunikationsüberwachung dem allgemeinen Verhältnismäßigkeitsgrundsatz entsprechen.[37] Anhaltspunkte für eine Unverhältnismäßigkeit sind nicht ersichtlich. Insbesondere gestaltete sich die lückenlose Aufklärung des Sachverhalts auf anderem Wege äußerst schwierig, obwohl ein berechtigtes Interesse an der Strafverfolgung bestand. Wesentliche Eingriffe in den Kernbereich privater Lebensgestaltung des A sind zudem nicht erkennbar.

g) Zwischenergebnis

278 Auch die materiellen Rechtmäßigkeitsvoraussetzungen sind erfüllt.

3. Ergebnis

279 Die Telekommunikationsüberwachung des A wegen des Verdachts der Geldwäsche erfolgte rechtmäßig.

IV. Anderes Verfahren

280 Die personenbezogenen Daten wurden im Rahmen eines Ermittlungsverfahrens wegen Geldwäsche erlangt und sollen nun in einem Verfahren wegen Mordes, mithin in einem anderen Verfahren, verwertet werden.

V. Beweiszwecke

281 Es muss um die Verwertung zu Beweiszwecken gehen. Das umfasst jedenfalls das Heranziehen zur Beurteilung der Schuld- oder Straffrage.[38] Die gewonnen Daten sollen im Verfahren wegen Mordes gegen A gerade hierzu verwendet werden.

VI. Hypothetisch mögliche rechtmäßige Anordnung

282 Da die vorherigen Voraussetzungen des § 479 Abs. 2 S. 2 StPO erfüllt sind, dürfen die erlangten Erkenntnisse im Verfahren wegen Mordes gegen A dann verwertet werden, wenn die Telekommunikationsüberwachung auch zur Aufklärung des vermeintlichen Mordes nach der StPO hätte angeordnet werden dürfen. Hier schlägt sich also der Gedanke des hypothetischen Ersatzeingriffes nieder. Eine Telekommunikationsüberwa-

---

37 KK-StPO/*Bruns* § 100a StPO Rn. 32.

38 OLG München, wistra 2006, 472.

chung hätte wegen des Mordverdachts gegen A angeordnet werden dürfen, da auch der Mord eine Katalogtat ist (§ 100a Abs. 2 Nr. 1 lit. h StPO). Von einem Schwerwiegen des Verdachts im Einzelfall ist bei einem Mord mangels entgegenstehender Anhaltspunkte ebenfalls auszugehen. Auch wäre eine Ermittlung gegen A wegen des Mordes auf anderem Wege nicht erfolgversprechend gewesen, sodass die Subsidiaritätsklausel des § 100a Abs. 1 S. 1 Nr. 3 StPO nicht eingreift.

Die Maßnahme nach § 100a StPO, die ursprünglich wegen des Verdachts der Geldwäsche angeordnet wurde, hätte mithin auch wegen des Verdachts des Mordes gegen A unter den Voraussetzungen der StPO angeordnet werden können.

VII. Ergebnis

Die Voraussetzungen des § 479 Abs. 2 S. 2 StPO sind erfüllt. Damit dürfen die im Rahmen der Telekommunikationsüberwachung erlangten Erkenntnisse auch im Verfahren gegen A wegen Mordes verwertet werden. **283**

Ergänzende Anmerkung: Eine zu § 479 Abs. 2 S. 2 StPO vergleichbare Regelung findet sich zudem in § 161 Abs. 2 S. 1 StPO. Die Norm regelt die Konstellation, in der personenbezogene Daten aufgrund von Maßnahmen nach *anderen Gesetzen* erlangt wurden und nun in einem Strafverfahren verwendet werden sollen. Gemeint sind damit vor allem die Polizeigesetze und damit verbundene präventive Maßnahmen.[39] Auch bei § 161 Abs. 2 S. 1 StPO handelt es sich damit um eine besondere Ausprägung des Rechtsgedankens des hypothetischen Ersatzeingriffs.[40]

Ergänzungen und Vertiefung

Zum Rechtsinstitut des hypothetischen Ersatzeingriffs: **284**

Beulke/Swoboda Rn. 360 ff., 483; *Mitsch/Ellbogen* Fall 7; *Murmann* Rn. 66h.

Zum unselbstständigen Beweisverwertungsverbot:

Beulke/Swoboda Rn. 704 ff.; *Beulke/Zimmermann* Klausurenkurs III Rn. 200; *Murmann* Rn. 202 ff.; *Meglalu/Berrer*, JuS 2017, 658 ff.; *Tetzlaff*, JuS 2013, 152 ff.

39 *Beulke/Swoboda* Rn. 362.
40 *Joecks/Jäger* § 161 StPO Rn. 12b.

Fall 10

Beweisantragsrecht; Ablehnung von Beweisanträgen

285 **Aufgabe 1:**

A ist wegen schwerer Brandstiftung nach § 306a Abs. 1 Nr. 1 StGB angeklagt. In der Hauptverhandlung beantragt sein Verteidiger V, den Zeugen Z zu vernehmen, der bestätigen kann, dass A zur Tatzeit mit ihm Tennis spielen war. Dabei wird die ladungsfähige Anschrift des Z mitgeteilt. Der Vorsitzende weist den Antrag mit der Begründung zurück, das Gericht sei von einer Anwesenheit des A am Tatort aufgrund zweier Zeugenaussagen schon überzeugt. Durfte das Gericht den Antrag ablehnen?

Aufgabe 2:

A wurde im Rahmen des Ermittlungsverfahrens vom Polizeibeamten P verhört. In der Hauptverhandlung wird P zu diesem Verhör vernommen. Er kann sich jedoch nicht mehr an alle Einzelheiten erinnern. Deshalb werden ihm einzelne Auszüge aus dem Vernehmungsprotokoll vom vorsitzenden Richter vorgelesen. Daraufhin erinnert er sich wieder und kann seine Aussage vervollständigen. War das Vorgehen rechtmäßig?

(Bearbeitungszeit: 45 min)

Vorüberlegungen

Die vorliegende Fallgestaltung befasst sich mit dem Beweisantragsrecht und der Unmittelbarkeit der Beweisaufnahme. Das Beweisantragsrecht stellt ein äußerst praxisrelevantes Gebiet in der Strafprozessordnung dar, sodass bereits in der Grundausbildung grundlegende Strukturen bekannt sein sollten. Die erste Aufgabe hat die Ablehnung eines Beweisantrags zum Gegenstand. Hierfür müssen die näheren Voraussetzungen des Beweisantrags festgestellt werden. Diese ergeben sich in ihrer Grundstruktur seit der StPO-Reform aus der gesetzlichen Regelung des § 244 Abs. 3 S. 1 StPO.[1] Hierzu sind die bisherigen theoretischen Kenntnisse im Rahmen der Rechtsfortbildung nach dem bereits bekannten Schema anzuwenden, da der Gesetzgeber die Grundsätze der Rechtsprechung weitestgehend übernommen hat. Die Voraussetzungen im Einzelnen bereiten keine Schwierigkeiten und sind in der gebotenen Kürze zu untersuchen. Die zweite Aufgabe hat den Unmittelbarkeitsgrundsatz in der Beweisaufnahme innerhalb der mündlichen Verhandlung gemäß der §§ 250 ff. StPO zum Gegenstand. Nach dem Grundsatz des Vorrangs des Zeugen- vor dem Urkundenbeweis ist dann das Instrument des Vorhalts früherer Vernehmungsprotokolle zu diskutieren. 286

Gliederung

Aufgabe 1: 287

- I. Vorliegen eines Beweisantrags
  - 1. Formelle Voraussetzungen
    - a) Antragsberechtigung
    - b) Zeitpunkt
    - c) Form
  - 2. Materielle Voraussetzungen
    - a) Bezeichnung bestimmter Beweistatsache
    - b) Benennung eines Beweismittels
    - c) Konnexität
- II. Ablehnungsgrund
- III. Ordnungsgemäße Ablehnungsentscheidung
- IV. Ergebnis

Aufgabe 2:

- I. Gesetzliche Regelung
- II. Zulässiger Vorhalt
  - 1. Herrschende Auffassung
  - 2. Andere Ansicht
  - 3. Streitentscheid

1 Gesetz zur Modernisierung des Strafverfahrens vom 10.12.2019 (BGBl. I, S. 2121).

Lösungsvorschlag

Aufgabe 1:

288 Der Antrag des V könnte als Beweisantrag einzustufen sein, der nur unter den Voraussetzungen der § 244 Abs. 3 bis Abs. 5, § 245 StPO abgelehnt werden durfte.

Der Beweisantrag ist von einem Beweisermittlungsantrag abzugrenzen. Ersterer stellt das Verlangen eines Prozessbeteiligten auf eine Beweiserhebung unter bestimmter Angabe der zu beweisenden Tatsache und des zu verwendenden Beweismittels dar.[2] Im Gegensatz dazu ist ein Beweisermittlungsantrag darauf gerichtet, dass das Gericht ermittelnd tätig wird, wobei dem Antrag aber eine oder mehrere Voraussetzungen des Beweisantrags fehlen.[3] Daneben gibt es noch die sogenannte Beweisanregung, die sich von letzterem in der Intensität des Begehrens unterscheidet. Dem Gericht wird dabei eine Beweiserhebung nur „nahegelegt".[4] Die Abgrenzung ist deshalb von besonderer Bedeutung, da das Gericht nur im Falle eines Beweisantrags an die Ablehnungsgründe der § 244 Abs. 3 bis Abs. 5, § 245 StPO gebunden ist.[5]

I. Vorliegen eines Beweisantrags

289 Fraglich ist, ob der Antrag des V den Voraussetzungen eines Beweisantrags entspricht.

1. Formelle Voraussetzungen

290 Zunächst müssten die formellen Voraussetzungen eines Beweisantrags eingehalten worden sein.

a) Antragsberechtigung

291 V müsste antragsberechtigt gewesen sein. Zum Kreis der Antragsberechtigten gehören Angeklagter, Verteidiger, Staatsanwalt, Nebenkläger und Privatkläger.[6] V war als Verteidiger antragsberechtigt.

b) Zeitpunkt

292 Daneben müsste der Antrag zum richtigen Zeitpunkt gestellt worden sein. Die Antragstellung ist in der Hauptverhandlung uneingeschränkt bis zur Urteilsverkündung möglich.[7] Laut Sachverhalt wurde der Antrag in der Hauptverhandlung gestellt. Hinweise auf eine Urteilsverkündung gibt es keine. Die Voraussetzung ist damit erfüllt.

---

2 *Beulke/Swoboda* Rn. 676.
3 *Beulke/Swoboda* Rn. 676; *Heinrich/Reinbacher* Problem 37 Rn. 24.
4 *Beulke/Swoboda* Rn. 676.
5 *Heinrich/Reinbacher* Problem 37 Rn. 24.
6 MüKoStPO/*Trüg/Habetha* § 244 StPO Rn. 139 ff.
7 *Volk/Engländer* § 25 Rn. 11.

c) Form

Im Hinblick auf die Form gilt, dass wegen des Grundsatzes der Mündlichkeit Beweisanträge in der Hauptverhandlung mündlich zu stellen sind, sofern das Gericht nicht nach § 257a StPO Schriftlichkeit angeordnet hat.[8] Der Sachverhalt liefert keine gegenteiligen Anhaltspunkte, womit auch vom Vorliegen dieser Voraussetzung ausgegangen werden kann. **293**

Mithin wurden die formellen Voraussetzungen eines Beweisantrags beachtet.

2. Materielle Voraussetzungen

Daneben müssten auch die materiellen Voraussetzungen eingehalten worden sein. Nach § 244 Abs. 3 S. 1 StPO erfordert ein Beweisantrag ein ernsthaftes Verlangen des Antragstellers, Beweis über eine bestimmt behauptete konkrete Tatsache, die die Schuld- oder Rechtsfolgenfrage betrifft, durch ein bestimmt bezeichnetes Beweismittel zu erheben und dass dem Antrag zu entnehmen ist, weshalb das bezeichnete Beweismittel die behauptete Tatsache belegen können soll. **294**

a) Bezeichnung bestimmter Beweistatsache

Der Antrag des V müsste eine bestimmte Beweistatsache bezeichnen. Keine zulässigen Beweistatsachen stellen bloße Wertungen sowie „aus der Luft gegriffene Behauptungen ins Blaue hinein" dar,[9] da es bereits an dem erforderlichen ernsthaften Verlangen fehlt.[10] Dies bedeutet jedoch nicht, dass der Antragsteller von der Wahrheit überzeugt sein muss. Vielmehr ist es ausreichend, dass er die Tatsache für möglich hält.[11] Die Tatsache muss zudem die Schuld oder die zu verhängenden Rechtsfolgen betreffen, § 244 Abs. 3 S. 1 StPO. Der Antrag des V benennt die Anwesenheit des A beim Tennisspiel mit Z als zu beweisende Tatsache. Dabei handelt es sich weder um eine Wertung noch um eine Behauptung ins Blaue hinein. Eine Beweistatsache liegt damit vor. **295**

b) Benennung eines Beweismittels

Daneben müsste er das zu verwendende Beweismittel angeben. Es muss sich um ein solches des Strengbeweises, d.h. Augenscheinobjekte, Urkunden-, Sachverständigen- oder Zeugenbeweis handeln. Dabei ist eine genaue Bezeichnung erforderlich, bei Zeugen müssen z.B. Namen und ladungsfähige Anschrift angegeben werden.[12] V hat Z als Beweismittel mit ladungsfähiger Adresse angegeben. Dabei handelt es sich um ein Mittel des Strengbeweises, § 48 StPO, womit auch diese Voraussetzung erfüllt ist. **296**

c) Konnexität

Schließlich müsste erkennbar sein, welcher Zusammenhang zwischen Beweistatsache und Beweismittel besteht (Konnexität), weshalb also das Beweismittel geeignet ist, die Beweis- **297**

8 MüKoStPO/*Trüg/Habetha* § 244 StPO Rn. 150.
9 BGH, NStZ 2008, 474 (474); *Volk*/Engländer § 25 Rn. 4 ff.
10 BT Drs. 19/147, S. 34.
11 *Roxin/Schünemann* § 45 Rn. 11.
12 BGH, NStZ 2013, 476 (478); *Heinrich*/Reinbacher Problem 37 Rn. 24.

tatsache zu belegen.[13] Vorliegend besteht ein Zusammenhang zwischen der Anwesenheit des A beim Tennisspiel und Z, da dieser mit ihm zusammen gespielt haben soll.

Mithin sind alle materiellen Voraussetzungen eines Beweisantrags erfüllt. Der Antrag des V ist als Beweisantrag einzuordnen.

II. Ablehnungsgrund

298 Das Gericht kann einen Beweisantrag nur unter den in § 244 Abs. 3 bis Abs. 5, § 245 StPO normierten Voraussetzungen ablehnen. Dabei ist zwischen präsenten und nicht präsenten Beweismitteln zu unterscheiden. Für erstere gilt § 245 StPO, für letztere § 244 Abs. 3 bis Abs. 5 StPO.[14] Präsente Beweismittel sind Zeugen und Sachverständige, die geladen wurden und erschienen sind sowie dem Gericht vorliegende Urkunden und Augenscheinobjekte.[15] Vorliegend wurde Z noch nicht geladen, eine Ablehnung richtet sich folglich nach § 244 Abs. 3 bis Abs. 5 StPO.

Nach § 244 Abs. 3 S. 2 StPO ist ein Beweisantrag bei Unzulässigkeit der Beweiserhebung abzulehnen. In diesem Fall steht die Ablehnung nicht im Ermessen des Gerichts, vielmehr ist dieses zur Ablehnung verpflichtet.[16] Es sind keine Anhaltspunkte ersichtlich, die für eine Unzulässigkeit der Vernehmung des Z sprechen, der Ausschlussgrund ist damit nicht einschlägig.

Daneben sind in § 244 Abs. 3 S. 3 StPO sechs Gründe aufgelistet, bei denen die Ablehnung im Ermessen des Gerichts steht. Der Beweisantrag darf danach abgelehnt werden, wenn die Beweiserhebung wegen Offenkundigkeit überflüssig ist, bedeutungslos oder schon erwiesen ist. Außerdem fällt darunter die Ungeeignetheit und Unerreichbarkeit des Beweismittels sowie Verschleppungsabsicht (§ 244 Abs. 6 S. 2 StPO) und Wahrunterstellung.

Vorliegend könnte die Tatsache, dass A am Tatort war, schon als erwiesen gelten. Laut Sachverhalt ist der Vorsitzende aufgrund zweier Zeugenaussagen davon überzeugt. Dieser Ablehnungsgrund greift aber nur ein, wenn die unter Beweis gestellte Tatsache positiv erwiesen ist. Nicht abgelehnt werden kann der Antrag mit der Begründung, das Gegenteil sei bereits belegt.[17] Dies würde ein Verstoß gegen das Verbot der Beweisantizipation darstellen, wonach eine Vorwegnahme der Beweiswürdigung unzulässig ist.[18] Das Gericht kann über den Wert des Beweismittels gerade erst nach Erhebung des Beweises entscheiden und nicht bereits vorher.[19]

Der Antrag des V richtet sich darauf zu beweisen, dass A beim Tennisspiel und nicht am Tatort war. Genau diese Tatsache ist noch nicht bewiesen, das Gericht ist nur vom Gegenteil der behaupteten Tatsache überzeugt. Damit handelt es sich um einen Fall der verbotenen Beweisantizipation. Der Ablehnungsgrund der schon erwiesenen Tatsache

---

13 BGHSt 43, 321 (329); BGH, NStZ 2013, 476 (477).
14 *Heinrich/Reinbacher* Problem 37 Rn. 7.
15 *Beulke/Swoboda* Rn. 691.
16 *Roxin/Schünemann* § 45 Rn. 17.
17 MüKoStPO/*Trüg/Habetha* § 244 StPO Rn. 265.
18 *Beulke/Swoboda* Rn. 685.
19 *Roxin/Schünemann* § 45 Rn. 31.

greift damit nicht. Andere Ablehnungsgründe sind nicht ersichtlich, insbesondere ist eine ladungsfähige Anschrift des Z bekannt, womit das Beweismittel erreichbar ist.

Auch die Sonderfälle des § 244 Abs. 4 bis Abs. 6 StPO sind vorliegend nicht einschlägig. Es handelt sich um keines der aufgeführten Beweismittel.

Folglich bestehen keine Ablehnungsgründe nach § 244 StPO. Eine Ablehnung des Antrags war damit unzulässig.

III. Ordnungsgemäße Ablehnungsentscheidung

Daneben hätte die Ablehnung eines begründeten Gerichtsbeschlusses bedurft, § 244 **299**
Abs. 6 S. 1 StPO, § 34 StPO. Für das Vorliegen eines solchen gibt es keine Anhaltspunkte. Vielmehr hat der Vorsitzende den Antrag zurückgewiesen.

IV. Ergebnis

Die Zurückweisung des Beweisantrags war mangels Ablehnungsgrundes unzulässig. **300**
Zudem fehlte der erforderliche Gerichtsbeschluss.

Aufgabe 2:

Das Vorgehen war rechtmäßig, wenn es mit dem Unmittelbarkeitsgrundsatz vereinbar **301**
ist. Danach muss die Beweisaufnahme grundsätzlich vor dem erkennenden Gericht selbst erfolgen (formelle Unmittelbarkeit) und darf nicht durch Beweissurrogate ersetzt werden (materielle Unmittelbarkeit). Das Prinzip der materiellen Unmittelbarkeit konkretisiert sich in § 250 S. 2 StPO als Vorrang des Personalbeweises vor dem Urkundenbeweis.[20]

I. Gesetzliche Regelung

Gesetzlich normierte Ausnahmen finden sich in §§ 251 bis 256 StPO.[21] In Betracht **302**
kommt vorliegend § 253 Abs. 1 StPO. Danach kann einem Zeugen oder Sachverständigen, der sich einer Tatsache nicht mehr erinnert, ein Teil des Protokolls über seine frühere Vernehmung zur Gedächtnisunterstützung verlesen werden. Vorliegend wurde P aber in der Hauptverhandlung zum ersten Mal vernommen, „seine frühere Vernehmung" als Zeuge existiert nicht. Damit ist § 253 Abs. 1 StPO nicht einschlägig.

II. Zulässiger Vorhalt

Möglicherweise ist es aber darüber hinaus gestattet, ein Protokoll zur Gedächtnisunter- **303**
stützung zu verlesen.

20 KK-StPO/*Diemer* § 250 StPO Rn. 1; *Krey/Heinrich* Rn. 1461.
21 KK-StPO/*Diemer* § 250 StPO Rn. 4.

1. Herrschende Auffassung

304 Nach herrschender Auffassung ist es im Rahmen eines sogenannten Vorhalts zulässig, Angeklagten, Zeugen und Sachverständigen frühere Vernehmungsprotokolle auszugsweise vorzulesen.[22] Daneben können auch Vernehmungsbeamten, die in der Hauptverhandlung als Zeugen gehört werden, Angaben aus Protokollen über die Vernehmung dritter Personen, die sie durchgeführt haben, vorgehalten werden.[23] Unzulässig ist ein solcher Vorhalt nur, wenn bezüglich des Urkundeninhalts ein Beweisverwertungsverbot besteht.[24] Beweisgrundlage ist dabei nicht der Inhalt des vorgelesenen Vernehmungsprotokolls, sondern die Reaktion des Befragten auf den Vorhalt.[25] Es handelt sich somit nicht um eine Form des Urkundenbeweises, sondern um einen von den §§ 251 ff. StPO unabhängigen Vernehmungsbehelf.[26] Der Unmittelbarkeitsgrundsatz ist nach dieser Ansicht deshalb auch nicht verletzt, Urteilsgrundlage ist gerade nur die durch den Vorhalt herbeigeführte Erklärung des Befragten.[27]

Nach dieser Ansicht konnte P das Protokoll im Rahmen eines Vorhalts verlesen werden.

2. Andere Ansicht

305 Im Schrifttum hat diese Ansicht jedoch Kritik erfahren.[28] Das Verlesen von Protokollen zwecks Vorhalts verwische den Unterschied zwischen Zeugen- und Urkundenbeweis. Insbesondere für Laienrichter sei es meist unmöglich das Verlesene von der Reaktion des Beklagten zu unterscheiden.[29] Deshalb seien wörtliche Protokollverlesungen nur nach §§ 251 ff. StPO gestattet.[30] Zudem sei § 253 StPO als abschließende Regelung des Vorhalts zu verstehen, denn es werde keine Form des vollständigen Urkundenbeweises, sondern der schlichte Vorhalt normiert.[31]

Nach der ablehnenden Ansicht war die Verlesung des Protokolls nicht zulässig.

3. Streitentscheid

306 In der Praxis ist der Vorhalt ein unverzichtbares Instrument.[32] Durch entsprechende Hinweise kann der Vorsitzende verhindern, dass zum Zweck des Vorhalts verlesene Protokollinhalte die Überzeugungsbildung der Laienrichter unzulässig beeinflussen. Positiv wirkt sich deshalb i.d.R. auch der freie Vorhalt im Gegensatz zur wörtlichen Verlesung aus.[33] Das Unmittelbarkeitsprinzip ist deshalb nicht berührt, weil § 253 StPO einen besonderen Fall des ergänzenden Urkundenbeweises regelt und die Verlesung früherer

---

22 BGHSt 3, 281 (283); BGHSt 21, 285 (286); BGHSt 52, 148 (150); MüKoStPO/*Kreicker* § 249 StPO Rn. 63 ff.; Meyer-Goßner/Schmitt/*Schmitt* § 249 StPO Rn. 28.
23 MüKoStPO/*Kreicker* § 249 StPO Rn. 63.
24 MüKoStPO/*Kreicker* § 249 StPO Rn. 64.
25 BGHSt 3, 281 (283); BGHSt 21, 285 (287).
26 *Beulke/Swoboda* Rn. 647.
27 BGHSt 3, 281 (283); BGHSt 21, 285 (287).
28 *Erb*, in: FS v. Heintschel-Heinegg, S. 136 (141); *Roxin/Schünemann* § 46 Rn. 25; SK-StPO/*Velten* § 253 StPO Rn. 5.
29 *Erb*, in: FS v. Heintschel-Heinegg, S. 136 (142); Roxin/*Schünemann* § 46 Rn. 25.
30 *Roxin/Schünemann* § 46 Rn. 25.
31 SK-StPO/*Velten* § 253 StPO Rn. 5.
32 *Beulke/Swoboda* Rn. 647.
33 BGHSt 3, 199 (202); KK-StPO/*Diemer* § 249 StPO Rn. 45.

Zeugenaussagen nur zu diesem Zweck in der Norm festgelegt ist. Die Verwertung zu einem anderen Zweck, einem Vorhalt, wird von der Vorschrift nicht berührt.[34]

Im Ergebnis sprechen die besseren Argumente für die herrschende Meinung. Damit war die Verlesung des Protokolls rechtmäßig.

Ergänzungen und Vertiefung

Prüfungsaufbau: Ablehnung eines Beweisantrags[35] 307

I. Vorliegen eines Beweisantrags
- *1. Formelle Voraussetzungen*
  - a) Antragsberechtigung
    - Angeklagter
    - Verteidiger
    - Staatsanwalt
    - Neben- und Privatkläger
  - b) Zeitpunkt
    - in der Hauptverhandlung uneingeschränkt bis zur Urteilsverkündung
  - c) Form
    - mündlich, außer bei Anordnung der Schriftlichkeit (§ 257a StPO)
- *2. Materielle Voraussetzungen*
  - a) Bezeichnung bestimmter Beweistatsache
    - unzureichend sind bloße Wertungen oder „aus der Luft gegriffene Behauptungen ins Blaue hinein“
  - b) Benennung eines Beweismittels
    - Beweismittel des Strengbeweises
    - genaue Bezeichnung (bei Zeugen: ladungsfähige Anschrift)
  - c) Konnexität von Beweistatsache und Beweismittel

II. Vorliegen eines Ablehnungsgrunds
- präsente Beweismittel: § 245 StPO
- nicht präsente Beweismittel: § 244 Abs. 3 bis § 244 Abs. 5 StPO

III. Ordnungsgemäße Ablehnungsentscheidung
- Gerichtsbeschluss nach § 244 Abs. 6 S. 1 StPO, § 34 StPO.

Zum Beweisantrag, dessen Voraussetzungen und Ablehnungsgründen:

Beulke/Swoboda Rn. 675 ff.; *Murmann* Rn. 191 ff.; *Ambos/Bock*, JURA 2011, 874 ff.; *Gerhold/El-Ghazi*, JA 2016, 910 ff.; *Krell*, JURA 2012, 355 ff.; *Kröpil*, JURA 2012, 459 ff.; *Steinberg/Kreuzner*, JuS 2011, 624 ff.; *Weßlau/Otto*, JuS 2009, 430 ff.; *Huber*, JuS 2022, 624.

Zum Vorhalt:

Beulke/Swoboda Rn. 647 ff.; zum Grundsatz der Unmittelbarkeit der Beweisaufnahme *siehe Fall 16.*

34 BGHSt 3, 199 (201); KK-StPO/*Diemer* § 249 StPO Rn. 45.

35 In Anlehnung an: MüKoStPO/Trüg/*Habetha* § 244 StPO Rn. 96 ff.; *Volk/Engländer* § 25 Rn. 2 ff.

Fall 11

Durchsuchung und Beschlagnahme I (Grundlagen)

308 A ist Geschäftsführer der A-GmbH, die im Immobiliengewerbe beheimatet ist. Im Jahr 2023 erlangt die zuständige Staatsanwaltschaft Hinweise, wonach A in dubiose Geschäfte verwickelt sei. Daraufhin ermittelte die Staatsanwaltschaft gegen A wegen des Verdachts eines Betruges (§ 263 Abs. 1 StGB, ggf. auch in einem besonders schweren Fall, § 263 Abs. 3 StGB) sowie einer Untreue (§ 266 StGB), wonach sich der Verdacht gegen A erhärtete.

Im Rahmen dieser Ermittlungen beantragt die Staatsanwaltschaft Anfang März 2017 beim zuständigen Amtsgericht einen Durchsuchungs- und Beschlagnahmebeschluss bezüglich der Arbeitsräume des A in dessen Wohnhaus. Man geht davon aus, in den dort befindlichen Geschäftsunterlagen wichtige Informationen zu finden, die die Betrugs- bzw. Untreuevorwürfe gegen A weiter erhärten und im Strafverfahren gegen A als Beweismittel dienen könnten.

Diesem Antrag wird durch den zuständigen Ermittlungsrichter am 4.3.2024 stattgegeben. Daraufhin werden die im Beschluss bezeichneten Arbeitsräume morgens um 9 Uhr im Beisein des A und des zuständigen Staatsanwaltes von Polizeibeamten durchsucht und einschlägige Geschäftsunterlagen beschlagnahmt.

A hält das Vorgehen der staatlichen Behörden für rechtswidrig. Er trägt vor, er benötige die Unterlagen dringend, um den Geschäften der A-GmbH weiter nachgehen zu können. Ohne Zugriff auf die Dokumente sei eine baldige Insolvenz des Unternehmens zu befürchten. Die Staatsanwaltschaft entgegnet, es sei genau darauf geachtet worden, welche Unterlagen für die Aufklärung der Vorwürfe gegen A notwendig seien und welche nicht.

Aufgabe: War das Vorgehen der staatlichen Behörden im Wohnhaus des A rechtmäßig?

(Bearbeitungszeit: 45 min)

Vorüberlegungen

Die Aufgabenstellung setzt sich mit den Ermittlungsmaßnahmen der Durchsuchung und Beschlagnahme auseinander. Die Angaben des Sachverhalts bergen keine erheblichen normativen Probleme. Vielmehr kommt es auf eine ordentliche strukturierte gutachterliche Untersuchung der normativen Voraussetzungen an. Die Fallfrage bietet einen einfachen Prüfungseinstieg. Lediglich innerhalb der Verhältnismäßigkeitsprüfung bei der durchgeführten Beschlagnahme besteht ein gesteigerter Begründungsbedarf aufgrund der hieraus folgenden rechtlichen Beeinträchtigungen gegenüber dem Betroffenen. **309**

Gliederung

I. Rechtmäßigkeit der Durchsuchung **310**
  1. Ermächtigungsgrundlage
  2. Formelle Rechtmäßigkeit
     a) Zuständigkeit
     b) Verfahren
     c) Zwischenergebnis
  3. Materielle Rechtmäßigkeit
     a) Vorliegen einer Durchsuchung i.S.d. § 102 StPO
     b) Durchsuchung beim Verdächtigen
     c) Durchsuchungsobjekt
     d) Zweck der Durchsuchung
     e) Verhältnismäßigkeit
     f) Zwischenergebnis
  4. Ergebnis

II. Rechtmäßigkeit der Beschlagnahme
  1. Ermächtigungsgrundlage
  2. Formelle Rechtmäßigkeit
  3. Materielle Rechtmäßigkeit
     a) Vorliegen eines Tatverdachts
     b) Vorliegen einer Beschlagnahme
     c) Potenzielle Beweiserheblichkeit
     d) Kein Beschlagnahmeverbot
     e) Verhältnismäßigkeit
     f) Zwischenergebnis
     g) Ergebnis
  4. Gesamtergebnis

Lösungsvorschlag

311 Das Handeln war rechtmäßig, wenn es aufgrund einer Ermächtigungsgrundlage formell und materiell rechtmäßig erfolgte.

Hier wurden die Arbeitsräume von A zunächst durchsucht und infolgedessen Geschäftsunterlagen beschlagnahmt. Es handelt sich somit um zwei staatliche Handlungen, die getrennt voneinander auf ihre Rechtmäßigkeit hin zu untersuchen sind.

I. Rechtmäßigkeit der Durchsuchung

312 Die Durchsuchung der Arbeitsräume von A war rechtmäßig, wenn sie aufgrund einer Ermächtigungsgrundlage formell und materiell rechtmäßig erfolgte.

1. Ermächtigungsgrundlage

313 Aus dem Prinzip des Vorbehalts des Gesetzes (Art. 20 Abs. 3 GG) folgt, dass jeder wesentliche Eingriff in die Freiheit eines Bürgers einer parlamentsgesetzlichen Ermächtigungsgrundlage bedarf.[1]

Durch die Durchsuchung der Arbeitsräume des A in dessen Wohnhaus liegt erkennbar ein Eingriff in Art. 13 Abs. 1 GG vor. Es bedarf somit einer Ermächtigungsgrundlage.

Eine solche ergibt sich hier aus § 102 StPO, der die Durchsuchung bei Beschuldigten regelt.

2. Formelle Rechtmäßigkeit

a) Zuständigkeit

314 Maßnahmen im Ermittlungsverfahren werden grundsätzlich durch die Staatsanwaltschaft bzw. deren Ermittlungspersonen durchgeführt (vgl. §§ 160, 163, § 36 Abs. 2 S. 1 StPO).[2] Hier erfolgte die Durchsuchung durch Polizeibeamte als Ermittlungspersonen der Staatsanwaltschaft (§ 152 Abs. 1 GVG), die für die Durchführung der Durchsuchungshandlung zuständig sind.

b) Verfahren

315 Eine Durchsuchung nach § 102 StPO erfordert nach § 105 Abs. 1 S. 1 StPO eine Anordnung durch einen Richter (sogenannter Durchsuchungsbeschluss[3]; Richtervorbehalt). Ein solcher Beschluss wurde vorliegend durch die Staatsanwaltschaft beantragt und vom zuständigen Richter beim Amtsgericht ausgestellt. Insofern liegt diese Verfahrensvoraussetzung vor. An der Wirksamkeit des Durchsuchungsbeschlusses bestehen mangels weiterer Angaben im Sachverhalt keine Zweifel.

---

1 Näher hierzu *Maurer* § 8 Rn. 31.

2 Zu beachten sind dabei allerdings stets mögliche Anordnungskompetenzen, die zumeist einem Richter obliegen, die in der Prüfung auch bereits an dieser Stelle angesprochen werden können.

3 *Volk/Engländer* § 10 Rn. 56.

Weiterhin war der zuständige Staatsanwalt bei der Durchsuchung anwesend, was nach der StPO im Umkehrschluss zu § 105 Abs. 2 S. 1 StPO erforderlich ist. Ebenso war A anwesend, womit § 106 Abs. 1 S. 1 StPO entsprochen ist. Zuletzt fand die Durchsuchung am Morgen statt, weshalb ein Verstoß gegen § 104 StPO ebenfalls nicht in Betracht kommt.

Im Übrigen ist eine Verletzung von Verfahrensvorschriften nicht ersichtlich.

c) Zwischenergebnis

Die Durchsuchung war formell rechtmäßig. **316**

3. Materielle Rechtmäßigkeit

a) Vorliegen einer Durchsuchung i.S.d. § 102 StPO

Die Anwendung von § 102 StPO setzt voraus, dass eine Durchsuchung im Sinne dieser **317**
Norm vorliegt. Unter einer Durchsuchung i.S.v. § 102 StPO ist das Suchen nach Personen, Beweismitteln sowie Gegenständen, die als Einziehungs- oder Verfallsobjekte in Betracht kommen, zu verstehen.[4] Die Arbeitsräume des A werden von den Polizeibeamten inspiziert, um dort Geschäftsunterlagen aufzufinden, die als Beweismittel im Strafverfahren gegen A verwendet werden können. Mithin liegt eine Durchsuchung i.S.v. § 102 StPO vor.

b) Durchsuchung beim Verdächtigen

§ 102 StPO setzt voraus, dass die Durchsuchung bei demjenigen, der als Täter oder Teil- **318**
nehmer einer Straftat verdächtig ist, stattfindet. Notwendig ist also, dass gegen A ein Anfangsverdacht bezüglich der Begehung einer Straftat besteht. Ein solcher Anfangsverdacht liegt vor, wenn Anhaltspunkte gegeben sind, die die Begehung einer Straftat zumindest möglich erscheinen lassen (vgl. auch § 152 Abs. 2 StPO).[5] Vorliegend hat die Staatsanwaltschaft Hinweise erhalten, A könnte Täter eines Betruges oder einer Untreue sein. Diese Hinweise haben sich infolge der Ermittlungen verfestigt. Mithin liegt jedenfalls ein Anfangsverdacht vor. Auch, wenn man an den Grad dieses Anfangsverdachtes im Hinblick auf Art. 13 GG erhöhte Anforderungen stellen will, ergeben sich keine abweichenden Ergebnisse.

Es handelt sich folglich um eine Durchsuchung beim Verdächtigen.

c) Durchsuchungsobjekt

§ 102 StPO nennt als taugliches Durchsuchungsobjekt ausdrücklich die Wohnung und **319**
andere Räume des Verdächtigen. Die Durchsuchung der Arbeitsräume in der Wohnung des A ist somit von der Norm umfasst.

---

4 *Beulke/Swoboda* Rn. 399.

5 *Volk/Engländer* § 8 Rn. 5; *Roxin/Schünemann* § 39 Rn. 15.

d) Zweck der Durchsuchung

320 § 102 StPO verlangt weiterhin, dass der Durchsuchung ein bestimmter Zweck zugrunde liegt. Dieser Zweck muss entweder in der Ergreifung der verdächtigen Person liegen oder in der Vermutung, bei der Durchsuchung Beweismittel aufzufinden.[6] Diese Vermutung, Beweismittel aufzufinden, muss nicht notwendigerweise durch konkrete Tatsachen gestützt sein, eine allgemeine kriminalistische Erfahrung reicht aus.[7]

Hier geht die Staatsanwaltschaft davon aus, mittels der Durchsuchung wichtige Geschäftsunterlagen aufzufinden, die im Strafverfahren gegen A als Beweismittel dienen können. Somit liegt ein tauglicher Zweck der Durchsuchung vor.

e) Verhältnismäßigkeit

321 Jede eingriffsrelevante staatliche Maßnahme muss dem Verhältnismäßigkeitsgebot genügen.[8] Hinsichtlich der reinen Durchsuchung bestehen aufgrund fehlender Sachverhaltsangaben keine Bedenken gegen die Verhältnismäßigkeit der Maßnahme.

f) Zwischenergebnis

322 Die Durchsuchung war materiell rechtmäßig.

4. Ergebnis

323 Die Durchsuchung war insgesamt rechtmäßig.

II. Rechtmäßigkeit der Beschlagnahme

324 Die Beschlagnahme der Geschäftsunterlagen von A war rechtmäßig, wenn sie aufgrund einer Ermächtigungsgrundlage formell und materiell rechtmäßig erfolgte.

1. Ermächtigungsgrundlage

325 Als Ermächtigungsgrundlage für die Beschlagnahme kommt § 94 Abs. 2 StPO in Betracht.

2. Formelle Rechtmäßigkeit

326 Die formellen Voraussetzungen für eine Beschlagnahmung liegen vor, insbesondere besteht ein richterlicher Beschluss nach § 98 Abs. 1 S. 1 StPO.

---

6 Man spricht insoweit auch von einer Ergreifungsdurchsuchung bzw. einer Ermittlungsdurchsuchung, siehe *Beulke/Swoboda* Rn. 400.

7 *Roxin/Schünemann* § 35 Rn. 5.

8 *Maurer* § 8 Rn. 58.

3. Materielle Rechtmäßigkeit

a) Vorliegen eines Tatverdachts

Auch die Beschlagnahme setzt als Eingriffsmaßnahme das Vorliegen eines Tatverdachts gegen den Betroffenen voraus. Insoweit kann auf die Ausführungen zur Durchsuchung verwiesen werden. **327**

b) Vorliegen einer Beschlagnahme

Die Anwendung von § 94 Abs. 2 StPO setzt voraus, dass eine Beschlagnahme vorliegt. Abzugrenzen ist die Beschlagnahme stets von der Sicherstellung nach § 94 Abs. 1 StPO. Eine Beschlagnahme liegt vor, wenn der Gewahrsamsinhaber die aufgefundene Sache nicht freiwillig herausgeben möchte, sodass ein förmlicher Beschlagnahmeakt notwendig wird. Demgegenüber wird bei einer Sicherstellung der Gegenstand freiwillig herausgegeben.[9] **328**

Die relevanten Geschäftsunterlagen befinden sich im Gewahrsam des A, der offenkundig nicht bereit ist, diese freiwillig herauszugeben. Mithin liegt eine Beschlagnahme i.S.v. § 94 Abs. 2 StPO vor.

c) Potenzielle Beweiserheblichkeit

Gemäß § 94 Abs. 1, 2 StPO müssen die Gegenstände, die beschlagnahmt werden, für die Untersuchung zumindest möglicherweise von Bedeutung sein. Hier handelt es sich um Geschäftsunterlagen, die Aufklärung bezüglich der angeblichen dubiosen Machenschaften von A geben können. Insofern liegt eine potenzielle Beweiserheblichkeit vor. **329**

d) Kein Beschlagnahmeverbot

Ein Beschlagnahmeverbot gemäß § 97 StPO ist nicht ersichtlich. **330**

e) Verhältnismäßigkeit

aa) Es bedarf zunächst eines legitimen Zwecks für die Beschlagnahme. Ein solcher liegt hier darin, dass potenzielle Beweismittel gesichert werden sollen, die die staatliche Strafverfolgung und damit letztlich den staatlichen Strafanspruch absichern. **331**

bb) Die Beschlagnahme von Beweismitteln fördert die Strafverfolgung und ist somit geeignet, oben genannten Zweck zu erfüllen. **332**

cc) Fraglich ist jedoch, ob die Beschlagnahme der Geschäftsunterlagen erforderlich war. Erforderlich ist eine Maßnahme dann, wenn es kein anderes, milderes Mittel gibt, das gleich effektiv ist. Hier führt A an, er benötige die Unterlagen dringend, um die Geschäfte der A-GmbH weiterführen zu können; andernfalls drohe die Insolvenz. Insoweit ist daran zu denken, dass die Staatsanwaltschaft Ablichtungen der Unterlagen hätte erstellen können, sodass A die Möglichkeit verblieben wäre, mit den Unterlagen zu arbeiten. Dem kann jedoch entgegengehalten werden, dass das Ablichten von nicht unerheblichen Mengen an Unterlagen einige zeitliche und personelle Kapazität in Anspruch nimmt und daher kaum als ebenso effektives **333**

9 MüKoStPO/*Hauschild* § 94 StPO Rn. 43 ff.; *Volk/Engländer* § 10 Rn. 34

Mittel angesehen werden kann. Zudem wären die Geschäftsunterlagen auch in diesem Fall von den Beamten erst einmal mitzunehmen gewesen, um die Ablichtungen erstellen zu können. Von einem milderen, gleich effektiven Mittel ist also nicht auszugehen.

334 **dd)** Letztlich müsste die Beschlagnahme der Geschäftsunterlagen auch angemessen (verhältnismäßig im engeren Sinne) gewesen sein. Dabei ist stets eine Abwägung zwischen dem Interesse des Betroffenen und dem Interesse des Staates an effektiver Strafverfolgung vorzunehmen. Eine Maßnahme ist nur angemessen, wenn sie nicht außer Verhältnis zum berechtigten Interesse des Betroffenen steht.[10] Im Rahmen einer strafprozessualen Ermittlungsmaßnahme sind stets der Grad des Tatverdachtes und die Schwere des potenziellen Tatvorwurfs zu berücksichtigen.[11]

Gegen A besteht ein konkreter Tatverdacht, der sich durch Hinweise Anfang des Jahres 2023 ergeben und durch erste Ermittlungen erhärtet hat. Auf Ebene der Schwere des Tatverdachtes ist zu berücksichtigen, dass nach Maßgabe des Sachverhaltes auch ein besonders schwerer Fall des Betruges nach § 263 Abs. 3 StGB in Betracht kommt. Dabei handelt es sich zwar nicht um ein Verbrechen, dennoch liegt die Strafandrohung signifikant höher als bei § 263 Abs. 1 StGB. Dieser Umstand ist zugunsten des Staates zu beachten. Der Staat hat ein grundsätzliches Interesse an der Strafverfolgung, um Straftaten aufzuklären und die daran Beteiligten aufzuspüren und ihrer Strafe zuzuführen. Zu diesem Zweck kennt die StPO diverse Ermittlungsmaßnahmen, wie hier die Beschlagnahme. Äußerste Grenze ist immer Willkür. Die Beamten haben im konkreten Fall bei der Beschlagnahme genau differenziert, welche Unterlagen für die weiteren Ermittlungen wichtig sind und welche nicht, sodass ein Willkürvorwurf in dieser Hinsicht nicht zu machen ist. Folgte man dem Einwand des A, er brauche die Unterlagen, um den Geschäften weiter nachgehen zu können, so würde dies letztlich dazu führen, dass eine Beschlagnahme gar nicht mehr möglich wäre. Strafprozessuale Ermittlungsmaßnahmen bringen qua natura erhebliche Belastungen für den Betroffenen mit sich. Insofern ergibt sich aus dem Einwand, ein staatliches Handeln sei für den Betroffenen belastend, nicht unmittelbar eine Unverhältnismäßigkeit des staatlichen Handels. Auf Antrag muss A aber gestattet werden, selbst zeitnah Kopien der für ihn zum Fortführen der GmbH-Geschäfte nötigen Unterlagen anzufertigen.

f) Zwischenergebnis

335 Die Beschlagnahme war materiell rechtmäßig.

g) Ergebnis

336 Die Beschlagnahme war insgesamt rechtmäßig.

4. Gesamtergebnis

337 Sowohl die Durchsuchung der Arbeitsräume im Haus des A als auch die Beschlagnahme der Geschäftsunterlagen war rechtmäßig.

---

10 *Maurer* § 8 Rn. 61.

11 MüKo-StPO/*Hauschild* § 102 StPO Rn. 29; KK-StPO/*Heinrich/Weingast* § 102 StPO Rn. 12.

Ergänzungen und Vertiefung

Prüfungsaufbau: Rechtmäßigkeit einer Durchsuchung nach § 102 StPO 338

1. **Vorliegen einer Ermächtigungsgrundlage: § 102 StPO**
2. **Formelle Rechtmäßigkeit der Maßnahme**
   a) Zuständigkeit:
      - Staatsanwaltschaft bzw. deren Ermittlungspersonen (§ 152 Abs. 1 GVG)

   b) Verfahren:
      - Vorliegen eines Durchsuchungsbeschlusses (§ 105 Abs. 1 S. 1 Hs. 1 StPO) oder
      - Begründung der Eilfallkompetenz (§ 105 Abs. 1 S. 1 Hs. 2 StPO)
      - Einhaltung weiterer Verfahrensvoraussetzungen gemäß §§ 104 ff. StPO
3. **Materielle Rechtmäßigkeit der Maßnahme**
   a) Vorliegen einer Durchsuchung i.S.v. § 102 StPO
   b) Durchsuchung bei Verdächtigem
   c) Durchsuchungsobjekt
   d) Tauglicher Durchsuchungszweck
   e) Verhältnismäßigkeit

Prüfungsaufbau: Rechtmäßigkeit der Beschlagnahme nach § 94 Abs. 2 StPO

1. **Vorliegen einer Ermächtigungsgrundlage: § 94 StPO**
2. **Formelle Rechtmäßigkeit der Maßnahme**
   a) Zuständigkeit:
      - Staatsanwaltschaft bzw. deren Ermittlungspersonen (§ 152 Abs. 1 GVG)

   b) Verfahren:
      - Vorliegen eines Beschlagnahmebeschlusses (§ 98 Abs. 1 S. 1 Hs. 1 StPO) oder
      - Begründung der Eilfallkompetenz (§ 98 Abs. 1 S. 1 Hs. 2 StPO)
      - Einhaltung weiterer Verfahrensvoraussetzungen gemäß § 98 StPO
3. **Materielle Rechtmäßigkeit der Maßnahme**
   a) Vorliegen eines Tatverdachts
   b) Vorliegen einer Beschlagnahme
   c) Potenzielle Beweiserheblichkeit
   d) Kein Beschlagnahmeverbot
   e) Verhältnismäßigkeit

Zur Durchsuchung und Beschlagnahme:

Beulke/Swoboda Rn. 382 ff., 399 ff.; *Beulke/Zimmermann* Klausurenkurs III Rn. 1048 ff.; *Mitsch/Ellbogen* Fall 3 und 4; *Murmann* Rn. 124 ff.; *Bock*, JA 2013, 667 ff.; *Klesczewski/Knaupe*, JA 2017, 434 ff.; *Knauer*, JuS 2009, 227 ff.; *Wickel*, JA 2019, 747 ff.; *Duttge/Scheiter*, JURA 2023, 493 ff.

Fall 12

Durchsuchung und Beschlagnahme II (Konstellation Jones Day)

339 Sowohl gegen die Volkswagen AG als auch gegen die Audi AG, die zu nahezu 100% der Volkswagen AG gehört (Tochterkonzern), laufen infolge des sogenannten Dieselabgasskandals im Jahr 2017 straf- und ordnungswidrigkeitenrechtliche Ermittlungen, die schon einige erhärtende Anhaltspunkte hervorgebracht haben.

Vor diesem Hintergrund erteilt die Volkswagen AG der international tätigen Kanzlei Jones Day ein Mandat, die innerbetrieblichen Strukturen im Kontext des sogenannten Dieselabgasskandals zu erforschen, dabei auch Mitarbeiterbefragungen vorzunehmen und den Konzern rechtlich zu beraten sowie vor US-Behörden zu vertreten. Jones Day nimmt dabei Aufgaben wahr, die von US-amerikanischen Ermittlungsbehörden „abgetreten" wurden. Bezahlt wird die Kanzlei Jones Day, die von ihren deutschen Niederlassungen aus agiert, von der Volkswagen AG.

In der Niederlassung von Jones Day in München wird im Rahmen der anwaltlichen Ermittlungen und Beratungen ein eigener Raum eingerichtet, in dem in großem Umfang Akten und Hefter mit Unterlagen in Bezug auf die Audi AG gelagert werden. Das ist der Staatsanwaltschaft bekannt.

Am 6.3.2017 ergeht auf Antrag der zuständigen Staatsanwaltschaft München II eine ordnungsgemäße Durchsuchungsanordnung durch das zuständige Amtsgericht. In dieser Durchsuchungsanordnung wird den staatlichen Behörden gestattet, die Kanzleiräume der Münchener Niederlassung von Jones Day zu durchsuchen sowie aufgefundene Unterlagen zu beschlagnahmen. Die Unterlagen sind in der Anordnung auch hinreichend bestimmt aufgeführt.

Zu diesem Zeitpunkt laufen zwar strafrechtliche Ermittlungen wegen des Verdachts eines besonders schweren Falles eines Betruges (§ 263 Abs. 1, 3 StGB), diese haben sich aber noch nicht auf bestimmte Funktionäre der Audi AG konkretisiert. Ebenfalls wurden seitens der Staatsanwaltschaft noch keine Verfahren gemäß §§ 30, 130 OWiG gegen die Audi AG bzw. deren Vorstände eingeleitet, weil der zugrundeliegende Sachverhalt noch nicht hinreichend erforscht war.

Die Audi AG wendet sich gegen die Durchsuchungsanordnung. Vorgebracht wird, es bestehe ein Beschlagnahmeverbot, das bereits auf die Durchsuchung durchschlage. Dieses Beschlagnahmeverbot resultiere aus der Vertraulichkeit der Mandatsbeziehung zwischen dem Rechtsanwalt und dem Mandanten und sei auch entsprechend in der StPO angelegt. Eine Beschuldigtenstellung des Mandanten sei hierfür nicht erforderlich.

Dass die Audi AG selbst die Kanzlei Jones Day nicht mandatiert habe, sei unerheblich, da es sich bei der Audi AG um eine Tochter der Volkswagen AG handele, die wiederum das Mandat erteilt habe. Im Übrigen sei die Durchsuchungsanordnung unverhältnismäßig, weil im Rahmen einer Beziehung Rechtsanwalt – Mandant besonders hohe Anforderungen an eine Durchsuchung zu stellen seien. Diesen Anforderungen werde die Durchsuchungsanordnung nicht gerecht.

Dem wird entgegengehalten, mögliche Schutzmechanismen der StPO in Bezug auf eine Rechtsanwalt-Mandant-Beziehung seien nicht einschlägig, weil weder gegen bestimmte Funktionäre ermittelt werde, noch Verfahren nach §§ 30, 130 OWiG eingeleitet worden seien. Es fehle somit an einer notwendigen Beschuldigtenstellung der Audi AG. Hinzu komme, dass die Audi AG selbst die Kanzlei Jones Day gar nicht mandatiert habe.

Aufgabe: War die Anordnung der Durchsuchung durch das Amtsgericht rechtmäßig?[1]

(Bearbeitungszeit: 45 min)

1 Angelehnt an BVerfG vom 27.6.2018 – 2 BvR 1405/17, 2 BvR 1780/17 = NJW 2018, 2385 (Gründe nur teilweise abgedruckt) dazu auch *Mansdörfer* jM 2019, 123; Sachverhalt und Lösung wurden aus didaktischen Gründen stark vereinfacht.

Vorüberlegungen

340 Die Aufgabenstellung befasst sich mit der Problematik des Falls Jones Day. Die Rechtsanwaltskanzlei Jones Day hatte im Rahmen interner Ermittlungen bei der Volkswagen AG zum sogenannten Dieselskandal Informationen gesammelt, die für die Staatsanwaltschaft von großem Interesse waren und damit die Durchsuchung auslösten. Die Fallfrage ist in Anbetracht des erheblichen Begründungsaufwands vor dem Hintergrund verfassungsrechtlicher Fragen auf die reine Rechtmäßigkeitsprüfung der Ermittlungsmaßnahme beschränkt. Die zentralen Normen sind dort § 160a und § 97 StPO. Innerhalb der Prüfung des Beschlagnahmeverbots sind sodann umfangreichere rechtliche Ausführungen erforderlich, die auch auf die Besonderheiten der verfassungsrechtlichen Problematik eingehen.

Gliederung

341 I. Ermächtigungsgrundlage
II. Formelle Rechtmäßigkeit
  1. Zuständigkeit
  2. Verfahren
  3. Zwischenergebnis
III. Materielle Rechtmäßigkeit
  1. Vorliegen einer Durchsuchung i.S.d. § 103 StPO
  2. Durchsuchung bei anderen Personen
  3. Durchsuchungsobjekt
  4. Zweck der Durchsuchung
  5. Kein durchgreifendes Beschlagnahmeverbot
    a) Vorrang von § 160a Abs. 1 S. 1 StPO
    b) Persönlicher Anwendungsbereich von § 97 Abs. 1 Nr. 3 StPO
      aa) Auslegung nach dem Wortlaut
      bb) Auslegung nach der Systematik
      cc) Auslegung nach dem Gesetzeszweck
    c) Zwischenergebnis
  6. Verhältnismäßigkeit
    a) Legitimer Zweck
    b) Geeignetheit
    c) Erforderlichkeit
    d) Angemessenheit
  7. Zwischenergebnis
IV. Ergebnis

Lösungsvorschlag

Die Anordnung der Durchsuchung war rechtmäßig, wenn sie aufgrund einer Ermächtigungsgrundlage formell und materiell rechtmäßig erfolgte.[2] **342**

I. Ermächtigungsgrundlage

Aus dem Prinzip des Vorbehalts des Gesetzes (Art. 20 Abs. 3 GG) ergibt sich, dass jeder wesentliche Eingriff in die Freiheit eines Freiheitsträgers einer parlamentsgesetzlichen Ermächtigungsgrundlage bedarf.[3] **343**

Ganz gleich, ob man vorliegend auf die Audi AG oder die Kanzlei Jones Day abstellen und wie man deren Grundrechtsfähigkeit einstufen möchte, liegt eine solche Ermächtigungsgrundlage hier jedenfalls in § 103 StPO[4] vor.

II. Formelle Rechtmäßigkeit

1. Zuständigkeit

Laut Sachverhalt wurde die Durchsuchungsanordnung vom zuständigen Amtsgericht erlassen. **344**

2. Verfahren

Eine Durchsuchung nach § 103 StPO erfordert nach § 105 Abs. 1 S. 1 StPO eine Anordnung durch einen Richter (Durchsuchungsbeschluss[5], Richtervorbehalt). Ein solcher Beschluss wurde vorliegend durch die Staatsanwaltschaft beantragt und vom zuständigen Richter beim Amtsgericht auch ausgestellt. Insofern liegt diese Verfahrensvoraussetzung vor. An der Wirksamkeit des Durchsuchungsbeschlusses bestehen mangels weiterer Angaben im Sachverhalt keine Zweifel. **345**

Im Übrigen ist eine Verletzung von Verfahrensvorschriften nicht ersichtlich.

3. Zwischenergebnis

Die Anordnung der Durchsuchung war formell rechtmäßig. **346**

---

2 Die Frage nach der Rechtmäßigkeit der Durchsuchungsanordnung ist ebenso denkbar wie die Frage nach der Rechtmäßigkeit der Durchsuchung. Zu den Voraussetzungen der Rechtmäßigkeit einer Durchsuchung siehe Fall 10.

3 Näher hierzu *Maurer* § 8 Rn. 31.

4 Beachte den Unterschied zum vorangegangenen Fall. Dort war die Ermächtigungsgrundlage für die Durchsuchung § 102 StPO.

5 *Volk/Engländer* § 10 Rn. 56.

III. Materielle Rechtmäßigkeit

1. Vorliegen einer Durchsuchung i.S.d. § 103 StPO

347 Die Anwendung von § 103 StPO setzt voraus, dass eine Durchsuchung im Sinne dieser Norm vorliegt. Unter einer Durchsuchung i.S.v. § 103 StPO ist das Suchen nach Personen, Beweismitteln sowie Gegenständen, die als Einziehungs- oder Verfallsobjekte in Betracht kommen, zu verstehen.[6]

In den Kanzleiräumen von Jones Day wurde nach Beweismitteln im Rahmen der Ermittlungen gegen die Audi AG gesucht. Mithin liegt eine Durchsuchung i.S.v. § 103 StPO vor.

2. Durchsuchung bei anderen Personen

348 In Abgrenzung zu § 102 StPO, der die Durchsuchung beim Verdächtigen regelt, ist § 103 StPO taugliche Ermächtigungsgrundlage für die Fälle, in denen die Durchsuchung gerade nicht beim Verdächtigen, sondern bei einer anderen Person stattfindet. Aus dem systematischen Regelungszusammenhang mit § 102 StPO ergibt sich, dass damit Personen gemeint sind, die nicht als Täter oder Teilnehmer einer Straftat in Betracht kommen.

Die Kanzlei Jones Day (hier: die Münchener Niederlassung) berät den Volkswagen-Konzern und nimmt Untersuchungen vor, ihren Beschäftigten kommt aber im Rahmen der Ermittlungen der Staatsanwaltschaft nicht die Stellung eines Verdächtigen zu. Insoweit handelt es sich hier um eine andere Person i.S.d. § 103 StPO.

3. Durchsuchungsobjekt

349 §§ 102, 103 StPO erlauben auch die Durchsuchung von Geschäftsräumen („anderer Räume", § 102 StPO).

4. Zweck der Durchsuchung

350 § 103 Abs. 1 S. 1 StPO verlangt weiterhin, dass der Durchsuchung ein bestimmter Zweck zugrunde liegt. Demnach muss entweder die Ergreifung des Beschuldigten oder die Verfolgung von Spuren einer Straftat oder die Beschlagnahme bestimmter Gegenstände in Aussicht stehen.

Vorliegend ist der Staatsanwaltschaft bekannt, dass die Kanzlei Jones Day mit der Aufklärung der internen Prozesse bei der Audi AG beauftragt ist und zu diesem Zwecke zahlreiche Unterlagen in den Kanzleiräumen gelagert hat. Es steht somit in Aussicht, infolge einer Durchsuchung wichtige Beweismittel aufzufinden. Das gilt insbesondere deshalb, weil Jones Day Mitarbeiterbefragungen durchgeführt, die Ergebnisse dieser Befragungen schriftlich festgehalten und in ihren Kanzleiräumen aufbewahrt hat, was der Staatsanwaltschaft auch bekannt ist. Es geht primär um die Beschlagnahme bestimmter Gegenstände.

Die Durchsuchungsanordnung folgt also einem tauglichen Zweck i.S.d. § 103 StPO.

---

6 *Beulke/Swoboda* Rn. 399.

5. Kein durchgreifendes Beschlagnahmeverbot

Fraglich ist, ob die Durchsuchungsanordnung aufgrund eines bestehenden Beschlagnahmeverbotes aus § 97 StPO nicht ergehen durfte. Die dort normierten Beschlagnahmeverbote schlagen auf die zugrunde liegende Durchsuchung durch.[7] **351**

In Betracht kommt ein Beschlagnahmeverbot gemäß § 97 Abs. 1 Nr. 3 StPO.

a) Vorrang von § 160a Abs. 1 S. 1 StPO

Es stellt sich die Frage, ob § 97 Abs. 1 Nr. 3 StPO hier überhaupt anwendbar ist. Es ließe sich insoweit ein Vorrang von § 160a Abs. 1 S. 1 StPO annehmen. Demnach wären Ermittlungsmaßnahmen gegen einen Rechtsanwalt grundsätzlich unzulässig. Allerdings normiert § 160a Abs. 5 StPO ausdrücklich, dass § 97 StPO unberührt bleibt. Der Gesetzgeber wollte mit der Regelung des § 160a Abs. 1 S. 1 StPO eine Regelung für alle anderen Ermittlungsmaßnahmen treffen. Die Zulässigkeit von Beschlagnahmen (durchschlagend auf Durchsuchungen) bei Berufsgeheimnisträgern ist daher nach dem gesetzgeberischen Willen allein an § 97 StPO zu messen, selbst dann, wenn dieser ein niedrigeres Schutzniveau aufweist.[8] **352**

Mithin geht § 97 StPO als Spezialregelung § 160a Abs. 1 S. 1 StPO vor.

b) Persönlicher Anwendungsbereich von § 97 Abs. 1 Nr. 3 StPO

Gegen eine Anwendung von § 97 Abs. 1 Nr. 3 StPO könnte sprechen, dass die strafrechtlichen Ermittlungen sich noch nicht auf konkrete Funktionäre der Audi AG beziehen und auch noch keine Verfahren nach §§ 30, 130 OWiG gegen die Audi AG bzw. deren Vorstände eingeleitet wurden. Es fehlt somit an einer Beschuldigtenstellung im Hinblick auf einen möglichen besonders schweren Fall des Betruges bzw. einer gleichgestellten Verfahrensbeteiligung im Hinblick auf das OWiG. **353**

Diese Argumentation ließe eine Anwendung von § 97 Abs. 1 Nr. 3 StPO gleichwohl nur dann ausscheiden, wenn die Norm eine Beschuldigtenstellung überhaupt voraussetzen würde. Diese Sachfrage kann man unterschiedlich beurteilen. Entscheidend ist, wie die Norm zu interpretieren ist.

aa) Auslegung nach dem Wortlaut

Der Wortlaut der Norm verlangt keine Beschuldigtenstellung. Relevant ist demnach nur die Stellung als Zeugnisverweigerungsberechtigter, konkret hier des Rechtsanwaltes. Diese würde sich aus § 53 Abs. 1 S. 1 Nr. 3 StPO ergeben. **354**

bb) Auslegung nach der Systematik

Die Systematik von § 97 Abs. 1 StPO legt hingegen nahe, dass auch § 97 Abs. 1 Nr. 3 StPO eine Beschuldigtenstellung desjenigen, der etwa mit einem Rechtsanwalt korrespondiert, voraussetzt. § 97 Abs. 1 Nr. 1, 2 StPO verlangen ihrem ausdrücklichen Wortlaut nach eine Beschuldigtenstellung und fügen sich in die grundlegende Struktur der **355**

---

7 *Beulke/Swoboda* Rn. 405.
8 So BVerfG v. 27.6.2018 – 2 BvR 1405/17, 2 BvR 1780/17.

StPO ein, die im Kontext von Ermittlungsmaßnahmen die Beschuldigteneigenschaft des Betroffenen häufig zur Voraussetzung macht. Aus systematischer Sicht ließe sich somit durchaus vertreten, die Beschuldigteneigenschaft zur Voraussetzung von § 97 Abs. 1 Nr. 3 StPO zu machen, sodass die Norm hier nicht anwendbar wäre.[9] Gleichwohl könnte man dem entgegenhalten, dass die Nichtnormierung in Nr. 3 im Gegensatz zur Normierung in Nr. 1 und 2 gerade dafür spricht, dass in Nr. 3 eine Beschuldigtenstellung bzw. gleichgestellte Verfahrensbeteiligung nicht notwendig ist. Aus systematischen Gesichtspunkten ergibt sich somit keine klare Lösung der Sachfrage.

cc) Auslegung nach dem Gesetzeszweck

356 Fraglich ist, wie § 97 Abs. 1 Nr. 3 StPO seinem Sinn und Zweck nach zu interpretieren ist.

Einerseits könnte man annehmen, es könne nicht sein, dass einem Betroffenen erst dann der Schutz der Norm zugutekommen kann, wenn er formell Beschuldigter in einem Strafverfahren ist. Es kann auch Situationen geben, in denen jemand einen Anwalt konsultiert, weil es möglich erscheint, dass künftig ein Ermittlungsverfahren eröffnet wird und man sich insofern frühzeitig absichern will.[10] Eine Unterscheidung dieser beiden Situationen ist nicht recht ersichtlich. Aus der inhaltlichen Zusammenwirkung von § 160a Abs. 1 S. 1 StPO und § 97 Abs. 1 StPO wird deutlich, dass die StPO das Verhältnis des Anwalts und seines Mandanten besonders schützen möchte. Eine Beschuldigtenstellung kann hiernach nicht Voraussetzung sein.[11] Dafür spricht auch, dass die Vertrauensbeziehung zwischen dem Rechtsanwalt und seinem Mandanten verfassungsrechtlich abgesichert ist (etwa Art. 2 Abs. 1 i.V.m. Art. 1 Abs. 1 GG). Dieser grundrechtliche Schutz droht, unterlaufen zu werden.[12] Hinzu kommt, dass ein mit der Sachverhaltsaufklärung beauftragter Rechtsanwalt faktisch zum Ermittlungshelfer der Staatsanwaltschaft würde, dürften in der Kanzlei befindliche Unterlagen so lange beschlagnahmt werden, bis gegen den Mandanten ein einschlägiges Verfahren eröffnet wird.[13]

Andererseits lässt sich argumentieren, dass aus einer teleologischen Betrachtung von § 97 Abs. 1 StPO im Allgemeinen und § 97 Abs. 1 Nr. 3 StPO im Besonderen folgt, dass eine Beschuldigtenstellung bzw. eine gleichgestellte Verfahrensbeteiligung erforderlich ist. Würde der Beschlagnahmeschutz auf sämtliche Mandatsverhältnisse unabhängig der konkreten Verfahrensstellung des Mandanten erstreckt, bestünde ein erhebliches Missbrauchspotential, da der Rechtsanwalt dann als „Safehouse" für Spuren noch nicht entdeckter Straftaten genutzt werden könne.[14] Zudem würde eine Ausdehnung des Beschlagnahmeverbots zu einer erheblichen Schwächung der Effektivität der Strafverfolgung führen.[15]

§ 97 Abs. 1 Nr. 3 StPO setzt daher eine Beschuldigteneigenschaft voraus und ist aus diesem Grund vorliegend nicht anwendbar.

---

9 Vgl. BVerfG v. 27.6.2018 – 2 BvR 1405/17, 2 BvR 1780/17.
10 Vgl. BVerfG v. 27.6.2018 – 2 BvR 1405/17, 2 BvR 1780/17.
11 Vgl. BVerfG v. 27.6.2018 – 2 BvR 1405/17, 2 BvR 1780/17.
12 Vgl. BVerfG v. 27.6.2018 – 2 BvR 1405/17, 2 BvR 1780/17.
13 Vgl. BVerfG v. 27.6.2018 – 2 BvR 1405/17, 2 BvR 1780/17.
14 Vgl. BVerfG v. 27.6.2018 – 2 BvR 1405/17, 2 BvR 1780/17.
15 Vgl. BVerfG v. 27.6.2018 – 2 BvR 1405/17, 2 BvR 1780/17.

Anmerkung: Ob überdies eine Anwendung von § 97 Abs. 1 Nr. 3 StPO ausscheidet, weil zwischen der Audi AG und Jones Day gar kein Mandantenverhältnis besteht, sondern nur zwischen der Volkswagen AG und Jones Day, kann dahinstehen. Entscheidend ist, ob man die Audi AG als selbstständige juristische Person auch unabhängig betrachtet oder ob man die Konzerngesamtheit mit der Volkswagen AG in den Vordergrund stellt. Zudem kann dahinstehen, ob das besonders ausgestaltete Auftragsverhältnis von Jones Day überhaupt noch als Rechtsanwalt-Mandanten-Beziehung verstanden werden kann. Zweifeln hieran könnte man, weil Jones Day auch ausgelagerte Ermittlungen der US-Behörden übernahm und dafür von der Volkswagen AG bezahlt wurde (so auch BVerfG vom 27.6.2018 – 2 BvR 1405/17, 2 BvR 1780/17 Rn. 32, 110).

c) Zwischenergebnis

Ein Beschlagnahmeverbot, das auf die Durchsuchungsanordnung durchgreift, liegt nicht **357**
vor.

6. Verhältnismäßigkeit

Wie jede eingriffsrelevante staatliche Maßnahme muss die Durchsuchungsanordnung **358**
dem Verhältnismäßigkeitsgebot genügen.[16]

a) Legitimer Zweck

Die Durchsuchungsanordnung ergeht, um die Strafverfolgung zu erleichtern und unter- **359**
liegt damit einem legitimen Zweck.

b) Geeignetheit

Es ist mit großer Gewissheit davon auszugehen, dass die Durchsuchung zur Beschlag- **360**
nahme beweisrelevanter Unterlagen führt, sodass die Strafverfolgung erleichtert wird. Mithin ist die Maßnahme auch geeignet, die Strafverfolgung voranzubringen.

c) Erforderlichkeit

Fraglich ist, ob es ein anderes, milderes Mittel als die Durchsuchungsanordnung gibt, **361**
das ebenso effektiv ist.

Zu denken ist etwa daran, dass sich die Staatsanwaltschaft die Informationen, die die Unterlagen von Jones Day enthalten, auf eigenem Wege beschafft. In den Unterlagen finden sich etwa die aufgezeichneten Mitarbeiterbefragungen. Die jeweiligen Mitarbeiter könnten auch von der Staatsanwaltschaft als Zeugen befragt werden. Allerdings ist zum einen nicht sicher, dass sich die Aussagen gegenüber Jones Day und gegenüber der Staatsanwaltschaft decken würden, zum anderen brächte diese Vorgehensweise einen erheblichen Mehraufwand für die Staatsanwaltschaft mit sich und kann somit jedenfalls nicht als gleich effektiv angesehen werden.

16 Vgl. zum allgemeinen Erfordernis der Verhältnismäßigkeit *Maurer* § 8 Rn. 57.

d) Angemessenheit

362 Die Durchsuchungsanordnung müsste schließlich angemessen (verhältnismäßig im engeren Sinne) sein. Dem Interesse der Audi AG sowie der Kanzlei Jones Day hinsichtlich des Schutzes der Vertrauensbeziehung steht das staatliche Interesse an einer effektiven Strafverfolgung gegenüber. Hierbei ist einerseits zu beachten, dass – wie erörtert – noch keine einschlägige Beschuldigtenstellung bzw. gleichgestellte Verfahrensbeteiligung auf Seiten der Audi AG vorliegt, sodass die Beauftragung eines Rechtsanwaltes die staatliche Strafverfolgung nicht aushebeln darf und andererseits, dass es vorliegend um eine potenzielle Straftat von erheblichem Umfang und Gewicht geht. Insoweit liegen bereits sehr verdichtete Anhaltspunkte auf Seiten der Staatsanwaltschaft vor. Es geht also nicht um Bagatelldelikte, sondern um Delikte, an deren Aufklärung ein erhebliches öffentliches Interesse besteht. Insofern ist die Durchsuchungsanordnung angemessen.

7. Zwischenergebnis

363 Die Durchsuchungsanordnung war materiell rechtmäßig.

IV. Ergebnis

364 Die Durchsuchungsanordnung war insgesamt rechtmäßig.

Ergänzungen und Vertiefung

365 *Krumdiek*, JA 2010, 191 ff. (Durchsuchung beim Verteidiger).

Fall 13

Unmittelbarkeitsgrundsatz; Verwertung von Äußerungen in Parallelverfahren

A, Oberstadtdirektor der Stadt Köln, wollte sich um das Amt des Oberbürgermeisters bewerben. Im Zuge dessen beschaffte er von dem Abfallentsorgungsunternehmer T Spenden, die für die Finanzierung des Wahlkampfes genutzt werden sollten. T verfolgte mit seiner Spendenzahlung mutmaßlich das Ziel, dass A als Oberstadtdirektor bzw. möglicher späterer Oberbürgermeister derart auf den Stadtrat einwirken würde, dass die Abfallentsorgung der Stadt teilprivatisiert werde. Davon wollte T mit seinem Unternehmen profitieren. Diese Motivation war auch A bekannt. Gegen A wurden Ermittlungen wegen Bestechlichkeit (§ 332 StGB), gegen T wegen Vorteilsgewährung (§ 333 StGB) eingeleitet. Im Rahmen des Ermittlungsverfahrens gegen A hatte V, Verteidiger des T, eine schriftliche Stellungnahme zu dem Tatgeschehen für T abgegeben. Kurz darauf stellte die Staatsanwaltschaft das Verfahren gegen T vorläufig ein. Im Anschluss gab auch T selbst gegenüber der Staatsanwaltschaft eine schriftliche „Zeugenerklärung“ ab, in der er sich die Aussagen aus dem Schreiben des V zu eigen machte und diese als Zeuge bestätigte. **366**

Gegen A wurde dagegen ein Prozess wegen Bestechlichkeit vor dem Landgericht Köln eingeleitet. In diesem Rahmen lud der Vorsitzende der Strafkammer sowohl T als auch V als Zeugen. V sollte darüber aussagen, welche Angaben T ihm gegenüber zu dem Sachverhalt gemacht hatte. V teilte daraufhin mit, T habe ihn nicht von seiner Verschwiegenheitspflicht entbunden. Er sei daher nicht befugt, als Zeuge zu diesem Beweisthema auszusagen. Außerdem teilte er mit, dass auch sein Mandant T im vorliegenden Fall von einem Auskunftsverweigerungsrecht gemäß § 55 StPO umfassend Gebrauch mache. Das Gericht verzichtete in der Folge darauf, T und V zu laden.

In einem späteren Hauptverhandlungstermin regte die Strafkammer an, die „Zeugenerklärung“ des T zu verlesen. Ein Verteidiger des A widersprach diesem Vorgehen. Nichtsdestotrotz ordnete die Strafkammer durch Beschluss die Verlesung des Schriftstücks mit der Begründung an, T könne auf Grund der Geltendmachung seines Auskunftsverweigerungsrechts als Zeuge in absehbarer Zeit nicht vernommen werden. Der Beschluss wurde ausgeführt und die Urkunde verlesen. Später verurteilte das Landgericht Köln den A wegen Bestechlichkeit gemäß § 332 StGB, wobei aus dem Urteil ersichtlich hervorgeht, dass die Strafkammer sich bei der Urteilsfindung maßgeblich auf die verlesene Urkunde stützte.

Aufgabe: Hat eine ordnungsgemäß eingelegte und begründete Revision des A Aussicht auf Erfolg? A stützt sich dabei auf eine Verletzung der §§ 250, 251 StPO.[1]

(Bearbeitungszeit: 45 min)

1 Angelehnt an BGH, NJW 2007, 2195.

Vorüberlegungen

367 Die Aufgabenstellung setzt sich schwerpunktmäßig mit den Vorgaben an die Unmittelbarkeit der Beweisaufnahme auseinander. Prozessual eingekleidet ist die Fragestellung in eine einfach gestaltete Revisionsprüfung. Hierzu muss der Bearbeiter die normativen Voraussetzungen einer Revision kennen und lediglich auf die Angaben des Falls anwenden. Die Voraussetzungen der Zulässigkeit bieten keine Probleme. Innerhalb der Begründetheit muss der Bearbeiter die Unterscheidung von Verfahrens- und Sachrüge kennen und, soweit zutreffend, die Voraussetzungen der Verfahrensrüge untersuchen. Sodann muss der Bearbeiter nach Ausschluss absoluter Revisionsgründe den in der Aufgabenstellung angeführten Verstoß gegen den Unmittelbarkeitsgrundsatz als relativen Revisionsgrund untersuchen. Innerhalb dieser Prüfung ist dessen gesetzliche Normierung innerhalb der §§ 250 f. StPO zu erörtern. Hierfür muss der Bearbeiter mit den üblichen Auslegungsmethoden die Ausnahmeregelung des § 251 StPO diskutieren. Den Kern bildet die Frage nach der Verwertung von Aussagen aus einem Parallelverfahren. Im Falle einer Ablehnung, ist das Beruhen des Urteils auf der Rechtsverletzung knapp festzustellen.

Gliederung

368 A. Zulässigkeit
- I. Statthaftigkeit
- II. Anfechtungsberechtigung
- III. Beschwer
- IV. Form und Frist der Revisionseinlegung
- V. Ordnungsgemäße Revisionsbegründung
- VI. Zwischenergebnis

B. Begründetheit
- I. Keine Verfahrenshindernisse
- II. Verfahrensrüge
  - 1. Absolute Revisionsgründe
  - 2. Relative Revisionsgründe
    - a) Verletzung von Verfahrensvorschriften
      - aa) Verstoß gegen § 250 StPO (Unmittelbarkeitsprinzip)
      - bb) Keine Einschlägigkeit der Ausnahme nach § 251 StPO
      - cc) Zwischenergebnis
    - b) Zwischenergebnis
    - c) Beruhen des Urteils auf der Rechtsverletzung
  - 3. Zwischenergebnis
- III. Ergebnis

Lösungsvorschlag

Die Revision des A hat Aussicht auf Erfolg, soweit sie zulässig und begründet ist.

A. Zulässigkeit

Zunächst müssten die Zulässigkeitsvoraussetzungen vorliegen. **369**

I. Statthaftigkeit

Zunächst müsste die Revision statthaft sein. Nach §§ 333, 335 StPO ist die Revision **370**
gegen alle erstinstanzlichen Urteile des Amtsgerichts (Sprungrevision), des Landgerichts und des Oberlandesgerichts sowie gegen alle Berufungsurteile des Landgerichts zulässig.[2] Vorliegend greift A ein Urteil der Strafkammer an, sodass diese Voraussetzung erfüllt ist.

II. Anfechtungsberechtigung

A müsste auch berechtigt gewesen sein, das Rechtsmittel einzulegen. Nach § 296 Abs. 1 **371**
StPO sind Staatsanwaltschaft und Beschuldigter Rechtsmittelberechtigte. Für den Beschuldigten können nach § 297 StPO auch dessen Verteidiger oder nach § 298 StPO der gesetzliche Vertreter Rechtsmittel einlegen. Die Anfechtungsberechtigung eines Privatklägers ergibt sich aus § 390 Abs. 1 StPO, die eines Nebenklägers aus § 400 Abs. 1, § 401 Abs. 1 StPO. Beschuldigter i.S.v. § 296 Abs. 1 StPO ist die Person, gegen die sich das Verfahren insgesamt oder einzelne Verfahrenshandlungen tatsächlich richten. Das gilt insbesondere für den Angeklagten, sodass A hiervon erfasst ist.

III. Beschwer

Derjenige, der ein Rechtsmittel einlegt, muss geltend machen können, dass er beschwert **372**
ist.[3] Der Beschuldigte ist immer dann beschwert, wenn eine Entscheidung zu seinem Nachteil ergangen ist.[4] Das ist insbesondere dann der Fall, wenn er verurteilt wurde.[5] Gegen A erging vorliegend ein Urteil wegen Bestechlichkeit (§ 332 StGB), sodass er durch die Entscheidung des Gerichts beschwert ist.

IV. Form und Frist der Revisionseinlegung

Darüber hinaus müsste die Revision form- und fristgerecht eingelegt worden sein. § 341 **373**
StPO regelt die Anforderungen an Form und Frist der Revisionseinlegung. Nach § 341 Abs. 1 StPO muss die Revision bei dem Gericht, dessen Urteil angefochten wird („iudex a quo")[6], binnen einer Woche nach Verkündung des Urteils zu Protokoll der Geschäftsstelle oder schriftlich eingelegt werden. Laut Sachverhaltsangaben hat A die Revision ordnungsgemäß eingelegt, sodass von der Wahrung dieser Anforderungen auszugehen ist.

---

2 *Beulke/Swoboda* Rn. 847; *Kindhäuser/Schumann* § 31 Rn. 2.
3 *Beulke/Swoboda* Rn. 821.
4 *Beulke/Swoboda* Rn. 821.
5 *Beulke/Swoboda* Rn. 821.
6 *Roxin/Schünemann* § 55 Rn. 44; *Beulke/Swoboda* Rn. 849.

V. Ordnungsgemäße Revisionsbegründung

374 Nach § 344 StPO hat der Beschwerdeführer die Revision zu begründen. § 345 StPO regelt die Anforderungen an Form und Frist der Begründung. Vorliegend hat A seine Revision ordnungsgemäß begründet, sodass diese Voraussetzungen gewahrt sind.

VI. Zwischenergebnis

375 Die von A eingelegte Revision ist zulässig.

B. Begründetheit

376 Fraglich ist, ob die Revision auch begründet ist. Das ist der Fall, wenn von vornherein Verfahrenshindernisse vorlagen, oder wenn das Urteil auf einer gerügten Rechtsverletzung beruht.

I. Keine Verfahrenshindernisse

377 Die Revision ist bereits dann in jedem Fall begründet, wenn für den ursprünglichen Prozess Verfahrenshindernisse vorlagen.[7] Das hat das Gericht von Amts wegen zu überprüfen.[8] Dass vorliegend Verfahrenshindernisse vorlagen, ist jedoch nicht ersichtlich.

II. Verfahrensrüge

378 Nach § 337 Abs. 1 StPO kann eine Revision nur darauf gestützt werden, dass das Urteil auf einer Verletzung des Gesetzes beruhe. Das bedeutet in erster Linie, dass sich die Revision nur mit Rechtsfragen, nicht aber mit Tatsachenfragen auseinandersetzt.[9]

Nach § 337 Abs. 2 StPO ist das Gesetz verletzt, wenn eine Rechtsnorm nicht oder nicht richtig angewendet wurde. Gemäß § 7 EGStPO ist Gesetz i.S.d. § 337 StPO jede Rechtsnorm.[10] Die Gesetzesverletzungen können dabei einerseits Verfahrensrecht und andererseits materielles (= sachliches) Recht betreffen.[11] § 344 Abs. 2 StPO unterscheidet insoweit zwischen Verfahrens- und Sachrügen.[12]

Eine inhaltliche Anfechtung des Urteils, insbesondere die fehlerhafte Anwendung materiellen Strafrechts ist vorliegend nicht ersichtlich, sodass nur eine Verletzung des Verfahrensrechts in Betracht kommt, auf der das Urteil möglicherweise beruht. Das Verfahrensrecht umfasst indes alle Normen, die bestimmen, auf welchem Weg das Gericht zur Urteilsfindung zu gelangen hat.[13]

---

7 *Kindhäuser/Schumann* § 31 Rn. 15.
8 *Kindhäuser/Schumann* § 31 Rn. 15.
9 *Beulke/Swoboda* Rn. 851; Graf/*Wiedner* § 337 StPO Rn. 1.
10 Meyer-Goßner/Schmitt/*Schmitt* § 337 StPO Rn. 2.
11 *Beulke/Swoboda* Rn. 851.
12 *Beulke/Swoboda* Rn. 851.
13 BGHSt 19, 273 (275) mwN.

1. Absolute Revisionsgründe

Richtet sich eine Verletzung gegen die in § 338 StPO aufgezählten Verfahrensvorgaben, wird das Beruhen des Urteils auf diesem Verfahrensmangel i.S.v. § 337 StPO gesetzlich unwiderlegbar vermutet (absolute Revisionsgründe).[14] Einer gesonderten Feststellung des Beruhens bedarf es dann nicht mehr.[15] **379**

Ein absoluter Revisionsgrund ist hier nicht ersichtlich.

2. Relative Revisionsgründe

Außerhalb von § 338 StPO kommen relative Revisionsgründe in Betracht. Hierfür kommt jede Verletzung von Verfahrensvorschriften während des Verfahrens infrage. Das Beruhen des hervorgegangenen Urteils auf dem Verfahrensmangel muss im Gegensatz zu den Fällen des § 338 StPO positiv festgestellt werden.[16] **380**

a) Verletzung von Verfahrensvorschriften

A rügt vorliegend eine Verletzung der §§ 250, 251 StPO. **381**

aa) Verstoß gegen § 250 StPO (Unmittelbarkeitsprinzip)

§ 250 StPO regelt den Grundsatz, dass ein Zeuge persönlich zu vernehmen ist (Unmittelbarkeitsprinzip).[17] Das Gericht hat T entgegen § 250 StPO nicht persönlich als Zeugen vernommen, weshalb sich die Frage stellt, ob davon ausnahmsweise abgewichen werden durfte. Wenn das nicht der Fall war, liegt eine Verletzung des Unmittelbarkeitsprinzips nach § 250 StPO und damit eine Rechtsverletzung vor. **382**

bb) Keine Ausnahme nach § 251 StPO

Nach § 251 StPO können von § 250 StPO in bestimmten Fällen Ausnahmen gemacht werden, sodass dann statt der persönlichen Vernehmung frühere Angaben der Zeugen verlesen werden können.[18] **383**

Das Gericht stützte sein Vorgehen darauf, dass T wegen seines ausgeübten Auskunftsverweigerungsrechts in absehbarer Zeit nicht als Zeuge aussagen könne. Insofern könnte § 251 Abs. 1 Nr. 3 Alt. 2 StPO einschlägig sein. Fraglich ist, ob die Voraussetzungen dieser Ausnahmevorschrift im vorliegenden Fall gegeben waren.

Nach § 251 Abs. 1 Nr. 3 StPO kann eine frühere Erklärung eines Zeugen verlesen werden, wenn der Zeuge verstorben ist oder aus einem anderen Grund in absehbarer Zeit nicht vernommen werden kann. T ist nicht verstorben, sodass allenfalls die zweite Alternative in Betracht kommt.

---

14 BGHSt 27, 96 (98); KK-StPO/*Gericke* § 338 Rn. 1; *Beulke/Swoboda* Rn. 854.
15 BGHSt 27, 96 (98); KK-StPO/*Gericke* § 338 Rn. 1; *Beulke/Swoboda* Rn. 854.
16 *Krey/Heinrich* Rn. 1770.
17 *Joecks/Jäger* § 250 StPO Rn. 1; Meyer-Goßner/Schmitt/*Schmitt* § 250 StPO Rn. 1.
18 BGH, NJW 2007, 2195 (2196).

Für T gilt hier ein Auskunftsverweigerungsrecht nach § 55 StPO, da er sich wegen seiner persönlichen Verstrickung in das Geschehen möglicherweise selbst belasten müsste.[19]

Fraglich ist also, ob das ausgeübte Auskunftsverweigerungsrecht einen „anderen Grund" i.S.d. § 251 Abs. 1 Nr. 3 Alt. 2 StPO darstellt, aus dem der Zeuge in absehbarer Zeit nicht vernommen werden kann. Nur dann wäre die Verlesung der früheren Erklärungen zulässig gewesen.

§ 251 Abs. 1 Nr. 3 Alt. 2 StPO erfasst vor allem – wie sich aus der Systematik (Alt. 1 „verstorben") ergibt – gesundheitliche Hindernisse oder vergleichbare Fälle, die sich aus nicht vom Zeugen beherrschbaren Umständen ergeben.[20] Das war vorliegend nicht der Fall, da sich A aus freien Stücken dazu entschied, nicht als Zeuge auszusagen.

Auch der Wortlaut der Norm spricht gegen eine Anwendbarkeit auf den vorliegenden Fall. § 251 Abs. 1 Nr. 3 Alt. 2 StPO bezeichnet Fälle, in denen ein Zeuge „nicht vernommen werden kann". Das ist bei einer Auskunftsverweigerung gemäß § 55 StPO gerade nicht der Fall.[21] § 55 StPO berechtigt grundsätzlich lediglich zur Verweigerung der Auskunft auf einzelne Fragen.[22] Selbst wenn die gesamte in Betracht zu ziehende Aussage des Zeugen so eng mit einem möglichen eigenen strafbaren Verhalten zusammenhängt und deswegen ein umfassendes Verweigerungsrecht besteht, ist eine Vernehmung an sich möglich.[23] Denn der Zeuge muss trotzdem Angaben zur Person machen und gegebenenfalls gemäß § 56 StPO das Bestehen des Verweigerungsrechts glaubhaft machen.[24] Verweist ein Zeuge schon im Vorfeld darauf, von seinem Verweigerungsrecht Gebrauch zu machen, und kann er das Bestehen des Rechts glaubhaft machen, ist es aus praktischen Gründen nur sinnvoll und nachvollziehbar, ihn gar nicht zur Hauptverhandlung zu laden.[25] Es handelt sich hierbei um eine verfahrensvereinfachende Maßnahme, die aber nicht zur Folge hat, dass der Zeuge „nicht vernommen werden *kann*".[26]

Insgesamt lässt sich mit dieser Argumentation festhalten, dass § 251 Abs. 1 Nr. 3 Alt. 2 StPO nach seiner Konzeption auf tatsächliche, nicht aber auf rechtliche Hindernisse zugeschnitten ist.[27] Das Berufen auf ein Auskunftsverweigerungsrecht nach § 55 StPO stellt aber ein rechtliches Vernehmungshindernis dar.[28]

Die vorliegende Konstellation ist damit nicht von der Ausnahmeregelung des § 251 Abs. 1 Nr. 3 Alt. 2 StPO gedeckt. Es bleibt bei dem Grundsatz des § 250 StPO, der die persönliche Vernehmung des Zeugen vorsieht.

---

19 BGH, NJW 2007, 2195 (2196); grundlegend zu § 55 StPO: KK-StPO/*Bader* § 55 StPO Rn. 1 ff.
20 BGH, NJW 2007, 2195 (2196); Meyer-Goßner/Schmitt/*Schmitt* § 251 StPO Rn. 9.
21 BGH, NJW 2007, 2195 (2197).
22 BGH, NJW 2007, 2195 (2197); MüKoStPO/*Maier* § 55 StPO Rn. 51; Graf/*Huber* § 55 StPO Rn. 2.
23 BGH, NJW 2007, 2195 (2197).
24 BGH, NJW 2007, 2195 (2197).
25 BGH, NJW 2007, 2195 (2197).
26 BGH, NJW 2007, 2195 (2197).
27 Graf/*Ganter* § 251 StPO Rn. 20; Meyer-Goßner/Schmitt/*Schmitt* § 251 StPO Rn. 11.
28 Graf/*Ganter* § 251 StPO Rn. 22; Meyer-Goßner/Schmitt/*Schmitt* § 251 StPO Rn. 11.

cc) Zwischenergebnis

Die Voraussetzungen der Ausnahme aus § 251 Abs. 1 Nr. 3 Alt. 2 StPO sind nicht verwirklicht. Weitere Ausnahmen vom Grundsatz der Unmittelbarkeit kommen nicht in Betracht. 384

b) Zwischenergebnis

Die unzutreffende Anwendung des § 251 Abs. 1 Nr. 3 Alt. 2 StPO verletzt mithin den in § 250 StPO niedergelegten Grundsatz der Unmittelbarkeit. Eine Verletzung von Verfahrensvorschriften liegt mithin vor. 385

c) Beruhen des Urteils auf der Rechtsverletzung

Nach § 337 Abs. 1 StPO muss das Urteil auf dieser Rechtsverletzung beruhen. Beruhen bedeutet, dass Gesetzesverletzung und Urteil in einem ursächlichen Zusammenhang stehen müssen.[29] Es genügt dafür bereits, dass diesbezüglich die Möglichkeit besteht.[30] 386

Da das Gericht sich bei seinem Urteil ausdrücklich auf das Schriftstück stützte, das wegen §§ 250, 251 StPO nicht hätte verlesen werden dürfen, bereitet die Feststellung des Beruhens vorliegend keine Schwierigkeiten. Eine Ursächlichkeit besteht und das Urteil beruht erkennbar auf der Rechtsverletzung.

3. Zwischenergebnis

Somit lag eine Rechtsverletzung vor, auf der das Urteil zudem i.S.d. § 337 Abs. 1 StPO beruht. Ein relativer Revisionsgrund liegt somit vor. 387

III. Ergebnis

Die Revision des A ist auch begründet. 388

Die Revision ist zulässig und begründet und hat damit Aussicht auf Erfolg.

---

29 *Beulke/Swoboda* Rn. 853.
30 Graf/*Wiedner* § 337 StPO Rn. 184.

Ergänzungen und Vertiefung

389 **Prüfungsaufbau: Revision**[31]

I. Zulässigkeit

1. *Statthaftigkeit (§§ 333, 335 StPO)*
2. *Anfechtungsberechtigung*
   - Angeklagter (§ 296 Abs. 1 StPO)
   - Verteidiger (§ 297 StPO)
   - Staatsanwaltschaft (§ 296 Abs. 1 StPO)
   - Privatkläger (§ 390 Abs. 1 StPO)
   - Nebenkläger (§ 401 Abs. 1 StPO)
3. *Beschwer*
4. *Form und Frist der Revisionseinlegung (§ 341 StPO)*
5. *Ordnungsgemäße Revisionsbegründung*
   a) Form und Frist der Revisionsbegründung (§ 345 StPO)
   b) Inhaltlich ordnungsgemäße Revisionsbegründung (§ 344 StPO)

II. Begründetheit

1. *Keine Verfahrenshindernisse*
2. *Verfahrensrüge*
   a) Absolute Revisionsgründe (§ 338 StPO)
   und/oder
   b) Relative Revisionsgründe (§ 337 StPO)
      - Feststellung der Verletzung von Verfahrensvorschriften
      - Feststellung des Beruhens des angefochtenen Urteils auf der Rechtsverletzung
   und/oder
3. *Sachrüge*
   Bspw.:
   - Fehlerhafte Beweiswürdigung
   - Fehlerhafte Anwendung des materiellen Strafrechts, insbesondere Subsumtionsmängel und Verstoß gegen den Grundsatz *in dubio pro reo*
   - Strafzumessungsmängel

Zur Prüfung der Revision:

Beulke/Swoboda Rn. 847 ff., 909 ff.; *Mitsch/Ellbogen* Fälle 7, 8, 9, 10, 11; *Murmann* Rn. 174 ff., 310 ff.; *Meglalu/Berrer*, JuS 2017, 658; *Putzke*, JURA 2009, 631 (insb. Sachrüge); *Fuhrmann*, JA 2022, 321 ff.; *Semmelmayer/Semmelmayer*, JA 2022, 585 ff.

Zum Unmittelbarkeitsgrundsatz: *siehe Anmerkungen Fall 16; Kloke,* NStZ 2019, 374.

31 Orientiert am Aufbauvorschlag von *Beulke/Swoboda* Rn. 910 f.

Fall 14

Protokollrüge

A wurde von der zuständigen Strafkammer am Landgericht wegen eines Raubdeliktes zu einer Freiheitsstrafe verurteilt. Gegen dieses Urteil geht A mit Hilfe seines Verteidigers mit dem Rechtsmittel der Revision vor. **390**

Vorgetragen wird dabei, die Zeugin P, die eine wesentliche Belastungszeugin sei und das Strafverfahren veranlasst habe, scheine in der Hauptverhandlung nicht vereidigt worden zu sein. Entgegen den gesetzlichen Vorschriften der StPO seien in der Niederschrift keine Gründe für die Nichtvereidigung angegeben;[1] das Landgericht scheine nach dem „Inhalt des Protokolls der Hauptverhandlung gar keinen Entschluss über die Vereidigung dieser Zeugin gefasst zu haben, da sonst ein Beschluss über die Nichtvereidigung dieser Zeugin hätte gefasst und protokolliert werden müssen."

Aufgabe: Hat die derart eingelegte Revision Aussicht auf Erfolg?[2]

(Bearbeitungszeit: 45 min)

---

1 Zu beachten ist, dass dem Originalfall aus BGHSt 7, 162 (162 ff.) § 59 StPO a.F. zugrunde lag, wonach – anders als heute – die Vereidigung als Regelfall angesehen wurde und eine Nichtvereidigung deshalb begründet werden musste.

2 Nach BGHSt 7, 162 ff.

Vorüberlegungen

391 Die Aufgabenstellung befasst sich mit der Protokollrüge. Die Frage ist von erheblicher praktischer Bedeutung. Die nähere Untersuchung der Aufgabenstellung zeigt, dass die Revisionsprüfung erneut unkompliziert ist. Eine kursorische Prüfung der Zulässigkeitsvoraussetzungen ist mithin ausreichend. Innerhalb der Begründetheit ist eine Verfahrensrüge zu untersuchen, wobei der Verstoß gegen die Protokollpflicht innerhalb der relativen Revisionsgründe zu erörtern ist. Bei der Frage des Beruhens des Urteils auf der Rechtsverletzung ist schließlich festzustellen, dass die reine Protokollrüge keine Revision begründen kann.

Gliederung

392 A. Zulässigkeit
- I. Statthaftigkeit
- II. Anfechtungsberechtigung
- III. Beschwer
- IV. Form und Frist der Revisionseinlegung
- V. Ordnungsgemäße Revisionsbegründung
- VI. Zwischenergebnis

B. Begründetheit
- I. Keine Verfahrenshindernisse
- II. Verfahrensrüge
  - 1. Absolute Revisionsgründe
  - 2. Relative Revisionsgründe
    - a) Verletzung von Verfahrensvorschriften
    - b) Beruhen des Urteils auf der Rechtsverletzung
    - c) Zwischenergebnis
  - 3. Zwischenergebnis
- III. Ergebnis

Lösungsvorschlag

Die Revision des A hat Aussicht auf Erfolg, soweit sie zulässig und begründet ist.[3]

A. Zulässigkeit

Zunächst müssen die Zulässigkeitsvoraussetzungen vorliegen. **393**

I. Statthaftigkeit

Nach § 333 StPO ist die Revision statthaft gegen Urteile der Strafkammern und Schwurgerichte sowie gegen die im ersten Rechtszug ergangenen Urteile der Oberlandesgerichte.[4] Vorliegend greift A ein Urteil der Strafkammer beim Landgericht an, sodass diese Voraussetzung erfüllt ist. Die Revision ist statthaft. **394**

II. Anfechtungsberechtigung

A müsste auch berechtigt gewesen sein, das Rechtsmittel einzulegen. Nach § 296 Abs. 1 Alt. 2 StPO ist das beim Beschuldigten der Fall. Beschuldigter i.S.d. § 296 Abs. 1 Alt. 2 StPO ist die Person, gegen die sich das Verfahren insgesamt oder einzelne Verfahrenshandlungen tatsächlich richten.[5] Das gilt insbesondere für den Angeklagten, sodass A hiervon erfasst ist. **395**

III. Beschwer

Derjenige, der ein Rechtsmittel einlegt, muss geltend machen können, dass er beschwert ist.[6] Der Beschuldigte ist immer dann beschwert, wenn eine Entscheidung zu seinem Nachteil ergangen ist.[7] Das ist insbesondere dann der Fall, wenn er verurteilt wurde.[8] Gegen A erging vorliegend ein Urteil wegen eines Raubdeliktes, sodass er durch die Entscheidung des Gerichts beschwert ist. **396**

IV. Form und Frist der Revisionseinlegung

§ 341 StPO regelt die Anforderungen an Form und Frist der Revisionseinlegung. Nach § 341 Abs. 1 StPO muss die Revision bei dem Gericht, dessen Urteil angefochten wird („iudex a quo“)[9], binnen einer Woche nach Verkündung des Urteils zu Protokoll der Geschäftsstelle oder schriftlich eingelegt werden. Dem Sachverhalt lassen sich insoweit keine formellen Mängel der Revisionseinlegung entnehmen, weshalb davon auszugehen ist, dass Form und Frist gewahrt wurden. **397**

3 Aufbau grob orientiert an *Beulke/Swoboda* Rn. 910 f.
4 KK-StPO/*Gericke* § 333 StPO Rn. 1.
5 MüKoStPO/*Allgayer* § 296 StPO Rn. 26.
6 *Beulke/Swoboda* Rn. 821.
7 *Beulke/Swoboda* Rn. 821.
8 *Beulke/Swoboda* Rn. 821.
9 *Roxin/Schünemann* § 55 Rn. 44; *Beulke/Swoboda* Rn. 849.

V. Ordnungsgemäße Revisionsbegründung

398 Nach § 344 StPO hat der Beschwerdeführer die Revision zu begründen. § 345 StPO regelt die Anforderungen an Form und Frist der Begründung. Auch hinsichtlich dieser formalen Voraussetzung ergeben sich aus dem Sachverhalt keine Bedenken.

VI. Zwischenergebnis

399 Die von A eingelegte Revision ist zulässig.

B. Begründetheit

400 Die Revision muss ferner auch begründet sein. Das ist der Fall, wenn von vornherein Verfahrenshindernisse vorlagen oder wenn das Urteil auf einer gerügten Rechtsverletzung beruht.

I. Keine Verfahrenshindernisse

401 Die Revision ist bereits dann in jedem Fall begründet, wenn für den ursprünglichen Prozess Verfahrenshindernisse vorlagen.[10] Das hat das Gericht von Amts wegen zu überprüfen.[11] Dass hier Verfahrenshindernisse vorlagen, ist jedoch nicht ersichtlich.

II. Verfahrensrüge

402 Nach § 337 Abs. 1 StPO kann eine Revision nur darauf gestützt werden, dass das Urteil auf einer Verletzung des Gesetzes beruhe. Das bedeutet in erster Linie, dass sich die Revision nur mit Rechtsfragen, nicht aber mit Tatsachenfragen auseinandersetzt.[12]

Nach § 337 Abs. 2 StPO ist das Gesetz verletzt, wenn eine Rechtsnorm nicht oder nicht richtig angewendet wurde. Gemäß § 7 EGStPO ist Gesetz i.S.d. § 337 StPO jede Rechtsnorm. Die Gesetzesverletzungen können dabei einerseits Verfahrensrecht und andererseits materielles Recht betreffen.[13]

§ 344 Abs. 2 StPO unterscheidet insoweit zwischen Verfahrens- und Sachrügen.[14]

Eine inhaltliche Anfechtung des Urteils, insbesondere die fehlerhafte Anwendung materiellen Strafrechts ist vorliegend nicht ersichtlich, sodass nur eine Verletzung des Verfahrensrechts in Betracht kommt, auf der das Urteil möglicherweise beruht. Das Verfahrensrecht umfasst alle Normen, die bestimmen, auf welchem Weg das Gericht zur Urteilsfindung zu gelangen hat.[15]

---

10 *Kindhäuser/Schumann* § 31 Rn. 13 ff.
11 *Kindhäuser/Schumann* § 31 Rn. 15.
12 *Beulke/Swoboda* Rn. 851; Graf/*Wiedner* § 337 StPO Rn. 1.
13 *Beulke/Swoboda* Rn. 851.
14 *Beulke/Swoboda* Rn. 851.
15 BGHSt 19, 273 (275) mwN.

1. Absolute Revisionsgründe

Richtet sich eine Verletzung gegen die in § 338 StPO aufgezählten Verfahrensvorgaben, wird das Beruhen des Urteils auf diesem Verfahrensmangel i.S.v. § 337 StPO gesetzlich unwiderlegbar vermutet (absolute Revisionsgründe).[16] Einer gesonderten Feststellung des Beruhens bedarf es dann nicht mehr.[17] **403**

Die Annahme eines absoluten Revisionsgrundes ist im vorliegenden Fall nicht ersichtlich.

2. Relative Revisionsgründe

Außerhalb von § 338 StPO kommen relative Revisionsgründe in Betracht. Hierfür kommt jede Verletzung von Verfahrensvorschriften während des Verfahrens infrage. Das Beruhen des hervorgegangenen Urteils auf dem Verfahrensmangel muss im Gegensatz zu den Fällen des § 338 StPO positiv festgestellt werden.[18] **404**

a) Verletzung von Verfahrensvorschriften

A rügt in seiner Revision, dass das Protokoll keine Vereidigung der Zeugin P, die eine wesentliche Rolle spiele und das Strafverfahren überhaupt erst veranlasst habe, ausweise und auch keine Begründung für dieses Fehlen vorliege. Insoweit käme möglicherweise eine Verletzung von §§ 59 ff. StPO in Betracht. Inwieweit eine solche Rechtsverletzung unter Berücksichtigung von § 59 Abs. 1 StPO überhaupt angenommen werden kann und welche Folgen sich daraus ergeben könnten, kann dahinstehen, wenn eine potenzielle Verletzung im vorliegenden Fall sicher nicht zu einer begründeten Revisionsrüge führen kann. **405**

b) Beruhen des Urteils auf der Rechtsverletzung

Nach § 337 Abs. 1 StPO muss das Urteil gerade auf der gerügten Rechtsverletzung beruhen. Beruhen bedeutet, dass Gesetzesverletzung und Urteil in einem ursächlichen Zusammenhang stehen müssen.[19] Es genügt dafür, dass diesbezüglich die Möglichkeit besteht.[20] **406**

Im vorliegenden Fall stützt A seine Rüge darauf, dass das Protokoll keine Vereidigung der Zeugin P ausweist. Zu einer Verfahrensrüge gehört aber die bestimmte Behauptung, der geltend gemachte Fehler sei geschehen.[21] Es reicht nicht, bloß einen Hinweis auf einen Anschein oder auf eine bloße Möglichkeit zu geben.[22]

A bringt nur vor, im Protokoll über die Hauptverhandlung sei nicht beurkundet, ob das Gericht von der Vereidigung der Zeugin P abgesehen habe und aus welchen Gründen dies geschehen sei. Das Urteil beruht aber nur auf den Vorgängen in der Hauptverhandlung, nicht auf der Niederschrift.[23] Nicht das Schweigen des Protokolls über einen

---

16 BGHSt 27, 96 (98); KK-StPO/*Gericke* § 338 StPO Rn. 1; *Beulke/Swoboda* Rn. 854.
17 BGHSt 27, 96 (98); KK-StPO/*Gericke* § 338 StPO Rn. 1; *Beulke/Swoboda* Rn. 854.
18 *Krey/Heinrich* Rn. 1770.
19 *Beulke/Swoboda* Rn. 853.
20 Graf/*Wiedner* § 337 StPO Rn. 184.
21 BGHSt 7, 162 (163).
22 BGHSt 7, 162 (163).
23 BGHSt 7, 162 (163); Meyer-Goßner/Schmitt/*Schmitt* § 344 StPO Rn. 26.

wesentlichen Vorgang der Hauptverhandlung ist der Verfahrensfehler, auf den die Revision gestützt werden kann, sondern dessen Unterbleiben.[24] Spricht die Revisionsbegründung nur von der Niederschrift und lässt sie stillschweigend die Möglichkeit offen, dass der Vorgang nur versehentlich nicht beurkundet worden ist, so behauptet sie nicht mit der erforderlichen Bestimmtheit sein Unterbleiben in der Hauptverhandlung und damit den Verstoß, auf den es ankommt.[25]

Da A sich unmissverständlich nur dagegen richtet, dass im Protokoll der Hauptverhandlung zu einer Vereidigung der Zeugin P nichts aufzufinden ist, handelt es sich um eine sogenannte Protokollrüge, die das Rechtsmittel der Revision nicht begründen kann.[26]

Mithin beruht das Urteil jedenfalls nicht auf dem geltend gemachten Fehler, sodass auch ein relativer Revisionsgrund nicht in Betracht kommt.

c) Zwischenergebnis

407 Es liegt weder ein absoluter noch ein relativer Revisionsgrund vor. Mithin sind die Voraussetzungen einer erfolgreichen Revision in der Sache nicht gegeben.

III. Ergebnis

408 Die Revision ist unbegründet.

Die Revision des A ist zwar zulässig, aber unbegründet und hat daher keine Aussicht auf Erfolg.

Ergänzungen und Vertiefung

409 **Zur Protokollrüge:**

Beulke/Swoboda Rn. 853; *Roxin/Achenbach/Jäger/Heinrich*, Prüfe dein Wissen: Strafprozessrecht, S. 275 f.

Zur Prüfung der Revision:

Roxin/Achenbach/Jäger/Heinrich, Prüfe dein Wissen: Strafprozessrecht, S. 314 – 326; *Engländer*, Examens – Repetitorium Strafprozessrecht, Rn. 299 – 308 ; *Heinrich/Reinbacher*, Examinatorium Strafprozessrecht, S. 251 ff., S. 257 ff.; *Rössner/Safferling*, 30 Probleme aus dem Strafprozessrecht, S. 164 – 171.

24 BGHSt 7, 162 (163).
25 So BGHSt 7, 162 (163 f.).
26 Meyer-Goßner/Schmitt/*Schmitt* § 344 StPO Rn. 26.

Fall 15

Revision bei Zuständigkeit- und Besetzungsmängeln

A wurde wegen Körperverletzung mit Todesfolge nach § 227 Abs. 1 StGB angeklagt. **410**
Als Termin zur Hauptverhandlung wurde der 15.8.2023 bestimmt. Zu diesem erschien A nicht, weil er sich seit dem Vortag in stationärer Krankenhausbehandlung befand. Das Landgericht holte bei den behandelnden Ärzten telefonisch Informationen zum Gesundheitszustand des A und der Dauer der Behandlung ein und gab diese den Verhandlungsbeteiligten bekannt. Danach bestimmte es durch Kammerbeschluss vom selben Tag als Termin zur Hauptverhandlung „nunmehr" den 4.9.2023 und Fortsetzungstermine bis zum 29.9.2023. An diesen Tagen wurde die Hauptverhandlung auch durchgeführt und A am 29.9.2023 zu fünf Jahren Haft verurteilt. An der Hauptverhandlung nahmen nicht die Schöffen aus dem Termin vom 15.8.2023 teil, sondern andere Schöffen aus der Hilfsschöffenliste. A wendet sich am 4.10.2023 mittels Revision gegen das Urteil mit der Begründung, die Schöffen aus dem Termin vom 15.8.2023 hätten auch weiterhin an der Hauptverhandlung teilnehmen müssen. Mit den neu eingetretenen Schöffen sei die Strafkammer vorschriftswidrig besetzt gewesen. Unabhängig von der Bezeichnung oder den Absichten der Kammer sei die Hauptverhandlung am 15.8.2023 nämlich nur unterbrochen, nicht aber ausgesetzt worden, weil der neue Termin innerhalb der Frist des § 229 Abs. 1 StPO stattgefunden habe. Die Revision wurde von A schriftlich eingelegt und die Begründung von seinem Rechtsanwalt schriftlich verfasst.

Aufgabe: Hat die Revision des A Aussicht auf Erfolg?[1]

(Bearbeitungszeit: 45 min)

1 BGHSt 52, 24 (30).

Vorüberlegungen

411 Die vorliegende Aufgabenstellung hat als Revisionsprüfung die Untersuchung des absoluten Revisionsgrunds der fehlerhaften Gerichtsbesetzung zum Gegenstand. Nach der Neuregelung der Vorschriften §§ 222a, 222b StPO wurde auch der Revisionsgrund des § 338 Nr. 1 StPO für die Verfahren im ersten Rechtszug vor dem Landgericht und dem Oberlandesgericht erheblich umstrukturiert. Eine Revision kann auf eine fehlerhafte Besetzung nur nach zuvor erfolglos erhobener Besetzungsrüge im instanzgerichtlichen Verfahren gestützt werden. Die Letztentscheidung in diesem Verfahren hat das für die Revision zuständige Rechtsmittelgericht. In Bezug auf die näheren Besonderheiten wird an späterer Stelle ein gesonderter Hinweis gegeben. Zunächst ist die Zulässigkeit der Revision zu untersuchen. Diese bereitet keine Schwierigkeiten. Innerhalb der Begründetheit ist der absolute Revisionsgrund wegen fehlerhafter Besetzung des Gerichts zu erörtern. Den Schwerpunkt bildet hier die Unterscheidung von Aussetzung und Unterbrechung der Hauptverhandlung. Im Anschluss ist ein in Betracht kommender Verstoß gegen das Willkürverbot anzusprechen. Da ein solcher Verstoß jedoch nicht auszumachen ist, scheitert der absolute Revisionsgrund des § 338 Nr. 1 StPO bereits an seiner Kernvoraussetzung. Auf eine Auseinandersetzung mit einer vorherigen Besetzungsrüge kommt es mithin nicht mehr an.

Gliederung

412 A. Zulässigkeit
- I. Statthaftigkeit
- II. Anfechtungsberechtigung
- III. Beschwer
- IV. Form und Frist der Revisionseinlegung
- V. Ordnungsgemäße Revisionsbegründung
- VI. Zwischenergebnis

B. Begründetheit
- I. Keine Verfahrenshindernisse
- II. Verfahrensrüge
  - 1. Absoluter Revisionsgrund nach § 338 Nr. 1 Hs. 1 StPO i.V.m. Art. 101 Abs. 1 S. 2 GG
    - a) Vorschriftswidrige Besetzung wegen Unterbrechung
      - aa) Durchführung der Hauptverhandlung
      - bb) Unterbrechung der Hauptverhandlung
    - b) Zwischenergebnis
    - c) Vorschriftswidrige Besetzung aufgrund willkürlicher Entziehung des gesetzlichen Richters
  - 2. Zwischenergebnis
- III. Gesamtergebnis

Lösungsvorschlag

Die Revision des A hat Aussicht auf Erfolg, wenn sie zulässig und begründet ist.

A. Zulässigkeit

Sie ist zulässig, wenn die Sachentscheidungsvoraussetzungen erfüllt sind. **413**

I. Statthaftigkeit

Zunächst müsste die Revision statthaft sein. Nach §§ 333, 335 StPO ist die Revision gegen alle erstinstanzlichen Urteile des Amtsgerichts (Sprungrevision), des Landgerichts und des Oberlandesgerichts sowie gegen alle Berufungsurteile des Landgerichts zulässig.[2] Vorliegend richtet sich die Revision gegen ein erstinstanzliches Urteil des Landgerichts (Schwurgericht § 74 Abs. 2 S. 1 Nr. 7 GVG), womit die Revision statthaft ist. **414**

II. Anfechtungsberechtigung

Weiterhin müsste A anfechtungsberechtigt sein. Nach § 296 Abs. 1 StPO sind Staatsanwaltschaft und Beschuldigter Rechtsmittelberechtigte. Beschuldigter i.S.d. § 296 Abs. 1 Alt. 2 StPO ist die Person, gegen die sich das Verfahren insgesamt oder einzelne Verfahrenshandlungen tatsächlich richten.[3] Das gilt insbesondere für den Angeklagten, sodass A hiervon erfasst ist. **415**

III. Beschwer

Daneben müsste A durch das Urteil beschwert sein. Eine Beschwer liegt vor, wenn der Betroffene durch die angefochtene Entscheidung in seinen Rechten verletzt ist.[4] Der Beschuldigte ist jedenfalls dann beschwert, wenn die Entscheidung zu seinem Nachteil ergangen ist.[5] A wurde zu fünf Jahren Freiheitsstrafe verurteilt, eine für ihn nachteilige Entscheidung liegt vor. Damit ist er beschwert. **416**

IV. Form und Frist der Revisionseinlegung

Darüber hinaus müsste die Revision form- und fristgerecht eingelegt worden sein. Nach § 341 Abs. 1 StPO muss sie bei dem Gericht, dessen Urteil angefochten wird, binnen einer Woche nach Verkündung des Urteils zu Protokoll der Geschäftsstelle oder schriftlich eingelegt werden. Sofern die Verkündung in Abwesenheit des Angeklagten stattgefunden hat, beginnt die Frist nach § 341 Abs. 2 StPO erst mit der Zustellung des Urteils, sofern sich der Angeklagte nicht durch einen mit einer schriftlichen Vollmacht versehenen Verteidiger vertreten ließ. Laut Sachverhalt hatte A am 4.10.2023 Revision gegen das Urteil vom 29.9.2023 eingelegt, die Wochenfrist wurde damit gewahrt. Auch wurde sie schriftlich eingelegt, sodass die Form ebenfalls eingehalten wurde. **417**

---

2 *Beulke/Swoboda* Rn. 847; *Kindhäuser/Schumann* § 31 Rn. 2.
3 MüKoStPO/*Allgayer* § 296 StPO Rn. 26.
4 *Kindhäuser/Schumann* § 28 Rn. 19.
5 *Beulke/Swoboda* Rn. 821.

V. Ordnungsgemäße Revisionsbegründung

418 Schließlich muss die Revision ordnungsgemäß begründet worden sein, § 344 Abs. 1, § 345 StPO.

419 **1.** Zunächst muss die Begründung nach § 345 Abs. 2 StPO schriftlich durch einen Verteidiger oder zu Protokoll der Geschäftsstelle eingereicht werden. Laut Sachverhalt war die Begründung der Revision vom Verteidiger des A schriftlich verfasst worden. Die Formanforderung wurde mithin beachtet.
Weiterhin beträgt die einzuhaltende Frist einen Monat nach Ablauf der Frist zur Rechtsmitteleinreichung, § 345 Abs. 1 S. 1 StPO. Wenn zu diesem Zeitpunkt das Urteil noch nicht zugestellt war, beginnt die Begründungsfrist erst mit Zustellung, § 345 Abs. 1 S. 3 StPO. Zuständig ist das Gericht, dessen Urteil angefochten wird, § 345 Abs. 1 S. 1 StPO. Vorliegend hatte sich A bereits am 4.10.2023 mit zugehöriger Begründung gegen das Urteil vom 29.9.2023 gewandt, sogar noch vor Ablauf der Frist zur Rechtsmitteleinreichung. Die Monatsfrist wurde unproblematisch gewahrt.

420 **2.** Schließlich muss aus der Begründung hervorgehen, ob die Verletzung von Verfahrensvorschriften oder von Normen des materiellen Rechts gerügt wird, § 344 Abs. 2 S. 1 StPO. Im Falle einer Verfahrensrüge müssen die Tatsachen, die den Verfahrensfehler begründen, angegeben werden, § 344 Abs. 2 S. 2 StPO. Dies muss so vollständig und genau erfolgen, dass das Revisionsgericht allein aufgrund der Revisionsbegründungsschrift überprüfen kann, ob ein Verfahrensfehler vorliegt, wenn die Tatsachen bewiesen werden.[6] Bei einer Sachrüge reicht es aus, wenn die Überprüfung des Urteils in sachlich-rechtlicher Hinsicht begehrt wird, also gerügt wird, der Angeklagte sei zu Unrecht bestraft worden.[7]
A hat die Revision mit der fehlerhaften Besetzung des Gerichts begründet. Die Schöffen des Termins vom 15.8.2023 hätten auch im September den Verhandlungen beiwohnen müssen. Er stützt sich somit auf eine Verletzung seines Rechts aus Art. 101 Abs. 1 S. 2 GG (Recht auf den gesetzlichen Richter). Dabei handelt es sich um ein Verfahrensprinzip, womit eine Verfahrensrüge geltend gemacht wird. A bringt zur vorschriftswidrigen Besetzung des Gerichts vor, dass die Hauptverhandlung vom 15.8.2023 nur unterbrochen und nicht ausgesetzt worden sei. Seine Ausführungen sind so detailliert, dass das Gericht allein anhand seiner Darstellung überprüfen kann, ob ein Verfahrensfehler vorliegt. Die Anforderungen des § 344 Abs. 2 StPO wurden damit eingehalten.

VI. Zwischenergebnis

421 Folglich wurden alle Sachentscheidungsvoraussetzungen erfüllt und die Revision ist zulässig.

---

6 BGH, StV 2011, 207 (208); BGH, wistra 2014, 39 (40).
7 *Kindhäuser/Schumann* § 31 Rn. 9.

B. Begründetheit

Die Revision muss ferner begründet sein. Das ist der Fall, wenn von vornherein Verfahrenshindernisse vorlagen oder wenn das Urteil auf einer gerügten Rechtsverletzung beruht. **422**

I. Keine Verfahrenshindernisse

Die Revision ist bereits dann begründet, wenn für den ursprünglichen Prozess Verfahrenshindernisse vorlagen.[8] Das hat das Gericht von Amts wegen zu überprüfen.[9] Dass hier Verfahrenshindernisse vorlagen, ist jedoch nicht ersichtlich. **423**

II. Verfahrensrüge

Nach § 337 Abs. 1 StPO kann eine Revision nur darauf gestützt werden, dass das Urteil auf einer Verletzung des Gesetzes beruhe. Das bedeutet in erster Linie, dass sich die Revision lediglich mit Rechtsfragen, nicht aber mit Tatsachenfragen auseinandersetzt.[10] **424**

Das Gesetz ist gemäß § 337 Abs. 2 StPO verletzt, wenn eine Rechtsnorm nicht oder nicht richtig angewendet worden ist. Gemäß § 7 EGStPO ist Gesetz i.S.d. § 337 StPO jede Rechtsnorm. Die Gesetzesverletzungen können dabei einerseits Verfahrensrecht und andererseits materielles Recht betreffen.[11]

A hatte die vorschriftswidrige Besetzung des Gerichts gerügt, sodass eine Verletzung des Verfahrensrechts in Betracht kommt, auf der das Urteil möglicherweise beruht.

1. Absoluter Revisionsgrund nach § 338 Nr. 1 Hs. 1 StPO i.V.m. Art. 101 Abs. 1 S. 2 GG, § 16 S. 2 GVG

A hatte die vorschriftswidrige Besetzung des Gerichts als möglichen Verstoß gegen Art. 101 Abs. 1 S. 2 GG gerügt. In Betracht kommt deshalb der absolute Revisionsgrund des § 338 Nr. 1 Hs. 1 StPO i.V.m. Art. 101 Abs. 1 S. 2 GG, § 16 S. 2 GVG. Nach § 338 StPO beruht ein Urteil stets auf einer Verletzung des Gesetzes, wenn einer der aufgezählten, absoluten Revisionsgründe vorliegt. Im Gegensatz zu relativen Revisionsgründen muss in einem solchen Fall das Beruhen des Urteils auf dem Verfahrensfehler nicht mehr positiv festgestellt werden, sondern wird unwiderleglich vermutet.[12] **425**

Fraglich ist, ob gegen Art. 101 Abs. 1 S. 2 GG verstoßen wurde, indem an der Verurteilung andere als die im ersten Termin vorgesehenen Schöffen mitwirkten.

a) Vorschriftswidrige Besetzung wegen Unterbrechung

Zunächst könnte das Gericht im Verfahren durch den Besetzungswechsel vorschriftswidrig besetzt gewesen sein. Dies wäre der Fall, wenn die Hauptverhandlung nur unterbrochen und nicht ausgesetzt wurde. **426**

---

8 *Kindhäuser/Schumann* § 31 Rn. 13 ff., 15.
9 *Kindhäuser/Schumann* § 31 Rn. 15.
10 *Beulke/Swoboda* Rn. 851; *Graf/Wiedner* § 337 StPO Rn. 1.
11 *Beulke/Swoboda* Rn. 851.
12 BGHSt 27, 96 (98); KK StPO/*Gericke* § 338 StPO Rn. 1; *Beulke/Swoboda* Rn. 854.

Anmerkung Begriffsabgrenzung: Die Aussetzung stellt den Abbruch der Verhandlung dar mit der Folge, dass später eine neue selbstständige Verhandlung stattfinden muss.[13] Bei der Unterbrechung hingegen bleibt die Verhandlungseinheit erhalten, es wird lediglich eine zwischenzeitliche Pause eingelegt.[14]

aa) Durchführung der Hauptverhandlung

427 Aussetzung und Unterbrechung einer Hauptverhandlung richten sich nach §§ 228, 229 StPO. Die Vorschriften erfordern, dass eine Hauptverhandlung bereits stattgefunden hat.[15] Man könnte vorliegend annehmen, dass am 15.8.2023 eine solche noch nicht durchgeführt wurde. Nach § 230 Abs. 1 StPO findet gegen einen ausgebliebenen Angeklagten eine Hauptverhandlung nicht statt. A ist nicht zur Verhandlung erschienen. Jedoch ist die Vorschrift nicht als begriffliche Voraussetzung der Hauptverhandlung zu verstehen.[16] Sie legt nur fest, dass eine Hauptverhandlung gegen den ausgebliebenen Angeklagten grundsätzlich nicht durchgeführt werden darf. Ein Verstoß kann mittels Revision (§ 338 Nr. 5 StPO bei Abwesenheit während eines wesentlichen Verhandlungsteils[17]) angegriffen werden.[18] Dies ändert jedoch nichts daran, dass mit dem Aufruf der Sache, § 243 Abs. 1 S. 1 StPO, am 15.8.2023 die Hauptverhandlung begonnen hatte. Damit sind die §§ 228, 229 StPO anwendbar.

bb) Unterbrechung der Hauptverhandlung

428 Im Weiteren ist für eine vorschriftswidrige Besetzung erforderlich, dass die Vertagung der Verhandlung als Anordnung der Unterbrechung einzustufen war.

429 Maßgeblich ist hierfür nach der inzwischen herrschenden Lehre und Rechtsprechung der durch Auslegung zu ermittelnde Sinn der Prozesshandlung.[19]

Zunächst ist dabei auf den Wortlaut des Kammerbeschlusses abzustellen.[20] Laut Sachverhalt wurde die Hauptverhandlung „nunmehr“ auf den 4.9.2023 anberaumt und gerade kein Termin zur Fortsetzung bestimmt. Damit spricht der Wortlaut des Erklärten für eine Aussetzung.

Daneben ist die Form der Vertagung zu berücksichtigen.[21] Laut Sachverhalt hat das Gericht den neuen Termin mittels eines Kammerbeschlusses angeordnet. Nach § 228 Abs. 1 S. 1, § 229 Abs. 2 StPO entscheidet das Gericht – also die Kammer – nur bei Unterbrechungen, die länger als drei Wochen dauern. Über eine kürzere Unterbrechung entscheidet der Vorsitzende allein, § 228 Abs. 1 S. 2 StPO. Vorliegend wurde die Hauptverhandlung für 20 Tage, also weniger als drei Wochen vertagt. Wenn nicht die Aussetzung angeordnet worden wäre, bei der nach § § 228 Abs. 1 S. 1 StPO das Gericht entscheidet, hätte es eines Kammerbeschlusses daher nicht bedurft. Mithin spricht auch die Form der Vertagung für eine Aussetzung.

---

13 KK-StPO/*Gmel/Peterson* § 228 StPO Rn. 1; Meyer-Goßner/Schmitt/*Schmitt* § 228 StPO Rn. 3.
14 MüKoStPO/*Arnoldi* § 228 StPO Rn. 3; SK-StPO/*Deiters* § 228 StPO Rn. 3.
15 BGHSt 52, 24 (26).
16 BGHSt 52, 24 (26).
17 MüKoStPO/*Arnoldi* § 230 StPO Rn. 21; SK-StPO/*Deiters* § 230 StPO Rn. 37.
18 BGHSt 52, 24 (26).
19 BGHSt 52, 24 (27); MüKoStPO/*Arnoldi* § 228 StPO Rn. 5; SK-StPO/*Deiters* § 228 StPO Rn. 4; KK-StPO/*Gmel* § 228 StPO Rn. 1.
20 BGHSt 52, 24 (26).
21 BGHSt 52, 24 (26).

Darüber hinaus belegt auch die Heranziehung anderer Schöffen, dass das Gericht die Hauptverhandlung neu begonnen und nicht fortgesetzt hat.[22]

Nach der früher vorherrschenden Ansicht richtete sich die Abgrenzung hingegen ausschließlich nach der Länge der Zeitspanne, in der nicht verhandelt wurde.[23] Eine Aussetzung wurde danach angenommen, wenn die Verhandlung über den Zeitraum des § 229 Abs. 1, 2 StPO hinaus abgebrochen wurde, andernfalls handelte es sich um eine Unterbrechung.[24] Vorliegend wurde die Verhandlung nur für 20 Tage abgebrochen, d.h. die Frist des § 229 Abs. 1 StPO wurde nicht überschritten. Nach dieser Theorie würde es sich somit um eine Unterbrechung handeln. **430**

Für diese Ansicht spricht, dass sie eine eindeutige Grenzziehung ermöglicht und damit die Gewährleistung der Prinzipien der Art. 101 Abs. 1 S. 2 GG, § 16 S. 2 GVG hoch hält.[25]

Der Bundesgerichtshof hat sich jedoch inzwischen von dieser Meinung abgewandt.[26] Entscheidend sei der Sinn der Prozesshandlung. Argumentiert hat er dies damit, dass auch in den Fällen gesetzlich vorgeschriebener oder zugelassener Aussetzung (z.B. § 217 Abs. 2 StPO) bei Terminierung der Hauptverhandlung innerhalb der Frist des § 229 Abs. 1 StPO aus der Aussetzung keine Unterbrechung werde.[27] Für die inzwischen herrschende Meinung kann weiterhin angeführt werden, dass nicht ersichtlich ist, warum die betroffene Prozesshandlung nicht der Auslegung zugänglich sein soll. Zudem kann es der Beschleunigungsgrundsatz verlangen, dass mit einer ausgesetzten Hauptverhandlung möglichst schnell, d.h. vor Ablauf der Frist des § 229 Abs. 1 StPO neu begonnen wird.[28] Die besseren Argumente sprechen damit für die inzwischen herrschende Ansicht. **431**

Somit ist die Prozesshandlung des Gerichts nicht als Unterbrechung, sondern als Aussetzung einzustufen.

b) Zwischenergebnis

Mithin folgt aus der Vertagung des Verfahrens keine vorschriftswidrige Besetzung. **432**

c) Vorschriftswidrige Besetzung aufgrund willkürlicher Entziehung des gesetzlichen Richters

Allerdings könnte die Aussetzung des Verfahrens selbst wegen der damit verbundenen Heranziehung anderer Schöffen als Verstoß gegen Art. 101 Abs. 1 S. 2 GG bewertet werden, woraus eine vorschriftswidrige Besetzung i.S.v. § 338 Nr. 1 Hs. 1 StPO resultieren würde. **433**

---

22 BGHSt 52, 24 (26).
23 So noch BGH, NJW 1982, 248; hieran festhaltend: LR-StPO/*Becker* § 228 StPO Rn. 2; Meyer-Goßner/Schmitt/*Schmitt* § 228 Rn. 1.
24 Meyer-Goßner/Schmitt/*Schmitt* § 228 Rn. 1.
25 LR-StPO/*Becker* § 228 StPO Rn. 2.
26 BGHSt 52, 24 (27 f.).
27 BGHSt 52, 24 (27 f.).
28 MüKoStPO/*Arnoldi* § 228 StPO Rn. 5.

Nach Ansicht des Bundesgerichtshofs ist dies nicht der Fall.[29] Die StPO regelt in § 228 Abs. 1 StPO nur die Anordnungskompetenz bezüglich Aussetzung und Unterbrechung. Wann unterbrochen werden muss und wann ausgesetzt werden darf, wird hingegen nicht (auch nicht in § 229 StPO) festgelegt. Über die Zulässigkeit der Aussetzung ist deshalb unter Berücksichtigung von Beschleunigungsgrundsatz und Konzentrationsmaxime zu entscheiden. Wenn in der bisherigen Hauptverhandlung noch keine wesentlichen Erträge erzielt worden sind, die bei einer Unterbrechung fortwirken würden, ist das Gericht bei seiner Entscheidung, ob es die Verhandlung unterbricht oder aussetzt grundsätzlich frei.[30] Die Grenze findet sich im Willkürgebot, das Gericht darf mit seiner Entscheidung nicht bewusst auf die Besetzung Einfluss nehmen. Allein die Ausübung der Entscheidungsfreiheit durch das Gericht stellt keine Verletzung des Art. 101 Abs. 1 S. 2 GG dar.[31]

In der Hauptverhandlung vom 15.8.2023 wurden nur die Gründe der Abwesenheit des A und die Dauer seiner Krankheit bekannt gegeben, wesentliche Erträge wurden nicht erzielt. Damit war das Gericht in seiner Entscheidung über eine Aussetzung oder Unterbrechung frei. Anhaltspunkte für eine willkürliche Entscheidung gibt es keine.

2. Zwischenergebnis

434 Mithin wurde durch die Aussetzung der Hauptverhandlung und die damit verbundene Änderung der Schöffenbesetzung nicht gegen Art. 101 Abs. 1 S. 2 GG verstoßen. Der absolute Revisionsgrund des § 338 Nr. 1 Hs. 1 StPO i.V.m. Art. 101 Abs. 1 S. 2 GG, § 16 S. 2 GVG ist deshalb nicht einschlägig. Andere Revisionsgründe wurden nicht gerügt. Folglich liegt keine Verletzung des Gesetzes i.S.v. § 337 Abs. 1, § 352 Abs. 1 StPO vor. Die Revision ist somit unbegründet.

Anmerkung: Weitere Voraussetzung für eine erfolgreiche Besetzungsrüge wäre zudem nach der neuen Fassung des § 338 Nr. 1 Hs. 2 lit. a, b StPO der erfolglose Einwand der Besetzung im instanzgerichtlichen Verfahren (vgl. hierzu schon die Vorüberlegungen). Dabei ist zu beachten, dass eine zu Ungunsten des Betroffenen getroffene Fehlentscheidung des Rechtsmittelgerichts gemäß § 222b Abs. 3 StPO nicht mehr als Besetzungsrüge im Rahmen von § 338 Nr. 1 StPO geltend gemacht werden kann. Es handelt sich insofern um eine vorgezogene Entscheidung des Rechtsmittelgerichts.[32] Da es jedoch in diesem Fall bereits an einer vorschriftswidrigen Besetzung mangelte, kommt es auf die Feststellung der Durchführung des Rechtsmittels nicht mehr an.

III. Gesamtergebnis

435 Die Revision des A ist zulässig, aber unbegründet und hat mithin keine Aussicht auf Erfolg.

---

29 BGHSt 52, 24 (29 f.).
30 BGHSt 52, 24 (29 f.).
31 BGHSt 52, 24 (30).
32 Näher hierzu *Schork*, NJW 2020, 1 (3).

Ergänzungen und Vertiefung

Zur Besetzungsrüge: 436

Beulke/Swoboda Rn. 569; *Mitsch/Ellbogen* Fall 10 (siehe „Teilabschnitt c) Schlafender Schöffe"); *Gerhold/El-Ghazi*, JA 2016, 910 ff.; *Preuß*, JURA 2019, 660 ff.

Zur Prüfung der Revision:

Beulke/Swoboda Rn. 847 ff., 909 ff.; *Mitsch/Ellbogen* Fälle 7, 8, 9, 10, 11; *Murmann* Rn. 174 ff., 310 ff.; *Meglalu/Berrer*, JuS 2017, 658; *Putzke*, JURA 2009, 631; *Weidemann*, JA 2019, 222.

Fall 16

Unmittelbarkeitsgrundsatz; Wahrnehmung des Zeugnisverweigerungsrechts in der Hauptverhandlung; Verwertung des Vernehmungsprotokolls; Vernehmung der Vernehmungspersonen in der Hauptverhandlung

437 Gegen A wurde wegen des Verdachts ermittelt, seinen Nachbarn N ermordet zu haben. Im Zuge dessen wurde die Verlobte V des A vom Ermittlungsrichter E als Zeugin vernommen, wobei eine ordnungsgemäße Belehrung erfolgte. V machte in diesem Rahmen nicht von einem möglichen Zeugnisverweigerungsrecht Gebrauch. Sie gab gegenüber E an, dass sich A entgegen seiner eigenen Behauptung zur Tatzeit nicht bei V zu Hause befunden habe. Nach weiteren Ermittlungen erhob die Staatsanwaltschaft Anklage gegen A. In der Hauptverhandlung wurde V erneut als Zeugin geladen und machte nun nach der Belehrung von ihrem Zeugnisverweigerungsrecht Gebrauch. Der Staatsanwalt regte daraufhin an, man könne ja zumindest auf die vorherige Vernehmung der V durch E zurückgreifen. Damals habe sie ja immerhin nicht das Zeugnis verweigert.

Frage 1: Darf das Gericht das Vernehmungsprotokoll der Vernehmung der V durch E aus dem Ermittlungsverfahren verwerten?

Frage 2: Darf das Gericht den E über den Inhalt der Vernehmung mit V als Zeugen befragen?

(Bearbeitungszeit: 30 min)

Vorüberlegungen

Die Fallkonstellation befasst sich mit dem prozessualen Umgang des nachträglich ausgeübten Zeugnisverweigerungsrechts. Die Aufgabenstellung wurde als zwei Einzelfragen formuliert, die gutachterlich zu untersuchen sind. Die erste Frage bezieht sich auf die Vorschrift des § 252 StPO. Die näheren Voraussetzungen sind ohne normative Probleme kursorisch zu prüfen und festzustellen, sodass ein Beweisverwertungsverbot hinsichtlich des Vernehmungsprotokolls zu der Aussage im Ermittlungsverfahren anzunehmen ist. Die zweite Frage setzt sich mit der Reichweite des § 252 StPO für die Beweisaufnahme auseinander. Hierfür ist zu klären, inwiefern die Vernehmungsperson des Zeugnisverweigerungsberechtigten als Zeuge vom Hörensagen vernommen werden darf. Hierzu sind die entwickelten Grundsätze darzulegen und zu erörtern. **438**

Gliederung

Frage 1: **439**

I. Beweisverwertungsverbot gemäß § 252 StPO
   1. Zeugenvernehmung vor Hauptverhandlung
   2. Gebrauch des Zeugnisverweigerungsrechts in der Hauptverhandlung
   3. Rechtsfolge

II. Ergebnis

Frage 2:

I. Grundsatz: Keine Verwertung

II. Ausnahme: Richterliche Vernehmungsperson

III. Ergebnis

Lösungsvorschlag

Frage 1:

440 Das Gericht darf das Vernehmungsprotokoll als Beweismittel verwerten, wenn kein Beweisverwertungsverbot entgegensteht. Beweisverwertungsverbote schließen bestimmte Erkenntnisse von der Berücksichtigung im Urteil aus.[1] Es wird unterschieden zwischen ausdrücklich gesetzlich geregelten und ungeschriebenen Beweisverwertungsverboten.[2]

I. Beweisverwertungsverbot gemäß § 252 StPO

441 Hier kommt ein gesetzliches Verwertungsverbot aus § 252 StPO in Betracht. Danach darf die Aussage eines vor der Hauptverhandlung vernommenen Zeugen, der erst in der Hauptverhandlung von seinem Recht Gebrauch macht, das Zeugnis zu verweigern, nicht verlesen werden. Auch wenn der Gesetzeswortlaut nur von der Verlesung spricht, ist konsequenterweise nach allgemeiner Ansicht darüber hinausgehend auch die Verwertung verboten.[3] Fraglich ist mithin, ob die Voraussetzungen der Norm vorliegen.

1. Zeugenvernehmung vor Hauptverhandlung

442 § 252 StPO verlangt zunächst eine Zeugenvernehmung vor der Hauptverhandlung. Dieser Aspekt ist weit zu verstehen. So fallen darunter nicht nur frühere Aussagen im vorliegenden oder in anderen Strafverfahren, sondern auch Aussagen in Zivilprozessen, Scheidungsverfahren oder anderen staatlich geleiteten Verfahren.[4] Vorliegend hat V vor der Hauptverhandlung im selben Verfahren gegen A ausgesagt, sodass diese Voraussetzung gewahrt ist.

2. Gebrauch des Zeugnisverweigerungsrechts in der Hauptverhandlung

443 Ferner müsste V in der Hauptverhandlung von einem Zeugnisverweigerungsrecht Gebrauch gemacht haben. Das setzt voraus, dass ihr ein solches zum Zeitpunkt der Hauptverhandlung auch wirklich zustand.[5]

Ein Zeugnisverweigerungsrecht ergibt sich vorliegend für V als Verlobte des A aus § 52 Abs. 1 Nr. 1 StPO. Da das Verlöbnis mangels entgegenstehender Angaben nicht vor der Hauptverhandlung aufgelöst wurde, bestand das Zeugnisverweigerungsrecht auch zum maßgeblichen Zeitpunkt der Hauptverhandlung.

Ob das Zeugnisverweigerungsrecht auch schon zum Zeitpunkt der Vernehmung bestanden haben muss, deren Protokoll verlesen werden soll, ist umstritten.[6] Darauf kommt es vorliegend jedoch nicht an, da V auch zu diesem Zeitpunkt schon mit A verlobt war.

---

1 *Beulke/Swoboda* Rn. 701; Meyer-Goßner/Schmitt/*Schmitt* Einl. Rn. 55.
2 *Beulke/Swoboda* Rn. 703 f.
3 *Joecks*/Jäger § 252 StPO Rn. 4; Graf/*Ganter* § 252 StPO Rn. 25; Meyer-Goßner/Schmitt/*Schmitt* § 252 StPO Rn. 1.
4 Graf/*Ganter* § 252 StPO Rn. 13 mwN.
5 G/J/T/Z/*Bär* § 252 StPO Rn. 3; *Joecks/Jäger* § 252 StPO Rn. 2.
6 Überblick bei *Joecks/Jäger* § 252 StPO Rn. 3.

3. Rechtsfolge

Nach § 252 StPO hat das Ausüben des Zeugnisverweigerungsrechts durch V in der Hauptverhandlung zur Folge, dass ihre vorherige Aussage gegenüber E nicht verlesen werden darf. **444**

II. Ergebnis

Das Gericht darf das Vernehmungsprotokoll nicht verwerten. **445**

Frage 2:

Fraglich ist, ob zumindest E als Zeuge vernommen werden und über den Inhalt der früheren Vernehmung der V befragt werden darf. Zur Behandlung des „Zeugen vom Hörensagen" im Anwendungsbereich des § 252 StPO haben sich gewisse Leitlinien entwickelt. **446**

I. Grundsatz: Keine Verwertung

Grundsätzlich soll § 252 StPO über seinen Wortlaut hinaus auch die Vernehmung der früheren Verhörperson verbieten.[7] Begründet wird das mit dem Rechtsgedanken der Norm.[8] Wollte man aus § 252 StPO nur ein Verbot der Protokollverlesung ableiten, wäre die Vorschrift überflüssig, denn das ließe sich bereits über § 250 StPO herleiten.[9] Vielmehr geht es bei § 252 StPO darum, das Zeugnisverweigerungsrecht zu stärken. Der Zweck, den die Gewährung des Zeugnisverweigerungsrechts verfolgt – Schutz vor Interessenskonflikten aufgrund besonderer Beziehung zum Angeklagten –, wird verfehlt, wenn die frühere Aussage zwar nicht verlesen werden darf, aber dadurch zur Grundlage der Urteilsfindung wird, dass „in einer dem Grundgedanken des Zeugnisverweigerungsrechts widerstreitenden Weise" über den Inhalt durch Vernehmung der Vernehmungsperson Beweis erhoben wird.[10] Das spricht zunächst gegen die Zulässigkeit, E als Zeugen über den Inhalt der Vernehmung der V zu befragen. **447**

II. Ausnahme: Richterliche Vernehmungsperson

Ausnahmsweise soll eine Befragung der Vernehmungsperson aber zugelassen sein, wenn es sich dabei um einen Richter handelte.[11] Voraussetzung dafür ist, dass der Zeuge bei dieser Vernehmung über ein mögliches Zeugnisverweigerungsrecht ordnungsgemäß belehrt wurde.[12] Das ist vorliegend geschehen (§ 52 Abs. 3 S. 1 StPO). **448**

Begründet wird diese Ausnahme damit, dass der richterlichen Vernehmung gegenüber sonstigen Vernehmungen eine erhöhte Bedeutung zukomme, was aus § 251 StPO

7 BGH NJW 1952, 356 (357); Graf/*Ganter* § 252 StPO Rn. 25.
8 Graf/*Ganter* § 252 StPO Rn. 25.
9 BGH, NJW 1952, 356 (356).
10 BGH, NJW 1952, 356 (357).
11 G/J/T/Z/*Bär* § 252 StPO Rn. 9 mwN.
12 Graf/*Ganter* § 252 StPO Rn. 28.

folge.[13] Im Grunde stellt die richterliche Vernehmung im Ermittlungsverfahren eine Art teilweise Vorverlagerung der Hauptverhandlung dar. Auch die Strafvorschriften der §§ 153 ff. StGB stützen die Annahme, der richterlichen Vernehmung eine stärkere Gewichtung beizumessen.[14] Das sei angesichts der §§ 153 ff. StGB auch für den Zeugen erkennbar. Insoweit gebietet der Ausgleich zwischen den Belangen eines weigerungsberechtigten Zeugen und dem Allgemeininteresse an einer wirksamen Strafrechtspflege ein Abweichen vom oben genannten Grundsatz, wenn der Zeuge nach ordnungsgemäßer richterlicher Belehrung auf sein Verweigerungsrecht verzichtete.[15] Genau dies ist im vorliegenden Fall geschehen.

Bei der Berücksichtigung im Urteil ist jedoch zu beachten, dass die Aussage der Vernehmungsperson nur einen begrenzten Beweiswert hat.[16] Der „Zeuge vom Hörensagen" ist nämlich nur ein mittelbarer Zeuge, der das eigentliche Tatgeschehen nicht selbst beurteilen kann. Im Zweifel sind daher Beweismittel, die näher am Geschehen sind, stärker zu gewichten.

III. Ergebnis

449 Da es sich bei E um eine richterliche Vernehmungsperson handelt, darf er ausnahmsweise als Zeuge über den Inhalt der Vernehmung der V befragt werden.

Ergänzungen und Vertiefung

450 **Zum Grundsatz der Unmittelbarkeit der Beweisaufnahme:**

Beulke/Swoboda Rn. 631 ff.; *Beulke/Zimmermann* Klausurenkurs III Rn. 558 ff., 264.; *Murmann* Rn. 213 ff.; *Mitsch/Ellbogen* Fälle 5, 10; *Eicker*, JA 2023, 327 ff. (Verwertbarkeit früherer Äußerungen des Angeklagten im Strafprozess).

Zur Vernehmung:

Ambos/Bock, JURA 2011, 874 ff. (Vernehmung der Verhörperson als Zeuge vom Hörensagen); *Ibold*, JA 2016, 505 ff. (Verwertung des Vernehmungsprotokolls bei Zeugnisverweigerung in der Hauptverhandlung); *Kasiske*, JURA 2012, 736 ff. (Einführung des Vernehmungsprotokolls über geständige Einlassung des Angeklagten; Vernehmung der Verhörperson); *Ladiges/Glückert*, JURA 2011, 557 (Vernehmung eines Anwalts als Zeuge vom Hörensagen); *Rackow*, JA 2011, 23 ff. (Reichweite vom § 252 StPO und Vernehmung der Verhörperson); *Valerius/Zehetgruber*, JA 2014, 431 ff. (Verlesung des richterlichen Vernehmungsprotokolls in der Hauptverhandlung bei Zeugnisverweigerung)

13 Meyer-Goßner/Schmitt/*Schmitt* § 252 StPO Rn. 14 mwN.
14 Meyer-Goßner/Schmitt/*Schmitt* § 252 StPO Rn. 14 mwN.
15 BGH, NJW 1952, 356 (358); KK-StPO/*Diemer* § 252 StPO Rn. 22.
16 Graf/*Ganter* § 252 StPO Rn. 27.

Fall 17

Beweisverwertung aus doppelfunktionaler Maßnahme; Abgrenzung präventives und repressives Polizeihandeln

Die Kriminalpolizei erhielt über Informanten Hinweise darauf, dass A mit Betäubungs- **451**
mitteln handelt. Daraufhin leitete die Staatsanwaltschaft ein Ermittlungsverfahren ein und führte in der Folge verdeckte Ermittlungen durch. Die hierbei erlangten Erkenntnisse hatten zur Folge, dass A fortan intern als Beschuldigter geführt wurde und eine Telekommunikationsüberwachung rechtmäßig angeordnet wurde. Im Rahmen der Überwachung erlangten die Beamten Kenntnis über einen geplanten Betäubungsmitteltransport in der Nacht vom 16. auf den 17.8.2023, bei dem A beabsichtigte, Kokain aus Frankreich nach Saarbrücken zu importieren. Auf Grundlage eines rechtmäßigen ermittlungsrichterlichen Beschlusses wurde das Kraftfahrzeug des A mit einem Peilsender versehen. In der Nacht des 17.8.2023 gegen 01:15 Uhr erlangten die Kriminalbeamten über den Peilsender Kenntnis davon, dass A sich auf dem Rückweg aus Frankreich nach Deutschland befand und eine Grenzüberschreitung bevorstand.

Es erschien den Beamten notwendig, zu verhindern, dass Betäubungsmittel in erheblichem Umfang in Deutschland in Umlauf gerieten. Zugleich waren die Beamten an der Sicherung etwaiger Beweise interessiert. Außerdem wollten sie verhindern, dass der Mitbeschuldigte B, der sich zum damaligen Zeitpunkt mutmaßlich in Marokko aufhielt, von den bereits laufenden Ermittlungen erfahren und deshalb nicht nach Deutschland zurückkehren würde. Um zu verhindern, dass die bereits laufenden Ermittlungen aufgedeckt werden und B damit gewarnt wird, entschieden sich die Beamten dazu, eine Verkehrskontrolle zu fingieren, bei der das Kokain „zufällig" gefunden werden sollte. Die Kriminalbeamten trafen sich daraufhin mit Beamten der Saarbrücker Polizei. Diesen wurde das Kfz-Kennzeichen des A sowie eine Beschreibung seines Autos mitgeteilt. Es solle versucht werden, das Auto anzuhalten. Falls sich für eine Kontrolle ein Vorwand fände, wäre das „schön".

Die Beamten der Saarbrücker Polizei wurden daraufhin durch die Kriminalbeamten mithilfe des Peilsenders an das Auto des A, der die Grenze mittlerweile überschritten hatte, herangeführt. Nach einiger Zeit der Beobachtung fuhr A an einer Baustelle ca. 10 km/h zu schnell. Dies nahmen die Beamten der Saarbrücker Polizei zum Anlass, um ihn aus dem Verkehr zu nehmen. Auf der nahegelegenen Autobahnraststätte wurde A von den Beamten befragt, ob er verbotene Gegenstände mit sich führe, was er verneinte. Ein Betäubungsmittelspürhund der Polizei verhielt sich jedoch auffällig. Nach kurzer Untersuchung fanden die Beamten insgesamt neun Päckchen Kokain (ca. 8 kg) im Fahrzeug. Durchsuchungsbeschlüsse nach den Vorschriften der StPO wurden nicht eingeholt.

Darf das Gericht die aufgefundenen Kokainpäckchen als Beweismittel gegen A in einem Prozess wegen unerlaubten Handeltreibens mit Betäubungsmitteln verwerten?[1]

(Bearbeitungszeit: 1h 15 min)

1 Angelehnt an BGH, NJW 2017, 3173.

Vorüberlegungen

452 Im Zentrum der Aufgabenstellung steht die Abgrenzung von Strafprozessrecht und Polizeirecht. Den Prüfungseinstieg liefert § 161 StPO, der eine Verwertung von Beweismitteln nach Vorschriften außerhalb der Strafprozessordnung gewonnener Beweismittel legitimiert. In diesem Rahmen wird die Kompetenz des Bearbeiters gefordert, wie in anderen Rechtsgebieten ebenfalls üblich, Vorschriften außerhalb des betroffenen Rechtsgebiets zu untersuchen. Die Voraussetzungen der Gesamtprüfung gehen aus dem klaren Wortlaut des § 161 StPO hervor. Zunächst bedarf es einer rechtmäßigen Maßnahme eines anderen Gesetzes, hier des (saarländischen)[2] Polizeigesetzes. Die Voraussetzungen sind nach verwaltungsrechtlicher Dogmatik zu untersuchen. Nach der Feststellung der grundsätzlichen Legitimation der Maßnahme durch die Vorschriften des Polizeirechts ist das Verhältnis von Polizeirecht und Strafprozessrecht wegen der klaren Nähe des Geschehens zum repressiven Polizeihandeln im Rahmen der grundsätzlichen Anwendbarkeit der Vorschrift zu erörtern. Diese Prüfung kann auch der vorhergehenden Untersuchung der normativen Voraussetzungen der Ermächtigungsgrundlage vorangestellt werden. Nach einer Auseinandersetzung mit den hierzu vertretenen Rechtsansichten sind die weiteren Voraussetzungen des § 161 StPO zu untersuchen. Hierbei sind vor allem die ungeschriebenen normativen Voraussetzungen zu erörtern und die Problematik der Umgehung strafprozessualer Formvorschriften wie des Richtervorbehalts gemäß § 105 StPO.

Gliederung

453 I. Verwertbarkeit der Erkenntnisse gemäß § 161 StPO
- 1. Maßnahme nach anderem Gesetz
  - a) Formelle Rechtmäßigkeit
  - b) Materielle Rechtmäßigkeit
    - aa) Voraussetzungen der Ermächtigungsgrundlage gemäß §§ 18, 21 SPolG
      - (1) Sicherstellungsobjekt i.S. v. § 21 SPolG
      - (2) Gerechtfertigte Annahme
      - (3) Zwischenergebnis
    - bb) Ordnungsgemäße Ermessensausübung
    - cc) Verhältnismäßigkeit
    - dd) Zwischenergebnis
    - ee) Anwendungsvorrang der Regelungen des Strafprozessrechts
      - (1) Eine Ansicht: absoluter Vorrang der StPO
      - (2) Bundesverwaltungsgericht: Schwerpunkttheorie
      - (3) Bundesgerichtshof: parallele Anwendbarkeit
      - (4) Stellungnahme
    - ff) Zwischenergebnis
  - c) Ergebnis

2 Die in der nachfolgenden Lösung zum saarländischen Polizeigesetz angestellten Überlegungen betreffen grundsätzliche Fragen, die in den anderen Landespolizeigesetzen ganz entsprechend auftreten.

2. Maßnahme nach StPO nur bei Verdacht bestimmter Straftaten zulässig
3. Maßnahme hätte nach StPO angeordnet werden dürfen
4. Zusätzliche ungeschriebene Voraussetzungen

II. Verwertungsverbot wegen Umgehung des Richtervorbehalts in § 105 StPO

III. Gesamtergebnis

Lösungsvorschlag

454 Das Gericht darf die Erkenntnisse verwerten, wenn kein Beweisverwertungsverbot entgegensteht, oder wenn die Verwertung ausdrücklich erlaubt ist. Insbesondere der zweite Fall könnte in Gestalt der Regelung des § 161 Abs. 3 S. 1 StPO einschlägig sein. Hierbei handelt es sich um eine besondere gesetzliche Ausprägung des allgemeinen Rechtsgedankens des hypothetischen Ersatzeingriffs.[3]

I. Verwertbarkeit der Erkenntnisse gemäß § 161 StPO

455 Nach § 161 Abs. 3 S. 1 StPO dürfen personenbezogene Daten im Strafverfahren verwertet werden, die in einem Verfahren nach anderen Gesetzen erlangt wurden, wenn eine solche Maßnahme nach der StPO bei Verdacht bestimmter Straftaten zulässig ist und wenn eine solche Maßnahme auch nach der StPO hätte angeordnet werden dürfen.

Die Norm könnte hier anwendbar sein, weil die in Frage stehende Maßnahme von der Saarbrücker Polizei im Rahmen einer „Verkehrskontrolle" vorgenommen wurde, der mit dem SPolG ein anderes Gesetz als die StPO zugrunde liegt. Liegen die Voraussetzungen des § 161 Abs. 3 S. 1 StPO vor, darf eine Verwertung auch im Strafverfahren erfolgen.

1. Maßnahme nach anderem Gesetz

456 Notwendig ist gemäß § 161 Abs. 3 S. 1 StPO eine „Maßnahme nach anderen Gesetzen". Die Polizei könnte hier nach § 18 Abs. 1 S. 1 Nr. 2 lit. b, § 21 SPolG vorgegangen sein, wobei das SPolG als präventiv-polizeiliches Gesetz ein „anderes Gesetz" i.S.v. § 161 Abs. 3 S. 1 StPO ist.[4] Vorausgesetzt ist freilich, dass die Maßnahme auch rechtmäßig erfolgte.[5] Fraglich ist also, ob die Voraussetzungen des § 18 Abs. 1 S. 1 Nr. 2 lit. b SPolG eingehalten wurden.

a) Formelle Rechtmäßigkeit

457 Von der formellen Rechtmäßigkeit ist auszugehen. Es ergeben sich keine Anhaltspunkte für etwaige Mängel auf den Ebenen der Zuständigkeit, des Verfahrens oder der Form.

b) Materielle Rechtmäßigkeit

458 Fraglich ist, ob auch die materiellen Voraussetzungen vorliegen.

aa) Voraussetzungen der Ermächtigungsgrundlage gemäß §§ 18, 21 SPolG

459 Nach § 18 Abs. 1 S. 1 Nr. 2 lit. b SPolG darf eine Sache durchsucht werden, wenn Tatsachen die Annahme rechtfertigen, dass sich in ihr eine andere Sache befindet, die sichergestellt werden darf.[6] Die Voraussetzungen der Sicherstellung von Gegenständen regelt § 21 SPolG.

---

3 Graf/*Sackreuther* § 161 StPO Rn. 15.
4 Meyer-Goßner/Schmitt/*Schmitt* § 161 StPO Rn. 18b.
5 Meyer-Goßner/Schmitt/*Schmitt* § 161 StPO Rn. 18c mwN.
6 Der zugrundeliegende Originalfall des BGH, NJW 2017, 3173 bezog sich auf das hessische Polizeirecht. Die einschlägigen Normen des HSOG (Hessisches Gesetz über die öffentliche Sicherheit und Ordnung) sind aber in den wesentlichen Aspekten mit denen des SPolG identisch, sodass die Ausführungen hier entsprechend gelten.

Vorliegend wurde das Auto des A durchsucht. Fraglich ist also, ob Tatsachen die Annahme rechtfertigten, dass sich in dem Auto eine Sache befand, die sichergestellt werden durfte (sogenanntes Sicherstellungsobjekt).

(1) Sicherstellungsobjekt i.S.v. § 21 SPolG

Nach § 21 Nr. 1 SPolG darf eine Sache etwa sichergestellt werden, um eine gegenwärtige Gefahr abzuwehren. Eine Gefahr i.S.d. Polizeirechts liegt vor, wenn eine konkrete Sachlage oder ein konkretes Verhalten bei ungehindertem Ablauf des objektiv zu erwartenden Geschehens mit hinreichender Wahrscheinlichkeit zu einer nicht ganz unerheblichen Beeinträchtigung eines polizeilichen Schutzguts führen wird.[7] **460**

Polizeiliche Schutzgüter sind die öffentliche Sicherheit und die öffentliche Ordnung (vgl. § 1 Abs. 2, § 8 Abs. 1 SPolG).[8]

Die öffentliche Sicherheit umfasst die Unverletzlichkeit der objektiven Rechtsordnung, die subjektiven Rechte und Rechtsgüter Einzelner sowie die Einrichtungen und Veranstaltungen des Staates.[9]

Vorliegend führte A in seinem Auto Kokain mit sich, was gegen die Vorschriften des BtMG verstößt. Das BtMG ist als formelles Gesetz Teil der objektiven Rechtsordnung und damit vom Schutzgut der öffentlichen Sicherheit umfasst. Das gesetzeswidrige Mitführen des Kokains durch A begründete mithin eine Gefahr für die öffentliche Sicherheit.[10]

Diese müsste auch gegenwärtig gewesen sein. Das ist der Fall, wenn der Eintritt des schädigenden Ereignisses entweder bereits begonnen hat oder unmittelbar oder in allernächster Zeit mit an Sicherheit grenzender Wahrscheinlichkeit bevorsteht.[11] A hatte zum Zeitpunkt der Durchsuchung die deutsche Grenze bereits überschritten. Damit befand er sich mit dem Kokain im Geltungsbereich des BtMG, sodass das schädigende Ereignis bereits eingetreten war.

Damit besteht eine gegenwärtige Gefahr für ein polizeiliches Schutzgut.

(2) Gerechtfertigte Annahme

§ 18 Abs. 1 S. 1 Nr. 2 lit. b SPolG setzt ferner voraus, dass Tatsachen vorliegen, die die Annahme rechtfertigen, dass eine Sicherstellung vorgenommen werden darf. Zum einen wurden die Beamten der Saarbrücker Polizei von den mit dem Sachverhalt vertrauten Kriminalbeamten informiert. Zum anderen verhielt sich der Drogenspürhund auffällig.[12] **461**

Damit lagen Tatsachen vor, die die Annahme rechtfertigten, dass sich im Auto des A Gegenstände befinden, die sichergestellt werden durften, um eine gegenwärtige Gefahr zu vereiteln.

---

7 Gröpl/Guckelberger/Wohlfarth/*Guckelberger* § 4 Rn. 43.
8 Gröpl/Guckelberger/Wohlfarth/*Guckelberger* § 4 Rn. 32.
9 Gröpl/Guckelberger/Wohlfarth/*Guckelberger* § 4 Rn. 34.
10 So auch der BGH im Originalfall, BGH, NJW 2017, 3173 (3175).
11 Gröpl/Guckelberger/Wohlfarth/*Guckelberger* § 4 Rn. 56.
12 Ein entscheidendes Argument des BGH im Originalfall, BGH, NJW 2017, 3173 (3175).

(3) Zwischenergebnis

462 Grundsätzlich liegen die Voraussetzungen für eine Durchsuchung des Autos des A nach dem SPolG vor.

bb) Ordnungsgemäße Ermessensausübung

463 Die Beamten müssten das ihnen zustehende Ermessen ordnungsgemäß ausgeübt haben.[13] Der Überprüfung unterliegt dabei nur die Frage, ob Ermessensfehler vorliegen, nicht jedoch die Frage nach der Zweckmäßigkeit.[14] Ermessensfehler lassen sich hier im Ergebnis nicht erkennen. Zwar könnte es zunächst bedenklich erscheinen, dass wesentliches Motiv für die Verkehrskontrolle – jedenfalls auch – die Förderung strafrechtlicher Ermittlungen war. Allerdings gab A den Beamten durch sein konkretes Verhalten einen Anlass, entsprechende Maßnahmen durchzuführen, sodass das Vorgehen auch gefahrenabwehrrechtlich motiviert war. Zunächst fuhr er mit seinem Pkw an einer Baustelle verkehrswidrig und brachte die Beamten so durch sein eigenes Verhalten zu ihrem Einschreiten. Im Anschluss daran begründeten weitere objektive Anhaltspunkte – die Reaktion des Spürhundes – die Durchsuchung des Autos. Ein willkürliches Verhalten oder ein sonstiger Ermessensfehlgebrauch liegen damit nicht vor.

cc) Verhältnismäßigkeit

464 Letztlich müsste die Durchsuchung einen legitimen Zweck verfolgt haben sowie geeignet, erforderlich und angemessen gewesen sein (vgl. § 2 SPolG).[15] Die Durchsuchung diente dem legitimen Zweck, Verstößen gegen das BtMG entgegenzuwirken. Hierfür war die Maßnahme geeignet. Weiterhin ist nicht erkennbar, welches Vorgehen gleich effektiv, aber milder als die Durchsuchung des Pkw hätte sein können. Letztlich sind keine Anhaltspunkte erkennbar, die dafürsprechen, dass den betroffenen subjektiven Rechten des A im Rahmen der Durchsuchung ein Vorrang vor dem Ziel, die Drogen aufzufinden, eingeräumt werden muss. Insbesondere wurde bei der Durchsuchung des Pkw nicht in die Intimsphäre oder sonst den Kernbereich der privaten Lebensgestaltung des A eingegriffen. Damit war die Maßnahme angemessen und insgesamt verhältnismäßig.

dd) Zwischenergebnis

465 Die Maßnahme erfolgte grundsätzlich materiell rechtmäßig.

ee) Anwendungsvorrang der Regelungen des Strafprozessrechts

466 Zweifel an der Rechtmäßigkeit könnten jedoch bestehen, weil es sich um eine sogenannte doppelfunktionale Maßnahme handelt.[16] Eine solche ist dann gegeben, wenn eine polizeiliche Maßnahme sowohl der Gefahrenabwehr als auch Zwecken der Strafverfolgung dient.[17] Einerseits sollte eine Gefahr verhindert werden (s.o.), andererseits wurde

---

13 Grundlegend dazu Gröpl/Guckelberger/Wohlfarth/*Guckelberger* § 4 Rn. 157 ff.
14 Gröpl/Guckelberger/Wohlfarth/*Guckelberger* § 4 Rn. 159.
15 Gröpl/Guckelberger/Wohlfarth/*Guckelberger* § 4 Rn. 160.
16 BGH, NJW 2017, 3173 (3175).
17 *Kindhäuser/Schumann* § 5 Rn. 32.

auch das Ziel verfolgt, Beweismittel für ein bereits verdeckt laufendes Ermittlungsverfahren zu erhalten. Es wäre also auch ein Vorgehen nach den §§ 102 ff. StPO denkbar gewesen.[18]

Fraglich ist, wie in solchen Fällen das Verhältnis zwischen Gefahrenabwehr und Strafverfolgung ausgestaltet ist und inwiefern sich das auf die Rechtmäßigkeit der polizeilichen Maßnahme auswirkt. Dazu werden verschiedene Ansätze vertreten.[19]

(1) Eine Ansicht: absoluter Vorrang der StPO

Nach einer Auffassung gilt ein absoluter Vorrang der StPO.[20] Ein Rückgriff auf Normen **467**
des Gefahrenabwehrrechts soll immer dann ausgeschlossen sein, wenn gegen den Betroffenen gleichzeitig der Anfangsverdacht einer Straftat besteht.[21] Das sei notwendig, weil ansonsten eine Umgehung der häufig strengeren Voraussetzungen der StPO drohe.[22] Beispielsweise sieht im Bereich der Durchsuchung die StPO eine richterliche Anordnung vor (§ 105 Abs. 1 S. 1 StPO), das SPolG jedoch nicht.

Diese Ansicht hat zur Folge, dass die Maßnahme vorliegend nicht auf § 18 SPolG gestützt werden darf. Das wiederum hat zur Konsequenz, dass keine rechtmäßige „Maßnahme nach anderen Gesetzen" i.S.d. § 161 Abs. 3 S. 1 StPO gegeben ist. Die Verwertung wäre nicht nach dieser Norm ausdrücklich erlaubt und es müsste eine Erörterung der allgemeinen strafprozessualen Grundsätze zu Beweisverwertungsverboten erfolgen.

(2) Bundesverwaltungsgericht: Schwerpunkttheorie

Nach einer anderen Auffassung, der sich die höchstrichterliche Rechtsprechung im Ver- **468**
waltungsrecht angeschlossen hat, ist darauf abzustellen, wo der Schwerpunkt der polizeilichen Maßnahme liegt.[23] Ist dieser in der Gefahrenabwehr zu sehen, ist die Maßnahme an den Normen des allgemeinen Polizeirechts (hier des SPolG) zu messen. Ist der Schwerpunkt hingegen in der Strafverfolgung zu sehen, muss die Maßnahme ausschließlich an der StPO gemessen werden. Letzteres hätte wiederum zur Folge, dass vorliegend keine rechtmäßige „Maßnahme nach anderen Gesetzen" vorliegt und § 161 Abs. 3 S. 1 StPO nicht einschlägig ist.

Fraglich ist mithin, wo vorliegend der Schwerpunkt zu sehen ist. Zwar sprechen die seit längerem verdeckt laufenden Ermittlungen dafür, dass man sich bereits vertieft in der Strafverfolgung befand. Gegenüber A tätig wurden bei der Durchsuchung jedoch nicht die Kriminalbeamten, sondern die für die Gefahrenabwehr zuständigen Beamten der Saarbrücker Polizei. Diesen geht es – auch wenn sie die Kriminalbeamten unterstützen – in der Regel darum, im Rahmen ihres Zuständigkeitsbereiches präventiv zu agieren und Gefahren – hier das Inverkehrgelangen der Drogen – zu verhindern. Das spricht dafür, dass der Schwerpunkt vorliegend im präventiven Handeln lag.[24] Damit ist nach

18 BGH, NJW 2017, 3173 (3175).
19 Vgl. die Darstellung über den Meinungsstand bei BGH, NJW 2017, 3173 (3175 f.).
20 *Müller/Römer*, NStZ 2012, 543 (546).
21 *Müller/Römer*, NStZ 2012, 543 (546).
22 *Müller/Römer*, NStZ 2012, 543 (546 f.).
23 BVerwG, NVwZ 2001, 1285 (1286); BVerwGE 47, 255 (264 f.); VGH München, BayVBl 2010, 220; *Welp*, NStZ 1995, 602 (602); *Kindhäuser/Schumann* § 5 Rn. 32 mwN.
24 A.A. gut vertretbar.

dieser Auffassung das SPolG der Maßstab für die Rechtmäßigkeit des polizeilichen Handelns. Da die Voraussetzungen für eine Durchsuchung nach dem SPolG gewahrt sind (s.o.), liegt hiernach eine rechtmäßige „Maßnahme nach anderen Gesetzen" i.S.d. § 161 Abs. 3 S. 1 StPO vor.

(3) Bundesgerichtshof: parallele Anwendbarkeit

469 Nach Ansicht des Bundesgerichtshofs schließen sich das präventive Vorgehen nach allgemeinem Polizeirecht und das repressive Vorgehen im Rahmen der Strafverfolgung nicht gegenseitig aus.[25] Auch nach Einleitung eines strafrechtlichen Ermittlungsverfahrens können zulässigerweise parallel Maßnahmen der Gefahrenabwehr vorgenommen werden.[26] Eine doppelfunktionale Maßnahme sei damit schon dann rechtmäßig, wenn sie zur Verfolgung nur eines der beiden Zwecke als rechtmäßig anzuerkennen ist, selbst wenn dieser der weniger gewichtige der beiden sei.[27] Das hätte vorliegend zur Folge, dass die Rechtmäßigkeit der polizeilichen Maßnahme auch an § 18 SPolG gemessen werden darf. Da die Voraussetzungen vorliegen (s.o.), liegt eine rechtmäßige „Maßnahme nach anderen Gesetzen" i.S.d. § 161 Abs. 3 S. 1 StPO vor.

(4) Stellungnahme

470 Die StPO hat zunächst keinen absoluten Anwendungsvorrang vor dem Polizeirecht. Ein solcher Vorrang lässt sich dem Gesetz nicht entnehmen.[28] Außerdem hätte er zur Folge, dass die Gefahrenabwehr als eine zentrale staatliche Aufgabe in ihrem Anwendungsbereich erheblich eingeschränkt wird.[29] Wenn jeder Anfangsverdacht die Anwendbarkeit der präventiven Polizeigesetze ausschließen würde, würde es den Gefahrenabwehrbehörden erheblich erschwert, angemessen und flexibel auf neue und häufig nicht genau vorhersehbare Gefahrensituationen zu reagieren.[30] Der Anfangsverdacht erfordert „lediglich" zureichende tatsächliche Anhaltspunkte für das Vorliegen einer Straftat (§ 152 Abs. 2 StPO). Außerdem können die Grenzen zwischen präventivem und repressivem Handeln im Einzelfall derart fließend sein, dass für die Beamten kaum absehbar wäre, ab wann ausschließlich die StPO einschlägig wäre.[31] Da die beiden verbleibenden Ansichten zu identischen Ergebnissen kommen, ist zwischen diesen keine weitere Entscheidung vorzunehmen. Im Ergebnis steht die Anwendbarkeit der StPO der Rechtmäßigkeit der Maßnahme nach dem SPolG vorliegend nicht entgegen.

ff) Zwischenergebnis

471 Die Durchsuchung des Autos des A erfolgte (polizeirechtlich!) materiell rechtmäßig.

25 BGH, NJW 2017, 3173 (3176); *Kniesel*, ZRP 1987, 377 (378).
26 BGH, NJW 2017, 3173 (3176); *Kniesel*, ZRP 1987, 377 (378).
27 *Schwan*, VerwArch 70, 109 (129).
28 BGH, NJW 2017, 3173 (3176).
29 BGH, NJW 2017, 3173 (3176).
30 BGH, NJW 2017, 3173 (3176).
31 BGH, NJW 2017, 3173 (3176).

c) Ergebnis

Das Auto des A wurde rechtmäßig nach den Vorschriften des SPolG durchsucht. Eine „Maßnahme nach anderen Gesetzen“ i.S.d. § 161 Abs. 3 S. 1 StPO liegt damit vor. 472

2. Maßnahme nach StPO nur bei Verdacht bestimmter Straftaten zulässig

§ 161 Abs. 3 S. 1 StPO setzt nach seinem Wortlaut weiterhin voraus, dass die Maßnahme nach der StPO nur bei Verdacht bestimmter Straftaten zulässig ist. Das ist bei einer Durchsuchung nach den §§ 102 ff. StPO grundsätzlich nicht der Fall. Dennoch wird in Rechtsprechung und Literatur davon ausgegangen, dass auch die Erkenntnisse aus einer gefahrenabwehrrechtlich zulässigen Durchsuchung nach § 161 Abs. 3 S. 1 StPO verwertet werden dürfen.[32] 473

3. Maßnahme hätte nach StPO angeordnet werden dürfen

Zuletzt ist erforderlich, dass die Maßnahme insgesamt nach der StPO hätte angeordnet werden dürfen. Anhaltspunkte, die dagegensprechen, sind vorliegend nicht ersichtlich. Die Erkenntnisse aus der Durchsuchung des Autos dienten (auch) zur Aufklärung einer schweren Straftat (vgl. § 100a Abs. 2 Nr. 7 StPO), sodass eine Durchsuchung nach den §§ 102 ff. StPO ohne weiteres hätte angeordnet werden dürfen.[33] 474

4. Zusätzliche ungeschriebene Voraussetzungen

Der Bundesgerichtshof sieht trotz allem zutreffend die Gefahr, dass hier wesentliche strafprozessuale Grundsätze (insbesondere fair trial, Verfahrensherrschaft der Staatsanwaltschaft, Grundsätze der Aktenwahrheit und -klarheit) verletzt werden können. 475

Konkret geht es darum, dass das Vorgehen weder dazu führen darf, dass die Staatsanwaltschaft die „Herrschaft über das Verfahren“ verliert, noch dürfen elementare Informationsrechte des Beschuldigten verletzt werden.

Damit die Staatsanwaltschaft „Herrin des Verfahrens“ bleibt, muss sie daher „zeitnah, wahrheitsgemäß und vollständig über die Hintergründe der polizeilichen Maßnahmen informiert“ werden. Darüber hinaus muss spätestens mit Anklageerhebung auch dem Beschuldigten der „maßgebliche prozessuale Sachverhalt vollständig offengelegt“ werden.[34]

II. Verwertungsverbot wegen Umgehung des Richtervorbehalts in § 105 StPO

Obwohl damit die Voraussetzungen des § 161 Abs. 3 StPO vorliegen, könnte sich vorliegend aus der Umgehung des Richtervorbehalts in § 105 Abs. 1 S. 1 StPO ein (ungeschriebenes) Beweisverwertungsverbot ergeben: 476

32 Graf/*Sackreuther* § 161 StPO Rn. 18; BGH, NStZ-RR 2016, 176 (176); BGH, NJW 2017, 3173 (3177).
33 BGH, NJW 2017, 3173 (3177).
34 So ausdrücklich BGH, NJW 2017, 3173 (3178 f.).

Mit der legendierten Verkehrskontrolle wurde seitens der Ermittlungsbehörden bewusst der Richtervorbehalt des § 105 Abs. 1 S. 1 StPO umgangen. Der Ermittlungsrichter ist in deutschen Ermittlungsverfahren das wesentliche Kontrollorgan der Strafverfolgungsbehörden.[35] Damit liegt ein Verfahrensverstoß par excellence vor, der jedoch nicht grundsätzlich ein Beweisverwertungsverbot zur Folge haben muss.[36] Bei der Frage nach einem Beweisverwertungsverbot sind die Rechtsgüter des Beschuldigten und das öffentliche Strafverfolgungsinteresse gegeneinander abzuwägen (sogenannte Abwägungslehre). Die Grenze muss jedoch dort gezogen werden, wo – wie vorliegend – ein Fall hoheitlicher Willkür gegeben ist.

III. Gesamtergebnis

477 Die Voraussetzungen des § 161 Abs. 3 S. 1 StPO sind zwar erfüllt. Das aufgrund der präventiv-polizeilich rechtmäßigen Maßnahme sichergestellte Kokain darf jedoch als Beweismittel im Strafverfahren in Anbetracht der immanenten Umgehung des strafprozessualen Richtervorbehalts nicht verwertet werden.

Ergänzungen und Vertiefung

478 **Zur Abgrenzung von repressivem und präventivem Polizeihandeln:**

Beulke/Swoboda Rn. 162 ff. (Abgrenzung präventiver und repressiver Maßnahmen, Verwertbarkeit präventiver Erkenntnisse im Strafverfahren); *Murmann* Rn. 66a (Legendierte Kontrollen, Abgrenzung präventives und repressives Polizeihandeln).

35 BVerfG, NJW 2011, 1121 (1122).

36 Str., wie hier etwa *Kempf*, in: FS Fischer, S. 673 (686); *Mitsch*, NJW 2017, 3124 (3126 f.); *Gubitz*, NJW 2016, 128; a.A. BGH, NJW 2017, 3173 (3179).

Fall 18

Verständigung in Strafverfahren

A wurde von der zuständigen Strafkammer am Landgericht Saarbrücken wegen verschiedener Körperverletzungsdelikte verurteilt. **479**

Dem Urteil des Landgerichts ging eine Verständigung gemäß § 257c StPO voraus. Darin sicherte das Landgericht dem Angeklagten für den Fall eines Geständnisses eine Gesamtfreiheitsstrafe von nicht mehr als drei Jahren und neun Monaten zu. Eine Belehrung i.S.d. § 257c Abs. 5 StPO wurde dem Angeklagten nicht erteilt.

Im Hinblick auf die getroffene Verfahrensabsprache räumte der Angeklagte die ihm – nach Teileinstellung des Verfahrens nach § 154 Abs. 2 StPO – noch zur Last liegenden Tatvorwürfe vollumfänglich ein. Das Landgericht erachtete das Geständnis des Angeklagten unter anderem deshalb für glaubhaft, weil es sich mit den Angaben des Tatopfers, die dieses im Ermittlungsverfahren und anlässlich einer richterlichen Vernehmung gemacht hatte, im Kernbereich deckte. Die Strafkammer hielt sich an die Verständigung und verhängte eine Gesamtfreiheitsstrafe von drei Jahren und neun Monaten.

A geht gegen das Urteil des Landgerichts mit dem ordnungsgemäß begründeten Rechtsmittel der Revision form- und fristgerecht vor. Er legt dar, ihm sei zu Unrecht vor der Verständigung keine Belehrung über die Voraussetzungen und die Folgen einer Abweichung des Gerichts von dem in Aussicht gestellten Ergebnis der Verständigung nach § 257c Abs. 4 StPO erteilt worden. Dies habe Auswirkungen auf sein Prozessverhalten gehabt. Wäre er gemäß § 257c Abs. 5 StPO belehrt worden, hätte er „in anderer Weise" (als durch ein Geständnis) auf die Beweisaufnahme eingewirkt und eventuell weitere Beweisanträge gestellt.

Aufgabe: Hat die Revision des A Aussicht auf Erfolg?[1]

(Bearbeitungszeit: 45 min)

---

1 Fall und Sachverhaltsdarstellung nach BGH vom 11.4.2013, 1 StR 563/12 – HRRS 2013 Nr. 571 Rn. 5 ff.

Vorüberlegungen

480 Die vorliegende Aufgabenstellung erfordert erneut eine Revisionsprüfung. Kern des geltend gemachten Verfahrensverstoßes sind widerrechtliche Vorgänge bei der Belehrung des Angeklagten im Rahmen der Verständigung nach § 257c StPO, die ein Geständnis zum Gegenstand hat. Dies berührt vor allem die Selbstbelastungsfreiheit des Angeklagten. Die eigentliche Revisionsprüfung bereitet keine Schwierigkeiten, sodass eine konzentrierte Erörterung der normativen Voraussetzungen geboten ist. Innerhalb der Begründetheit ist sodann die Verfahrensrüge zu prüfen. Nach einer knappen Ablehnung der absoluten Revisionsgründe ist der Verfahrensverstoß nach § 257c StPO zu untersuchen. Besondere Ausführungen sind in diesem Zusammenhang infolge der Aufgabenstellung im Rahmen der Feststellung des Beruhens auf dem Rechtsfehler geboten, da der Revisionsführer geltend macht, sich bei ordnungsgemäßer Belehrung prozessual anders verhalten zu haben.

Gliederung

481 A. Zulässigkeit
I. Statthaftigkeit
II. Anfechtungsberechtigung
III. Beschwer
IV. Form und Frist der Revisionseinlegung
V. Ordnungsgemäße Revisionsbegründung
VI. Zwischenergebnis
B. Begründetheit
I. Keine Verfahrenshindernisse
II. Verfahrensrüge
1. Absolute Revisionsgründe
2. Relative Revisionsgründe
a) Verletzung von Verfahrensvorschriften
b) Beruhen des Urteils auf der Rechtsverletzung
3. Zwischenergebnis
III. Ergebnis

Lösungsvorschlag

Die Revision des A hat Aussicht auf Erfolg, soweit sie zulässig und begründet ist.[2] **482**

A. Zulässigkeit

Zunächst müssen die Zulässigkeitsvoraussetzungen vorliegen. **483**

I. Statthaftigkeit

Nach § 333 StPO ist die Revision statthaft gegen Urteile der Strafkammern und Schwurgerichte sowie gegen die im ersten Rechtszug ergangenen Urteile der Oberlandesgerichte.[3] Vorliegend greift A ein Urteil der Strafkammer beim Landgericht an, sodass diese Voraussetzung erfüllt ist. Die Revision ist statthaft. **484**

II. Anfechtungsberechtigung

A müsste auch berechtigt gewesen sein, das Rechtsmittel einzulegen. Nach § 296 Abs. 1 Alt. 2 StPO ist das beim Beschuldigten der Fall. Beschuldigter i.S.d. § 296 Abs. 1 Alt. 2 StPO ist die Person, gegen die sich das Verfahren insgesamt oder einzelne Verfahrenshandlungen tatsächlich richten.[4] Das gilt insbesondere für den Angeklagten, sodass A hiervon erfasst ist. **485**

III. Beschwer

Derjenige, der ein Rechtsmittel einlegt, muss geltend machen können, dass er beschwert ist.[5] Der Beschuldigte ist jedenfalls beschwert, wenn eine Entscheidung zu seinem Nachteil ergangen ist.[6] Das ist insbesondere dann der Fall, wenn er verurteilt wurde.[7] Gegen A erging vorliegend ein Urteil wegen verschiedener Körperverletzungsdelikte, sodass er durch die Entscheidung des Gerichts beschwert ist. **486**

IV. Form und Frist der Revisionseinlegung

§ 341 StPO regelt die Anforderungen an Form und Frist der Revisionseinlegung. Nach § 341 Abs. 1 StPO muss die Revision bei dem Gericht, dessen Urteil angefochten wird („iudex a quo")[8], binnen einer Woche nach Verkündung des Urteils zu Protokoll der Geschäftsstelle oder schriftlich eingelegt werden. Laut Sachverhalt wurden Form und Frist gewahrt. **487**

---

2 Aufbau orientiert an *Beulke/Swoboda* Rn. 910 f.
3 KK-StPO/*Gericke* § 333 StPO Rn. 1.
4 MüKoStPO/*Allgayer* § 296 StPO Rn. 26.
5 *Beulke/Swoboda* Rn. 821.
6 *Beulke/Swoboda* Rn. 821.
7 *Beulke/Swoboda* Rn. 821.
8 *Roxin/Schünemann* § 55 Rn. 44; *Beulke/Swoboda* Rn. 849.

V. Ordnungsgemäße Revisionsbegründung

488 Nach § 344 StPO hat der Beschwerdeführer die Revision zureichend zu begründen. § 345 StPO regelt die Anforderungen an Form und Frist der Begründung. Diese Voraussetzungen liegen laut Sachverhalt vor.

VI. Zwischenergebnis

489 Die von A eingelegte Revision ist zulässig.

B. Begründetheit

490 Die Revision muss ferner begründet sein. Das ist der Fall, wenn von vornherein Verfahrenshindernisse vorlagen oder wenn das Urteil auf einer gerügten Rechtsverletzung beruht.

I. Keine Verfahrenshindernisse

491 Die Revision ist bereits dann begründet, wenn für den ursprünglichen Prozess Verfahrenshindernisse vorlagen.[9] Das hat das Gericht von Amts wegen zu überprüfen.[10] Dass hier Verfahrenshindernisse vorlagen, ist jedoch nicht ersichtlich.

II. Verfahrensrüge

492 Nach § 337 Abs. 1 StPO kann eine Revision nur darauf gestützt werden, dass das Urteil auf einer Verletzung des Gesetzes beruhe. Das bedeutet in erster Linie, dass sich die Revision lediglich mit Rechtsfragen, nicht aber mit Tatsachenfragen auseinandersetzt.[11]

Nach § 337 Abs. 2 StPO ist das Gesetz verletzt, wenn eine Rechtsnorm nicht oder nicht richtig angewendet wurde. Gemäß § 7 EGStPO ist Gesetz i.S.d. § 337 StPO jede Rechtsnorm. Die Gesetzesverletzungen können dabei einerseits Verfahrensrecht und andererseits materielles Recht betreffen.[12]

§ 344 Abs. 2 S. 1 StPO unterscheidet insoweit zwischen Verfahrens- und Sachrügen.[13]

Eine inhaltliche Anfechtung des Urteils, insbesondere die fehlerhafte Anwendung materiellen Strafrechts ist vorliegend nicht ersichtlich, sodass nur eine Verletzung des Verfahrensrechts in Betracht kommt, auf der das Urteil möglicherweise beruht. Das Verfahrensrecht umfasst indes alle Normen, die bestimmen, auf welchem Weg das Gericht zur Urteilsfindung zu gelangen hat.[14]

---

9 *Kindhäuser/Schumann* § 31 Rn. 13 ff.
10 *Kindhäuser/Schumann* § 31 Rn. 15.
11 *Beulke/Swoboda* Rn. 851; Graf/*Wiedner* § 337 StPO Rn. 1.
12 *Beulke/Swoboda* Rn. 851.
13 *Beulke/Swoboda* Rn. 851.
14 BGHSt 19, 273 (275) mwN.

1. Absolute Revisionsgründe

Richtet sich eine Verletzung gegen die in § 338 StPO aufgezählten Verfahrensvorgaben, wird das Beruhen des Urteils auf diesem Verfahrensmangel i.S.v. § 337 Abs. 1 StPO gesetzlich unwiderlegbar vermutet (absolute Revisionsgründe).[15] Einer gesonderten Feststellung des Beruhens bedarf es dann nicht mehr.[16] **493**

Ein Verstoß gegen Normierungen des § 257c StPO findet sich in § 338 StPO nicht. Die Annahme eines absoluten Revisionsgrunds kommt im vorliegenden Fall somit nicht in Betracht.

2. Relative Revisionsgründe

Es könnte ein relativer Revisionsgrund gegeben sein. Hierfür käme jede Verletzung von Verfahrensvorschriften während des Verfahrens in Betracht, vergleiche § 337 StPO. Das Beruhen des hervorgegangenen Urteils auf dem Verfahrensmangel muss im Gegensatz zu den Fällen des § 338 StPO positiv festgestellt werden.[17] **494**

a) Verletzung von Verfahrensvorschriften

A rügt in seiner Revision, dass eine Belehrung nach § 257c Abs. 5 StPO nicht erfolgte, was ihn in seiner Prozessführungsfreiheit eingeschränkt habe. **495**

Die Belehrung gemäß § 257c Abs. 5 StPO ist eine wesentliche Förmlichkeit im Rahmen des Prozesses, die in das Sitzungsprotokoll aufzunehmen gewesen wäre. Eine solche Aufnahme unterblieb. Aus dem Revisionsvortrag und im Wege der sogenannten negativen Beweiskraft des Protokolls (§ 274 S. 1 StPO) ergibt sich daher, dass der Angeklagte nicht gemäß § 257c Abs. 5 StPO darüber belehrt wurde, unter welchen Voraussetzungen und mit welchen Folgen das Gericht von dem in Aussicht gestellten Ergebnis abweichen kann. Der Angeklagte wurde somit vom Gericht nicht in die Lage versetzt, eine autonome Entscheidung über seine Mitwirkung an der Verständigung zu treffen.[18]

Es liegt somit ein Verstoß gegen die Verfahrensvorschrift des § 257c Abs. 5 StPO vor.

b) Beruhen des Urteils auf der Rechtsverletzung

Nach § 337 Abs. 1 StPO muss das Urteil auf der Rechtsverletzung beruhen. Beruhen bedeutet, dass Gesetzesverletzung und Urteil in einem ursächlichen Zusammenhang stehen müssen.[19] Es genügt dafür, dass diesbezüglich die Möglichkeit besteht.[20] **496**

Im vorliegenden Fall ist zu beachten, dass zwar eine Belehrung nach § 257c Abs. 5 StPO nicht erfolgte, das Gericht sich aber dennoch an die vereinbarte Verständigung bzw. das vereinbarte Strafmaß gehalten hat.[21] Es stellt sich die Frage, ob diese Tatsache einer erfolgreichen Revision entgegensteht.

15 BGHSt 27, 96 (98); KK-StPO/*Gericke* § 338 StPO Rn. 1; *Beulke/Swoboda* Rn. 854.
16 BGHSt 27, 96 (98); KK-StPO/*Gericke* § 338 StPO Rn. 1; *Beulke/Swoboda* Rn. 854.
17 *Krey/Heinrich* Rn. 1770.
18 BGH vom 11.4.2013, 1 StR 563/12 – HRRS 2013 Nr. 571 Rn. 8.
19 *Beulke/Swoboda* Rn. 853.
20 Graf/*Wiedner* § 337 StPO Rn. 184.
21 Die Vereinbarung einer Ober- und Untergrenze des möglichen Strafmaßes ist bei der Verständigung gem. § 257c Abs. 3 S. 2 StPO zulässig. Dabei kann das Gericht durchaus die genannte Obergrenze als Strafe verhängen, vgl. dazu BGH, NStZ 2010, 650. Unzulässig ist hingegen die Zusage einer „Punktstrafe“.

§ 257c Abs. 5 StPO soll gewissermaßen als Ausgleich dafür wirken, dass dem Angeklagten durch eine in Aussicht gestellte Verständigung ein Anreiz bezüglich der Abgabe eines Geständnisses geschaffen wird. Durch die Belehrungspflicht des Gerichts soll die Gefährdung der Selbstbelastungsfreiheit ausgeglichen werden.[22]

A bringt vor, er hätte sich bei Kenntnis von § 257c Abs. 4 StPO potenziell anders verteidigt, jedenfalls auf andere Weise Einfluss auf den Prozess genommen. Insoweit ist festzustellen, dass es bei einem Angeklagten, dem nicht bewusst ist, dass das Gericht von dem in der Verständigung in Aussicht gestellten Ergebnis unter den Voraussetzungen des § 257c Abs. 4 StPO abweichen darf, naheliegt, dass er als Risiko seines Handelns – insbesondere seines Geständnisses – nur eine Verurteilung im Rahmen der gerichtlichen Zusage einkalkuliert. Die „Abwägungsentscheidung", ob ein Angeklagter ein Geständnis ablegt, kann anders ausfallen, wenn dieser die Voraussetzungen kennt, unter denen die Bindung des Gerichts an die Verständigung entfällt.[23]

Nach der Rechtsprechung des Bundesverfassungsgerichts soll jedenfalls dann ein Beruhen des Urteils auf dem Rechtsfehler ausscheiden, wenn der Angeklagte auch bei erfolgter Belehrung das Geständnis abgegeben hätte, er also Kenntnis von dem Umstand hatte, über den er hätte aufgeklärt werden müssen.[24] Dass A im vorliegenden Fall Kenntnis von den Voraussetzungen und Folgen von § 257c Abs. 4 StPO gehabt hätte, ist nicht ersichtlich.

Es kann somit letztlich nicht ausgeschlossen werden, dass eine Belehrung von A durch das Gericht nach § 257c Abs. 5 StPO dazu geführt hätte, dass A kein Geständnis abgegeben hätte, sondern sich auf andere Weise verteidigt hätte. Zwar mag dies nicht überragend wahrscheinlich sein, eine solche überragende Wahrscheinlichkeit ist indes nicht erforderlich.[25]

Der Umstand, dass die Bindung des Gerichts an die Verständigung hier nicht gemäß § 257c Abs. 4 StPO entfallen ist und sich das Gericht an die zugesagte Strafobergrenze gehalten hat, schließt das Beruhen des Urteils auf der Rechtverletzung nicht aus.[26]

3. Zwischenergebnis

497 Es liegt ein Revisionsgrund vor. Mithin sind die Voraussetzungen einer erfolgreichen Revision in der Sache gegeben.

III. Ergebnis

498 Die zulässige Revision ist auch begründet. Sie hat daher Aussicht auf Erfolg.

---

22 Vgl. BVerfG, NJW 2013, 1058 (1067).
23 So die Schilderung der Rechtsauffassung des Beschwerdeführers nach BGH vom 11.4.2013, 1 StR 563/12 – HRRS 2013 Nr. 571 Rn. 7.
24 Vgl. BVerfG, NJW 2013, 1058 (1067).
25 BGH v. 11.4.2013, 1 StR 563/12.
26 BGH v. 11.4.2013, 1 StR 563/12.

Ergänzungen und Vertiefung

Zur Verständigung im Strafverfahren: 499

Beulke/Swoboda Rn. 378 ff.; *Beulke/Zimmermann* Klausurenkurs III Rn. 378 ff.; *Murmann* Rn. 277 ff., 283 (insb. zur Verletzung der Aufklärungspflicht); *Mitsch/Ellbogen* Fall 11; *Moldenhauer/Wenske*, JA 2019, 698.

Zur Prüfung der Revision:

Beulke/Swoboda Rn. 847 ff., 909 ff.; *Mitsch/Ellbogen* Fälle 7, 8, 9, 11; *Murmann* Rn. 174 ff., 310 ff.; *Meglau/Berrer*, JuS 2017, 658; *Putzke*, JURA 2009, 631.

Fall 19

Akteneinsichtsrecht in Mitschriften

500 Die Ehepartner M und F werden von der Polizei gefasst, nachdem sie mit mehreren mittäterschaftlich begangenen Verbrechen in Verbindung gebracht wurden. Das Hauptverfahren wird vor dem zuständigen Landgericht eröffnet. Während der Hauptverhandlung gibt der Strafkammervorsitzende S der F nicht die Möglichkeit, sich zusammenhängend zur Sache einzulassen. Stattdessen hält er F ihre Einlassung aus einer vorherigen und später ausgesetzten Hauptverhandlung vor. F versucht immer wieder, S darauf hinzuweisen, dass sie weitere Ausführungen machen möchte, um das damalige Geschehen zusammenhängend darstellen zu können. S sieht dies nicht als erforderlich an, da ihr Verhalten zu den Vorhalten für die Einlassung genüge. Für die Vorhalte bezieht er sich auf Mitschriften aus der vorherigen Hauptverhandlung in der Sache. Der Inhalt dieser Mitschriften ist F und ihrem Verteidiger V unbekannt. V stellt daher einen Antrag auf Einsicht der Mitschriften, indem er sich auf sein Akteneinsichtsrecht beruft. Der Antrag wird mit der Begründung abgewiesen, dass die Mitschriften keine Aktenbestandteile, sondern kammerinterne Dokumente seien. Dementsprechend unterlägen diese in keinem Fall dem Akteneinsichtsrecht. Schlussendlich werden M und F zu Freiheitsstrafen verurteilt.

Wurden im vorliegenden Verfahren Fehler gemacht?[1]

Bearbeitervermerk: Ausführungen zum Revisionsrecht sind nicht erforderlich.

(Bearbeitungszeit: 60 min)

1 Dieser Fall war Teil einer Original-Examensklausur im Strafrecht. Die Aufgabenstellung hat nur geringe Wortlautänderungen zur besseren Verständlichkeit des aus dem Kontext entnommenen Aufgabenteils erfahren.

Vorüberlegungen

Der Sachverhalt betrifft verfahrensrechtliche Fragen, die grundsätzlich im Rahmen einer Revision anzutreffen wären. Ausführungen zum Revisionsrecht sind laut Bearbeitervermerk aber gerade nicht gefordert. Der aus Fall 15 bekannte Prüfungsaufbau zur Zulässigkeit und Begründetheit einer Revision ist daher weder anzuführen noch anzuwenden. Stattdessen können die Ausführungen zu den Verfahrensfehlern formfrei im Gutachtenstil erfolgen. Dreh- und Angelpunkt der Fragestellung ist, wie es sich auswirkt, dass sich die Angeklagte F in der Hauptverhandlung nicht aktuell und unmittelbar zur Sache äußern durfte, sondern ihr stattdessen Vorhalte aus den Mitschriften einer früheren – ausgesetzten – Hauptverhandlung gemacht wurden. Der Bearbeiter muss demnach die Frage beantworten, ob es zulässig ist, dass die mündliche Einlassung der Angeklagten in der Hauptverhandlung durch das Vorhalten ihres Verhaltens in früheren Befragungen ersetzt werden kann. Bevor mit der Falllösung begonnen wird, sollte der Bearbeiter sicher mit den oben gefallenen Begriffen umgehen können. **501**

Zunächst sollte der Bearbeiter sich erinnern, wie die Aussetzung einer Hauptverhandlung vonstattengeht. Gemäß § 228 Abs. 1 S. 1 StPO kann das Gericht über die Aussetzung der Hauptverhandlung entscheiden. Über lediglich kürzere Unterbrechungen kann dagegen der Vorsitzende entscheiden (§ 228 Abs. 1 S. 2 StPO). Daraus ergibt sich, dass eine Aussetzung jedenfalls länger andauert als eine Unterbrechung. Dies belegt auch der Gesetzeswortlaut: Da eine Unterbrechung gemäß § 229 Abs. 1 StPO höchstens über einen Zeitraum von drei Wochen möglich ist, kommt bei darüberhinausgehenden Zeiträumen nur eine Aussetzung in Betracht. In materieller Hinsicht kann die Aussetzung verschiedenste Hintergründe haben, die hier nur auszugsweise genannt werden sollen. Ist etwa die Frist für die Ladung zur Hauptverhandlung nicht eingehalten worden, kann der Angeklagte die Aussetzung der Verhandlung verlangen (§ 217 Abs. 2 StPO). Als Ausgangspunkt sind weiterhin eine Veränderung des der Verhandlung zugrundeliegenden rechtlichen Gesichtspunktes oder der Sachlage (§ 265 Abs. 3 StPO), das Warten auf eine Entscheidung in zivilrechtlichen Vorfragen (§ 262 Abs. 2 StPO) oder das Fernbleiben des Pflichtverteidigers von der Hauptverhandlung (§ 145 Abs. 1 S. 2 StPO) denkbar. Gesetzlich nicht geregelt, aber anerkannt ist die Aussetzung der Hauptverhandlung weiterhin dann, wenn dem Verteidiger nur eine verspätete oder unvollständige Akteneinsicht gewährt wurde.[2] Dies gilt auch für den Fall, dass kurz vor der Hauptverhandlung noch Akten „nachgeschoben" werden. Warum im vorliegenden Fall eine Aussetzung erfolgte, ist nicht bekannt, aber auch nicht Teil der Fallfrage. **502**

Weiterhin sollte sich der Bearbeiter an den Begriff des Vorhalts erinnern.[3] Beim sogenannten Vorhalt wird dem Angeklagten in der Hauptverhandlung eine Niederschrift seiner Aussagen in früheren Vernehmungen (oder auch eine Urkunde) vorgehalten und verlesen. Diese Praxis ist nicht ausdrücklich in der Strafprozessordnung geregelt, aber von der Rechtsprechung anerkannt.[4] Die Befugnis wird regelmäßig aus der Sachleitungsbefugnis des Vorsitzenden (§ 238 StPO) abgeleitet. Beweisrelevant ist niemals die Verle- **503**

---

2 BGH NJW 2000, 211 (212); BGH BeckRS 2011, 17751; BGH NStZ 2009, 650 (650); LG Hamburg BeckRS 2014, 13108; BGH NStZ 2014, 347 (348 ff.).

3 Der Vorhalt wurde bereits in Fall 10, Rn. 304 ff. kurz behandelt.

4 Zur Kritik an der Praxis des Vorhalts KK-StPO/*Diemer* § 249 StPO Rn. 45 mwN.

sung bzw. der Vorhalt des Protokolls an sich, sondern nur der Inhalt der auf den Vorhalt folgenden Aussage.[5] Da der vorgehaltene Inhalt selbst nicht in die Beweiswürdigung einfließen darf, handelt es sich lediglich um einen Vernehmungsbehelf.[6] Vorliegend ist die Rede aber nicht von einem (Vernehmungs-)Protokoll, sondern von einer Mitschrift. Dabei handelt es sich um eine formlose Notiz eines Richters, Beschuldigten, Zeugen, Verteidigers oder Zeugenbeistandes, die unabhängig von ihrer Qualität niemals Aktenbestandteil[7] sein und niemals revisionsrechtliche Relevanz[8] erlangen kann.

504 Im Hinblick auf das Akteneinsichtsrecht des V sollte der Bearbeiter grundlegende Kenntnisse über die Funktion und Beschaffenheit von Ermittlungsakten (Strafakten) haben. In einer Strafakte, die von der Staatsanwaltschaft und von ihren Ermittlungspersonen geführt wird, werden alle Dokumente abgeheftet, die das Ermittlungsverfahren betreffen. Mittlerweile können die Akten nicht mehr nur in Papierform, sondern auch elektronisch geführt werden (§ 32 Abs. 1 S. 1 StPO). Ab 2026 sollen dann sämtliche Akten in elektronischer Form geführt werden. Eine Strafakte enthält im Wesentlichen:

- den Strafantrag oder die Strafanzeige, die den Ausgangspunkt des Verfahrens bildet,
- die Ergebnisse des polizeilichen Ermittlungsverfahrens oder zumindest Erkenntnisse hieraus,
- Akten- oder Verfahrensvermerke; beispielsweise über den Abschluss der Ermittlungen (§ 169a StPO) oder über Voraussetzungen einer Beweiserhebung,[9]
- Haftbefehl und ggf. die dazugehörigen Haftprüfungsentscheidungen,
- ggf. weitere Verfahrensdokumente wie Verfassungsbeschwerden oder Verteidigungsschriftsätze.

Es gelten die Grundsätze der Aktenwahrheit und der Aktenvollständigkeit. Das bedeutet, dass sich sowohl die Staatsanwaltschaft als auch der Strafverteidiger auf die Richtigkeit und Vollständigkeit der Akteninhalte verlassen dürfen. Das Recht, über die Strafakten zu verfügen, liegt gemäß § 160 StPO bis zur Anklageerhebung bei der Staatsanwaltschaft, danach gemäß § 199 StPO beim Gericht. Weil die Strategie des Strafverteidigers regelmäßig maßgeblich auf den Akteninhalten basiert, ist die Beantragung von Akteneinsicht eines seiner wichtigsten verfahrensrechtlichen Instrumente. Bereits während der Ermittlungen kann der Verteidiger auf Antrag eine vollständige Einsicht in die Akten nehmen (§ 147 StPO). Der Inhalt der Ermittlungsakten als solcher darf in der späteren Hauptverhandlung nur dann verwertet werden, wenn er in prozessordnungsgemäßer Weise (förmliche Beweiserhebung und mündliche Erörterung) in die Verhandlung eingeführt wurde.

---

5 BGH NJW 1954, 1497 (1497); BGH NStZ-RR 2001, 18; BGH NStZ 2001, 161 (161); BGH BeckRS 2018, 29180; BGH BeckRS 2020, 36557; BGH NStZ 2022, 119 (119 f.).
6 KK-StPO/*Diemer* § 249 StPO Rn. 41.
7 OLG Hamm NStZ 2005, 226 (226).
8 MAH Strafverteidigung/*Norouzi* § 9 Rn. 127.
9 Beispiel: § 101 Abs. 8 S. 2 StPO besagt, dass die Löschung der für das Strafverfahren nicht mehr benötigten personenbezogenen Daten, die im Rahmen von verdeckten Maßnahmen erlangt wurden, aktenkundig zu machen ist. Ein derartiger Vermerk stellt einen Aktenvermerk dar und soll grundlegende Hinweise zur Rechtsgrundlage der Erhebung, zum Umfang der vernichteten Daten sowie einen allgemeinen Hinweis auf deren Inhalt enthalten (MüKoStPO/*Rückert* § 101 StPO Rn. 125).

Insbesondere dürfen in der Verhandlung nicht besprochene Aktenbestandteile (wie ein nicht erörtertes Gutachten etc.) nicht berücksichtigt werden.[10]

Einige Bearbeiter der Original-Examensklausur vermuteten das Problem in einer fehlenden Unmittelbarkeit, die sich aus dem Vorhalt ergeben könnte. Konsequent nahmen sie einen Verstoß gegen § 250 StPO (Grundsatz der persönlichen Vernehmung) oder einen Fall des § 251 StPO (Urkundenbeweis durch Verlesung von Protokollen) an. Eine Anwendung des § 251 StPO scheidet jedoch schon deswegen aus, weil die F nicht Zeugin, Sachverständige noch Mitbeschuldigte war. Auch eine Lösung mit Hilfe des Unmittelbarkeitsgrundsatzes ist ein Irrweg. § 250 StPO verbietet zwar die Ersetzung des Personalbeweises durch einen Urkundenbeweis. Vorliegend liegt aber ein Personalbeweis vor, denn F kann sich unzusammenhängend zur Sache äußern.[11] Dieser Personalbeweis wird durch einen Vorhalt ergänzt. Die Erweiterung des Personalbeweises durch Urkunden- und Protokollverlesungen (etwa in Form des Vorhalts) ist grundsätzlich möglich[12] und berührt den Unmittelbarkeitsgrundsatz nicht[13]. Ein Bearbeiter vermutete zudem einen Verstoß gegen das fair-trial-Gebot (Art. 6 EMRK) und gegen das rechtliche Gehör (Art. 103 Abs. 1 GG). Diese Überlegung ist grundsätzlich nicht falsch. Allerdings sollte vor dem Rückgriff auf solche Generalklauseln eine Beschäftigung mit den einschlägigen und spezielleren Normen der StPO erfolgen. 505

Gliederung

A. Verstoß gegen § 147 Abs. 1 StPO 506
- I. Einsichtsrecht in interne Dokumente
- II. Einsichtsrecht in interne Dokumente aus vorangegangenen Hauptverhandlungen
  1. Eine Auffassung
  2. Andere Auffassung
  3. Bewertung
- III. Ergebnis

B. Verstoß gegen § 243 Abs. 5 S. 2 i.V.m. § 136 Abs. 2 StPO
- I. Möglichkeit zur zusammenhängenden Einlassung
  1. Grundsatz
  2. Pauschaler Verweis auf frühere Einlassungen
  3. Bewertung
- II. Ergebnis

C. Fazit
Prüfervermerk

10 BGH StV 1985, 401; BGH NJW 2013, 1058 (1063); *Eisenberg* Rn. 76.
11 Der Vorhalt ist kein Urkundenbeweis, KK-StPO/*Diemer* § 243 StPO Rn. 42.
12 BGH NJW 1954, 1497; BeckOK-StPO/*Ganter* § 250 StPO Rn. 4.
13 KK-StPO/*Diemer* § 249 StPO Rn. 45.

Lösungsvorschlag

507 Im Verfahren könnten Fehler gemacht worden sein. Ein Fehler liegt vor, wenn gegen Verfahrensvorschriften verstoßen wurde.

A. Verstoß gegen § 147 Abs. 1 StPO

508 Indem dem V die Einsicht in die Mitschriften verwehrt wurde, könnte gegen das Akteneinsichtsrecht des Strafverteidigers gemäß § 147 Abs. 1 StPO verstoßen worden sein.

I. Einsichtsrecht in interne Dokumente

509 Ein Verstoß gegen § 147 Abs. 1 StPO könnte darin liegen, dass S dem V die Einsicht in die Mitschriften verwehrte, aus denen er F im Rahmen der Einlassung Vorhalte machte. Gemäß § 147 Abs. 1 StPO hat ein Verteidiger das Recht zur Akteneinsicht. Das Akteneinsichtsrecht erstreckt sich nach dem formellen Aktenbegriff auf alle dem Gericht vorliegenden oder nach der Anklage vorzulegenden Akten.[14] Grundsätzlich vom Einsichtsrecht ausgeschlossen sind interne Gerichtsdokumente.[15] Zu den internen Dokumenten gehören auch die richterlichen Aufzeichnungen (Mitschriften) aus der Hauptverhandlung.[16]

II. Einsichtsrecht in interne Dokumente aus vorangegangenen Hauptverhandlungen

510 Fraglich ist, ob dieser Ausschluss in Bezug auf die Mitschriften auch im vorliegenden Fall gilt. Hier stammen die Mitschriften nämlich aus einem anderen, vorher ausgesetzten Verfahren und wurden an den Strafkammervorsitzenden des erkennenden Gerichts weitergegeben. Der Umfang des Einsichtsrechts ist in dieser Fallkonstellation umstritten.

1. Eine Auffassung

511 Zum Teil wird angenommen, dass eine Einsichtnahme nur dann möglich ist, wenn die Mitschriften in den Prozess eingeführt wurden.[17] Sofern die Mitschriften also lediglich zur Vorbereitung der Richter auf die Sitzung dienen, kann sich daraus mangels Einführung in den Prozess noch kein Einsichtsrecht ergeben.[18]

---

14 BVerfGE 63, 45 (62); BGH StV 1988, 193 (194); MüKoStPO/*Kämpfer/Travers* § 147 StPO Rn. 13; KK-StPO/*Willnow* § 147 StPO Rn. 4.

15 Zur Übersicht siehe: KK-StPO/*Willnow* § 147 StPO Rn. 7a ff.

16 Vgl. BGHSt 54, 37 (39); LR-StPO/*Jahn* § 147 StPO Rn. 33; MüKoStPO/*Kämpfer/Travers* § 147 StPO Rn. 17; KK-StPO/*Willnow* § 147 StPO Rn. 8; SK-StPO/*Wohlers* § 147 StPO Rn. 33; differenzierend MüKoStPO/*Kämpfer/Travers* § 147 StPO Rn. 17, der unterscheidet, ob auf die Mitschriften im Verfahren Bezug genommen wurde und fordert, dass grundsätzlich alles, was dem Gericht zur Verfügung steht, in die Akte aufgenommen werden sollte.

17 OLG Hamm NStZ 2005, 226 (226).

18 OLG Hamm NStZ 2005, 226 (226).

2. Andere Auffassung

Nach anderer Auffassung ist das Recht auf Akteneinsicht in diesen Fallkonstellationen umfassender. Danach unterliegen alle Mitschriften dem Akteneinsichtsrecht, die dem erkennenden Gericht zur Verfügung gestellt werden.[19] Davon sind auch Mitschriften aus einer anderen Verhandlung erfasst, die dem erkennenden Gericht zur Verfügung gestellt werden und als verfahrenserheblich angesehen werden können,[20] unabhängig ihrer Einführung in den Prozess.[21] **512**

3. Bewertung

Vorliegend muss die Frage nach der vorzugswürdigen Auffassung nicht entschieden werden. Der Strafkammervorsitzende hat – im Wege des freien Vorhalts – Inhalte der Mitschriften in die Hauptverhandlung eingeführt. **513**

III. Ergebnis

Das Akteneinsichtsrecht gemäß § 147 Abs. 1 StPO wurde verletzt. **514**

B. Verstoß gegen § 243 Abs. 5 S. 2 i.V.m. § 136 Abs. 2 StPO

Weiterhin könnte ein Verstoß gegen § 243 Abs. 5 S. 2 i.V.m. § 136 Abs. 2 StPO vorliegen, weil S der F keine Möglichkeit gab, sich zusammenhängend zur Sache einzulassen. **515**

I. Möglichkeit zur zusammenhängenden Einlassung

Vorliegend war es F verwehrt, in der Hauptverhandlung eine zusammenhängende und eigenständige Einlassung zur Sache abzugeben, da S sie lediglich mittels freier Vorhalte, basierend auf der Einlassung aus dem ausgesetzten Verfahren, vernommen hat. **516**

1. Grundsatz

Gemäß § 243 Abs. 5 S. 2 StPO ist der Angeklagte nach Maßgabe des § 136 Abs. 2 StPO zu vernehmen. Dies bedeutet, dass ihm grundsätzlich die Möglichkeit zu einer zusammenhängenden Darstellung gegeben werden muss.[22] Es ist nicht unzulässig, dass der Vorsitzende kraft seines Gestaltungsermessens[23] eine zusammenhängende Darstellung des Angeklagten dadurch unterbricht, dass er ihm Vorhalte macht, um alle für die Sache wesentlichen Aspekte zu beleuchten.[24] **517**

---

19 MüKoStPO/*Kämpfer/Travers* § 147 StPO Rn. 17; SK-StPO/*Wohlers* § 147 StPO Rn. 33.

20 LR-StPO/*Jahn* § 147 StPO Rn. 33; MüKoStPO/*Kämpfer/Travers* § 147 StPO Rn. 17; ähnlich KK-StPO/*Willnow* § 147 StPO Rn. 8, „notwendig gewesen wäre", sie zu den Akten zu nehmen; SK-StPO/*Wohlers* § 147 StPO Rn. 33; einschränkend Meyer-Goßner/Schmitt/*Schmitt* § 147 StPO Rn. 13, der differenziert, ob die Mitschriften unter dem Anspruch der Vertraulichkeit weitergegeben worden sind – dagegen Anm. *Fischer* zu Anm. *Fischer* StraFo 2004, 420 (421), wonach es auf die Vertraulichkeit nicht ankommen könne, da die Weitergabe von Schriftstücken, die als Hilfsmittel zur Beweisgewinnung dienen können, nicht als vertraulich angesehen werden können, wenn dies verfahrenserheblich ist.

21 Anm. *Fischer* StraFo 2004, 420 (421), der darauf hinweist, dass auch die Heranziehung solcher Mitschriften für einen Vergleich mit damaligen Feststellungen, der Prüfung von Widersprüchen und auch der bloßen Vorbereitung von Vorhalten dienen und sich somit auf die Beweiswürdigung auswirken kann.

22 BGH NJW 1957, 1527 (1527 f.); BGH NStZ 1981, 111; BGH NStZ 1986, 370; MüKoStPO/*Arnoldi* § 243 StPO Rn. 82; LR-StPO/*Becker* § 243 StPO Rn. 78; SK-StPO/*Frister* § 243 StPO Rn. 70 f.; Meyer-Goßner/Schmitt/*Schmitt* § 243 StPO Rn. 28; KK-StPO/*Schneider* § 243 StPO Rn. 86.

23 LR-StPO/*Becker* § 243 StPO Rn. 78.

24 LR-StPO/*Becker* § 243 StPO Rn. 78; SK-StPO/*Frister* § 243 StPO Rn. 71; KK-StPO/*Schneider* § 243 StPO Rn. 86.

2. Pauschaler Hinweis auf frühere Einlassungen

518 Unzulässig ist es hingegen, wenn der Vorsitzende die zusammenhängende Einlassung unterbindet, indem er durch eine pauschale Bezugnahme den Inhalt früherer Einlassungen vorhält.[25] Anders ist dies zu beurteilen, wenn klar erkennbar ist, dass der Angeklagte zur weitergehenden Einlassung nicht bereit ist.[26]

3. Bewertung

519 Vorliegend gelingt es F nicht, sich zur Sache zusammenhängend zu äußern, da S den Umfang der Einlassung lediglich auf ihr Verhalten zu den Vorhalten begrenzt. Zudem bringt F zum Ausdruck, dass sie weitergehende Angaben zur Sache machen möchte, um ein gesamtheitliches Geschehen darzustellen. F wurde die Möglichkeit zu einer zusammenhängenden Darstellung im Wege der Einlassung verwehrt.

II. Ergebnis

520 Die § 243 Abs. 5 S. 2, § 136 Abs. 2 StPO wurden damit verletzt.

C. Fazit

521 Der Strafverteidiger der F wurde in seinem Recht auf Akteneinsicht, die F selbst in ihrem Recht auf eine zusammenhängende Einlassung in der strafrechtlichen Hauptverhandlung verletzt. Im vorliegenden Verfahren wurden Fehler gemacht.

Prüfervermerk

522 Anzudenken ist auch ein Verstoß gegen die Aufklärungspflicht aus § 244 Abs. 2 StPO, wonach das Gericht die Beweisaufnahme von Amts wegen auf alle Tatsachen und Beweismittel zu erstrecken hat, die für die Entscheidung von Bedeutung sind. Mit der Aufklärungsrüge (im Rahmen der Revision) kann beanstandet werden, dass das Tatgericht ein ihm bekanntes oder erkennbares Beweismittel nicht verwendet hat und seine Entscheidung dadurch auf einer unvollständigen Tatsachengrundlage beruht.[27] § 244 Abs. 2 StPO bezieht sich auf Beweismittel. Zu beachten ist, dass es sich bei der Einlassung des Angeklagten jedoch nicht um ein Beweismittel im formellen Sinne handelt.[28] Bei einer Einschränkung der Äußerungsmöglichkeit des Angeklagten, die nicht im Rahmen der Beweisaufnahme geschieht, ist daher maßgeblich auf § 243 Abs. 5 S. 2 i.V.m. § 136 Abs. 2 StPO abzustellen. Eine gleichzeitige Verletzung der Aufklärungspflicht nach § 244 StPO in gleichgelagerten Fällen kommt daher nur beim Vorliegen besonderer Umstände in Betracht.[29] Ausführungen hierzu werden von den KandidatInnen nicht erwartet, können jedoch positiv berücksichtigt werden.

---

25 Vgl. BGHSt 7, 73 (73); LR-StPO/*Becker* § 243 StPO Rn. 78; KK-StPO/*Schneider* § 243 StPO Rn. 86.
26 LR-StPO/*Becker* § 243 StPO Rn. 78; KK-StPO/*Schneider* § 243 StPO Rn. 86.
27 LR-StPO/*Becker* § 244 StPO Rn. 361; MüKoStPO/*Trüg/Habetha* § 244 StPO Rn. 380.
28 BGHSt 52, 175 (178); LR-StPO/*Becker* § 244 StPO Rn. 4; MüKoStPO/*Trüg/Habetha* § 244 StPO Rn. 16.
29 LR-StPO/*Becker* § 243 StPO Rn. 121.

Ergänzungen und Vertiefung

Zu Mittäter M 523

Der aufmerksame Bearbeiter wird sich die Frage stellen, ob und wie ein solcher Verfahrensfehler auf den (im Fall gar nicht weiter zu beachtenden) Mittäter M durchschlagen könnte. In der Aufgabenstellung ist diese Frage gar nicht aufgeworfen worden. Insbesondere ist nicht bekannt, ob und inwiefern die Aussage der F zu der Verurteilung des M beigetragen hat. Mangels Hinweise ist zudem unklar, ob M und/oder F in der Folge Revision eingelegt haben. Sofern nur die F Revision beantragen würde und damit erfolgreich wäre, ist an § 357 StPO zu denken.[30] Die dafür nötige Tat- und Urteilsidentität ist bei der Mittäterschaft regelmäßig gegeben. Demnach erstreckt sich die Wirkung der Revision auf die Mitangeklagten des Revidenten, die keine Revision eingelegt haben, sofern die Aufhebung der angegriffenen Entscheidung auf einer „Gesetzesverletzung bei Anwendung des Strafgesetzes" beruht. § 357 StPO soll die materielle Gerechtigkeit verteidigen und ist daher nur anwendbar, wenn der Mangel des Urteils auf „sachlich-rechtlichen Gründen" beruht. Formelle Verletzungen sind also selbst dann grundsätzlich nicht vom Anwendungsbereich des § 357 StPO umfasst, wenn es sich um absolute Revisionsgründe i.S.d. § 337 Nr. 8 StPO handelt.[31] Die Abgrenzung zwischen Verfahrens- und Rechtsfehler erfolgt dabei analog zu § 337 StPO.[32] Eine Ausnahme besteht nur dann, wenn ein formeller Fehler die „Wurzel des Verfahrens" betrifft, also etwa bei Vorliegen einer nichtbeachteten Verfahrensvoraussetzung oder eines Verfahrenshindernisses (Verjährung, fehlender Strafantrag, Nichtbeachtung des ne bis in idem-Grundsatzes).[33] Bei einer gar nicht erfolgten oder stark fehlerhaften Beweiswürdigung kann § 357 StPO ebenfalls angewendet werden.[34] Sofern die Beweiswürdigung zwischen den Mittätern wesentlich getrennt ist, soll eine Erstreckung der Revision jedoch ausbleiben.[35]

Zum Vorhalt und dessen Grenzen:

BGH, Beschl. v. 29.6.2021 – 3 StR 156/21 m. Anm. *Kaltenbach*, jurisPR-StrafR 2/2022 Anm. 5; zur prinzipiellen Frage nach der Zulässigkeit des Vorhalts *siehe Fall 10*; zum Grundsatz der Unmittelbarkeit der Beweisaufnahme *siehe Fall 16.*

Zum Unmittelbarkeitsgrundsatz

Schroeder/Verrel, Strafprozessrecht, Rn. 239 ff.; *Roxin/Schünemann*, Strafverfahrensrecht, § 46 Rn. 1 – 10.

Zur strafprozessualen Zusatzfrage im Staatsexamen:

Murmann, JuS-Beil. 2007, 1.

30 Das gleiche Ergebnis gilt im Übrigen für den Fall, dass die Staatsanwaltschaft die Revision einlegt.
31 BGH NJW 1962, 1167; KK-StPO/*Gericke* § 357 StPO Rn. 5.
32 Hierzu BeckOK-StPO/*Wiedner* § 337 StPO Rn. 20 ff.
33 MüKoStPO/*Knauer/Kudlich* § 357 StPO Rn. 14 mwN.
34 BGH NStZ-RR 2012, 52 (52); BGH BeckRS 2011, 20140.
35 BGH BeckRS 2011, 13561; BGH BeckRS 2015, 19174; MüKoStPO/*Knauer/Kudlich* § 357 StPO Rn. 21 mwN.

Fall 20

Protokollberichtigung und Kenntnisnahme von Selbstlesemappen

524 Bürgermeister A wird aufgrund von korruptiven Verabredungen mit einem örtlichen Bauunternehmer bei der Vergabe eines Gemeinde-Projektes wegen Untreue und Bestechlichkeit zum Landgericht, Große Strafkammer, angeklagt. Das Hauptverfahren wird eröffnet und die Hauptverhandlung beginnt. Im Rahmen der Hauptverhandlung verkündet die Vorsitzende am 6.4.2023 (nachdem den Verfahrensbeteiligten rechtliches Gehör gewährt wurde) einen Gerichtsbeschluss, wonach einige näher bezeichnete Urkunden im Selbstleseverfahren in die Hauptverhandlung eingeführt werden. Am 12.4.2023 fragt die Vorsitzende sodann, ob inzwischen alle Verfahrensbeteiligten Kenntnis von „dem Selbstleseordner“, der die 24 bezeichneten Urkunden enthält, genommen hätten. Überdies stellt die Vorsitzende ausweislich der Sitzungsniederschrift fest: „Die Schöffen, der Vertreter der Staatsanwaltschaft, die Verteidiger sowie der Angeklagte erklärten, vom Inhalt des Selbstleseordners vollumfänglich Kenntnis genommen zu haben.“

Der A wird am 128. Hauptverhandlungstag verurteilt. Gegen die Verurteilung legt der Verteidiger des A form- und fristgerecht Revision ein und begründet diese später (ebenfalls form- und fristgerecht) mit einem Verstoß gegen § 261 StPO, da die 24 Urkunden, auf denen die Schuldsprüche gegen A beruhen, nicht prozessrechtskonform in die Hauptverhandlung eingeführt worden seien. Dies beweise, so der A, das Hauptverhandlungsprotokoll, und rügt, dass nicht festgestellt wurde, dass (auch) die Berufsrichter vom Wortlaut der Urkunden Kenntnis genommen haben. Überdies seien die Urkunden auch nicht anderweitig zum Gegenstand der Hauptverhandlung geworden.

Daraufhin wurde ein Protokollberichtigungsverfahren eingeleitet. Die Strafkammervorsitzende hatte zuvor folgende dienstliche Erklärung abgegeben: „Nach meiner Erinnerung habe ich nach Befragung auch festgestellt, dass die Berufsrichterinnen die Selbstlesemappe durch Lesen zur Kenntnis genommen haben. Dies entspricht auch meinen Notizen und der von mir verwendeten Formulierung, die auch aus dem Sitzungsprotokoll vom 14.6.2023 ersichtlich ist.“ Der von der Vorsitzenden in Bezug genommene Abschluss eines weiteren Selbstleseverfahrens am 14.6.2023 hat folgenden Inhalt: „Es wurde festgestellt, dass sämtliche Verfahrensbeteiligte Gelegenheit hatten, vom Inhalt der Selbstlesemappe Kenntnis zu nehmen und die Berufsrichterinnen und die Schöffinnen die Urkunden und Schriftstücke der Selbstlesemappe gelesen haben.“ Die Protokollführerin, der die Vorsitzende ihre dienstliche Erklärung zugeleitet hatte, erklärt schriftlich: „Ich kann mich daran erinnern, dass in der Sitzung gesagt wurde, dass die Richter und Schöffen die Urkunden gelesen haben. Es ist nur im Protokoll versehentlich nicht aufgenommen worden.“

Beide Instanzverteidiger widersprechen der Protokollberichtigung allerdings und erklären, sie hätten keine Erinnerung daran, „dass die Feststellung aufgenommen worden sei, die Berufsrichterinnen hätten von der Selbstlesemappe durch Lesen Kenntnis genommen.“ Auch der Revisionsverteidiger widerspricht der Protokollberichtigung, da die dienstlichen Erklärungen keine sichere Erinnerung der Urkundspersonen an die Geschehnisse belegen. Die von der Vorsitzenden in Bezug genommenen Notizen seien nicht mitgeteilt, die Formulierung zum Abschluss des weiteren Selbstleseverfahrens vom 14.6.2023 spreche eher für das Gegenteil dessen, was sie belegen solle.

Das Hauptverhandlungsprotokoll vom 12.4.2023 wird als Ergebnis des Berichtigungsverfahrens gleichwohl wie folgt geändert: „Die Schöffen, die Berufsrichterinnen, die Vertreter der Staatsanwaltschaft, die Verteidiger sowie der Angeklagte erklärten, von dem Inhalt des Selbstleseordners vollumfänglich durch Lesen Kenntnis genommen zu haben."

Bearbeitervermerk: Prüfen Sie gutachterlich, ob die erhobene Verfahrensrüge einer Verletzung von § 261 StPO trotz des „berichtigten" Hauptverhandlungsprotokolls Aussicht auf Erfolg hat.[1]

(Bearbeitungszeit: 60 min)

1 Dieser Fall war Teil einer Original-Schwerpunktbereichsklausur im Schwerpunktbereich „Deutsche und internationale Strafrechtspflege, Wirtschafts- und Steuerstrafrecht". Die Aufgabenstellung hat nur geringe Wortlautänderungen zur besseren Verständlichkeit des aus dem Kontext entnommenen Aufgabenteils erfahren.

Vorüberlegungen

525 Die Aufgabenstellung ist einer Original-Entscheidung des Bundesgerichtshofs nachgebildet.[2] Sie betrifft den Fall der sogenannten Rügeverkümmerung. Hierbei wird einer Verfahrensrüge (wie vorliegend der Revision) durch eine nachträgliche Berichtigung des Protokolls der Hauptverhandlung die Tatsachengrundlage entzogen.[3] Die Einkleidung in die Revision erfordert keine Zulässigkeitsprüfung, da sie laut Sachverhalt form- und fristgerecht eingelegt wurde.[4] Stattdessen muss der Bearbeiter sich nur mit der Frage beschäftigen, ob die Revision begründet ist, ob also trotz Berichtigung des Protokolls eine Verletzung des Gesetzes (hier § 261 StPO) vorliegt, auf der das Urteil beruht (§ 337 Abs. 1 StPO). Die 24 Urkunden stellen, wie sich aus dem Sachverhalt ergibt, tragende Elemente der Beweisführung dar.

526 Die grundsätzliche Zulässigkeit der Protokollberichtigung und das hierbei geforderte Verfahren sind in der Prozessordnung allerdings nicht geregelt, sodass der Bearbeiter insoweit über präsentes Wissen verfügen muss. Ein derartiges Wissen wird in Prüfungen auch deshalb vorausgesetzt, weil die Rügeverkümmerung Gegenstand einer von wenigen Entscheidungen des Großen Strafsenats des Bundesgerichtshofs (BGH NJW 2007, 2419 ff.) gewesen ist. Daneben sind einige Grundkenntnisse zum Urkundenbeweis gefordert. Konkret geht es um die Einführung von Urkunden im sogenannten Selbstleseverfahren, mit dem umfangreiche Urkunden in prozessökonomischer Art und Weise in das Verfahren eingeführt werden können.

Gliederung

527 A. Erfolgsaussichten der Verfahrensrüge
- I. Beweiskraft des Protokolls
- II. Rechtmäßigkeit der Protokollberichtigung
  1. Rechtliche Grundlage
  2. Förmliche Anforderungen
  3. Subsumtion
  4. Ergebnis

B. Fazit

2 BGH NStZ 2023, 118.
3 BGH NJW 2007, 2419.
4 Zum Aufbau der Revision siehe Fall 13.

Lösungsvorschlag

Die erhobene Verfahrensrüge könnte Aussicht auf Erfolg haben. Erfolg hat sie dann, wenn sie zulässig und begründet ist. Von der Zulässigkeit der form- und fristgerecht eingelegten Revision ist laut Sachverhalt auszugehen. **528**

A. Begründetheit der Verfahrensrüge

Darüber hinaus müsste die Revision begründet sein. Eine Verletzung des Gesetzes i.S.d. § 337 Abs. 1 StPO könnte in einer Missachtung des § 261 StPO liegen, indem die Urkunden nicht prozesskonform in die Hauptverhandlung eingeführt wurden. Dies wäre durch das ursprüngliche Protokoll zu beweisen. Zwischenzeitlich ist das Protokoll jedoch berichtigt worden. Die Revision ist nur dann begründet, wenn die Berichtigung des Hauptverhandlungsprotokolls die Begründetheit nicht entfallen lässt, die Verfahrensrüge also nicht verkümmern lässt. Von der Begründetheit im Übrigen, insbesondere von dem Beruhen des Urteils auf der möglichen Rechtsverletzung, ist laut Sachverhalt auszugehen. **529**

I. Beweiskraft des Protokolls

Das gemäß § 271 StPO anzulegende Protokoll der Hauptverhandlung enthält ausweislich des § 272 StPO Informationen über den Ort und Tag der Verhandlung, die Namen der Richter, Schöffen, Staatsanwälte und Urkundsbeamten sowie die Bezeichnung der Straftat nach der Anklage, den Namen des Angeklagten sowie dessen Verteidigers und sonstige Verfahrensbeteiligte. Gemäß § 273 Abs. 1 StPO muss das Protokoll den Gang der Hauptverhandlung und deren Ergebnisse im Wesentlichen wiedergeben und die Beachtung aller wesentlichen Förmlichkeiten ersichtlich machen. Die Einhaltung der für die Hauptverhandlung vorgeschriebenen Förmlichkeiten kann nur durch das Protokoll bewiesen werden (§ 274 StPO), sodass es insoweit eine ausschließliche Beweiskraft entfaltet. **530**

Vorliegend sollten die Urkunden im Selbstleseverfahren in das Verfahren eingeführt werden. Die Zulässigkeit des Selbstleseverfahrens ergibt sich aus § 249 Abs. 2 StPO. Danach kann von der Verlesung einer Urkunde dann abgesehen werden, wenn die Richter und Schöffen vom Wortlaut der Urkunde Kenntnis genommen haben und die übrigen Beteiligten (zumindest) die Möglichkeit dazu hatten.[5] **531**

Da das Selbstleseverfahren (§ 249 Abs. 2 S. 1 StPO) zwangsläufig mit der Erhebung des Urkundenbeweises außerhalb der Hauptverhandlung einhergeht, ist die Einbeziehung der Inhalte in das Hauptverfahren den Verfahrensbeteiligten kenntlich zu machen. Dies gelingt durch Einfügen des in § 249 Abs. 2 S. 3 StPO beschriebenen Vermerks in das Protokoll der Hauptverhandlung.[6] Die rechtmäßige Durchführung eines Selbstleseverfahrens kann daher als wesentliche Verfahrensförmlichkeit[7] nur durch das Hauptverhandlungsprotokoll bewiesen werden (§ 274 Satz 1 StPO). **532**

---

5 BGH NStZ-RR 2014,185.
6 BGH NJW 2010, 3382 (3383).
7 BGH NStZ-RR 2011, 253 (255).

II. Rechtmäßigkeit der Protokollberichtigung

533 Vorliegend wurde das Protokoll der Hauptverhandlung dahingehend berichtigt, dass die Berufsrichterinnen nun doch vollumfänglich durch Lesen Kenntnis vom Inhalt des Selbstleseordners genommen haben. Fraglich ist, ob diese Berichtigung rechtmäßig erfolgt ist.

1. Rechtliche Grundlage

534 Eine gesetzliche Regelung der Protokollberichtigung gibt es im Strafprozessrecht, im Unterschied zum Zivilprozessrecht, nicht. Dass das Protokoll im Strafprozess dennoch berichtigt werden kann, ist grundsätzlich anerkannt. Einen Sonderfall stellt in diesem Zusammenhang die Rügeverkümmerung dar. Weil sie einer Verfahrensrüge nachträglich die Grundlage entzieht, galt eine etwaige Berichtigung des Protokolls in der früheren Rechtsprechung als für das Rügeverfahren unbeachtlich.[8] In der jüngeren Rechtsprechung wurde diese Auffassung so nicht mehr verfolgt. Heute geht der Bundesgerichtshof davon aus, dass eine Rügeverkümmerung möglich ist, sofern bestimmte formalisierte Voraussetzungen für die Protokollberichtigung eingehalten werden. Als Argumente wurden insbesondere der Opferschutzgedanke und das Beschleunigungsgebot sowie das Auseinanderfallen zwischen prozessualer und tatsächlicher Wahrheit ins Feld geführt.[9] In der rechtsprechungsändernden Entscheidung des Großen Strafsenats 2007 hat der Bundesgerichtshof[10] dieses formalisierte Verfahren für die Protokollberichtigung erstmals festgelegt.

2. Förmliche Anforderungen

535 Grundlage des Protokollberichtigungsverfahrens im Falle der Rügeverkümmerung ist stets die sichere Erinnerung der beiden Urkundspersonen über das tatsächliche Prozessgeschehen.[11] Sofern eine Berichtigung erfolgen soll, ist diese Absicht dem Beschwerdeführer zusammen mit den dienstlichen Erklärungen der Urkundspersonen mitzuteilen. Die Erklärungen haben die für die Berichtigung tragenden Erwägungen zu enthalten. Dem Beschwerdeführer ist innerhalb angemessener Frist rechtliches Gehör zu gewähren.[12] Der Beschwerdeführer kann daraufhin der beabsichtigten Protokollberichtigung substantiiert widersprechen, indem er im Einzelnen darlegt, aus welchen Gründen er im Gegensatz zu den Urkundspersonen sicher ist, dass das zunächst gefertigte Protokoll ausweislich des ihm erinnerlichen Verfahrensablaufs[13] richtig ist. Soweit erforderlich sind dann weitere dienstliche Erklärungen und Stellungnahmen der übrigen Verfahrensbeteiligten[14] zu den tatsächlichen Abläufen einzuholen. Hierzu ist dem Beschwerdeführer eine angemessene Frist zur Stellungnahme zu gewähren. Die Gründe der zulässigen Berichtigungsentscheidung unterliegen im Rahmen der erhobenen Verfahrensrüge der Überprüfung durch das Revisionsgericht im Freibeweisverfahren. Im Zweifel gilt das Protokoll in der nicht berichtigten Fassung.[15]

---

8 Stellvertretend BGH NJW 1952, 432; BGH NJW 1957, 798; BGH NJW 1959, 733; BGH BeckRS 1985, 31099273; BGH BeckRS 1999, 30067710.
9 BGH NJW 2007, 2419 (2421).
10 BGH NJW 2007, 2419 (2419).
11 BGH NJW 2007, 2419; BGHSt 51, 298; BGHSt 55, 31; BGH StV 2019, 812.
12 BGH NJW 2007, 2419 (2423).
13 BGH BeckRS 2011, 19180.
14 BGH NJW 2007, 2419 (2419).
15 BGH NJW 2007, 2419 (2419); BGH NStZ 2011, 168 (168 f.); BGH BeckRS 2011, 19242.

3. Subsumtion

Die Erklärung der Vorsitzenden belegt zwar inhaltlich ihre Erinnerung, auch festgestellt zu haben, dass die Berufsrichterinnen die Selbstlesemappe durch Lesen zur Kenntnis genommen haben. Dies wird indes, entgegen ihrer Darstellung, durch die von ihr in Bezug genommene Formulierung zum Abschluss des Selbstleseverfahrens aus dem Sitzungsprotokoll vom 14.6.2023 jedoch nicht belegt. Denn während dort – dem üblichen Wortlaut einer Feststellung nach § 249 Abs. 2 S. 3 StPO entsprechend – protokolliert ist, dass sämtliche Verfahrensbeteiligten Gelegenheit hatten, vom Inhalt der Selbstlesemappe Kenntnis zu nehmen und die Berufsrichterinnen und Schöffen die Urkunde und Schriftstücke der Selbstlesemappe gelesen haben, ist in dem in Rede stehenden Selbstleseverfahren vom 12.4.2023 abweichend davon protokolliert, dass die Schöffinnen, die Vertreter der Staatsanwaltschaft, die Verteidiger sowie die Angeklagten, mithin jenseits der Mitglieder des Spruchkörpers vermeintlich alle übrigen Verfahrensbeteiligten den Inhalt des Selbstleseordners zur Kenntnis genommen haben. Die jeweils protokollierten Feststellungen sind somit nicht vergleichbar. Sie zeigen vielmehr, dass die Vorsitzende unterschiedliche Formulierungen zum Abschluss eines Selbstleseverfahrens verwendet. **536**

Die Erklärung der Protokollführerin beschränkt sich auf die Erinnerung, dass die „Richter und Schöffen" die Urkunden gelesen haben. Ein weitergehender Hinweis für die im Berichtigungsbeschluss ausgewiesene überobligatorische Feststellung, dass auch die übrigen Verfahrensbeteiligten den Inhalt des Selbstleseordners vollumfänglich „durch Lesen" zur Kenntnis genommen haben, ist ihrer dienstlichen Erklärung indes nicht zu entnehmen. Wenngleich der Protokollfeststellung, dass die Berufsrichter und die Schöffen vom Inhalt einer Urkunde Kenntnis genommen haben, regelmäßig zu entnehmen sein wird, dass die Erklärenden auch von deren Wortlaut Kenntnis genommen haben,[16] erschließt sich dies für die übrigen Verfahrensbeteiligten keineswegs von selbst.[17] **537**

Damit ist hier die ursprüngliche Feststellung einer voll umfänglichen Kenntnisnahme nicht zwangsläufig deckungsgleich mit der weiteren Feststellung im Berichtigungsbeschluss, dass auch die übrigen Verfahrensbeteiligten den Selbstleseordner „durch Lesen" voll umfänglich zur Kenntnis genommen haben. Auch wer den Inhalt einer Urkunde überfliegt, nimmt diese voll umfänglich zur Kenntnis. Dem Zusatz „durch Lesen" kommt also jedenfalls hinsichtlich der weiteren Verfahrensbeteiligten eine eigenständige Bedeutung zu, die durch die dienstliche Erklärung der Protokollführer nicht gedeckt ist. Dies gilt insbesondere auch deshalb, weil die Strafkammer die Kenntnisnahme durch (wörtliches) Lesen ausdrücklich zum Gegenstand der Berichtigung gemacht hat. **538**

4. Ergebnis

Die vorgenommene Protokollberichtigung genügt den strengen Anforderungen bereits deshalb nicht, weil der Berichtigungsbeschluss durch die dienstlichen Erklärungen der Urkundspersonen nicht getragen wird. Die von den Urkundspersonen vorgenommene Protokollberichtigung bleibt somit ohne Wirkung. Sie entzieht der Verfahrensrüge nicht die Grundlage. **539**

16 BGH NJW 2010, 2068.
17 BGH NStZ 2023, 118 (120).

B. Fazit

540 Die Verfahrensrüge hat trotz des „berichtigten" Hauptverhandlungsprotokolls Aussicht auf Erfolg, da keine Rügeverkümmerung eingetreten ist.

Ergänzungen und Vertiefung

541 **Prüfungsaufbau: Rechtmäßigkeit einer nachträglichen Protokollberichtigung bei bereits erhobener Verfahrensrüge** [18]

1. **Rechtsgrundlage**
   - Keine ausdrückliche gesetzliche Normierung
   - Entwickelt aus der Rechtsprechung des BGH (BGH NJW 2007, 2419 (2419))
2. **(Strenge) förmliche Anforderungen**
   a) Sichere Erinnerung der Urkundspersonen
   b) Mitteilung der Absicht der Protokollberichtigung
      - im Fall einer Angeklagtenrevision Mitteilung zumindest an den Revisionsverteidiger
      - Enthalten einer dienstlichen Erklärung der Urkundspersonen zu den die Berichtigung tragenden Erwägungen
      - Ggf. Übermittlung von in der Hauptverhandlung getätigten Aufzeichnungen, die den Protokollfehler belegen
   c) Kein substantiierter Widerspruch
      - Darlegung der Überzeugung über die Richtigkeit des Protokolls
   d) Ggf. Einholung weiterer dienstlicher Erklärungen bzw. Stellungnahmen der übrigen Verfahrensbeteiligten
   e) Ggf. Gewährung erneuter Stellungnahme
   f) Versehen der Protokollberichtigung mit Gründen
      - Angabe der Tatsachen, die die Erinnerung der Urkundspersonen belegen
      - Auseinandersetzung mit dem Vorbringen des Beschwerdeführers bzw. abweichenden Erklärungen der übrigen Verfahrensbeteiligten
   g) Ggf. Einholung weiterer dienstlicher Erklärungen bzw. Stellungnahmen der übrigen Verfahrensbeteiligten

Zur Verfassungsmäßigkeit der Rechtsprechung zur Rügeverkümmerung:

BVerfG NJW 2009, 1469.

Erläuternd zur geänderten Rechtsprechung zur Rügeverkümmerung:

Roxin/Schünemann, Strafverfahrensrecht, § 51 Rn. 10 ff.; *Dehne-Niemann*, JA 2012, 59 ff.; kritisch insoweit *Bertheau*, NJW 2010, 973 ff.; *Schünemann*, StV 2010, 538 ff.

Zum Ablauf und zu den vorzunehmenden protokollarischen Feststellungen des Selbstleseverfahrens:

Schneider, NStZ 2022, 338 ff.

---

18 Schema konstruiert aus den Verfahrensanforderungen nach BGH NJW 2007, 2419 (2419).

3. Teil

Vertiefungsverzeichnis

Im Folgenden finden Leserinnen und Leser vertiefende Literaturempfehlungen zu The- 542
men des Strafprozessrechts. Mithilfe dieser Übersicht soll über die Fallbearbeitung dieses Klausurenkurses hinaus eine Wiederholung und Vertiefung der Standardthemen des Strafprozessrechts ermöglicht werden.

Die Einteilung der Leseempfehlungen in die Themenfelder ist nicht zu starr zu betrachten. Die Leseempfehlungen beinhalten regelmäßig auch andere Themen des materiellen Strafrechts oder Strafprozessrechts. Die Einordnung soll vor allem den Schwerpunkt der Empfehlung markieren.

Beweisverwertungsverbote

Beulke, Werner; Swoboda, Sabine: Strafprozessrecht, Rn. 700 ff., 16. Auflage, Heidelberg 2022.
Beulke, Werner; Zimmermann, Frank: Klausurenkurs im Strafrecht III, Rn. 200 ff., 259 ff., 6. Auflage, Heidelberg 2023.
Heinze, Alexander: Semesterabschlussklausur zum Strafprozessrecht, JURA 2023, 747.
Jäger, Christian: Beweisverwertungsverbote nach § 136a III 2 StPO – eine „Rosinenpickerei"?, JA 2023, 432.
Meglalu, Saber; Berrer, Marwin: Fortgeschrittenenklausur – Strafrecht: Strafverfahrensrecht – Der revisibile Baseballschläger, JuS 2017, 658.
Mitsch, Wolfgang; Ellbogen, Klaus: Fälle zum Strafprozessrecht, Fall 3, 4, 5, 7 und 8, 2. Auflage, München 2020.
Mosbacher, Andreas: Aktuelles Strafprozessrecht, JuS 2023, 131.
Murmann, Uwe: Prüfungswissen im Strafprozessrecht, Rn. 200 ff., 5. Auflage, München 2022.
Tetzlaff, Uwe: Referendarexamensklausur – Strafrecht: Eigentums- und Vermögensdelikte – Urlaub à la Carte, JuS 2013, 152.

Ermittlungsverfahren

Abgrenzung von repressivem und präventivem Polizeihandeln

Beulke, Werner; Swoboda, Sabine: Strafprozessrecht, Rn. 162 ff., 16. Auflage, Heidelberg 2022.
Murmann, Uwe: Prüfungswissen im Strafprozessrecht, Rn. 66a, 5. Auflage, München 2022.

Beendigung des Ermittlungsverfahrens und eingeschränkter Strafklageverbrauch

Beulke, Werner; Zimmermann, Frank: Klausurenkurs im Strafrecht III, Rn. 711 f., 6. Auflage, Heidelberg 2023.
Bock, Stefanie: „Folgenschwere Entdeckungen", JA 2013, 667.
Esser, Robert: „EMRK – StPO – Wirtschaftsstrafrecht", JA 2014, 674.
Hennig, Jonas; Schlüter, Alexander: Die richtige Einstellungsnorm bei Bagatellvorwürfen, JuS 2022, 929.
Murmann, Uwe: Prüfungswissen im Strafprozessrecht, Rn. 154 ff., 305, 5. Auflage, München 2022.
Rackow, Peter: „Die (folgenschwere) Harzreise", JA 2011, 23.

Beschuldigtenvernehmung, Belehrung und Folgen unterbliebener (qualifizierter) Belehrung	*Ambos, Kai; Bock, Stefanie*: Beim Strafrecht hört die Freundschaft auf, JURA 2011, 874. *Beulke, Werner; Swoboda, Sabine*: Strafprozessrecht, Rn. 176 ff., 16. Auflage, Heidelberg 2022. *Beulke, Werner; Zimmermann, Frank*: Klausurenkurs im Strafrecht III, Rn. 202 ff., 6. Auflage, Heidelberg 2023. *Kreß, Claus; Mülfarth, Peter*: „Tödliches Liebesspiel“, JA 2011, 268. *Kudlich, Hans*: „Fälle aus dem Strafprozessrecht“, JA 2005, 429. *Mitsch, Wolfgang; Ellbogen, Klaus*: Fälle im Strafprozessrecht, Fall 5 und 8, 2. Auflage, München 2020. *Murmann, Uwe*: Prüfungswissen im Strafprozessrecht, Rn. 107 ff., 213 ff., 5. Auflage, München 2022.
Brechmitteleinsatz	*Beulke, Werner; Swoboda, Sabine*: Strafprozessrecht, Rn. 374, 419, 16. Auflage, Heidelberg 2022. *Conrad, Catharina Pia*: Fortgeschrittenenklausur – Strafrecht: Strafverfahrensrecht – Das leidige Kokain, JuS 2018, 451. *Murmann, Uwe*: Prüfungswissen im Strafprozessrecht, Rn. 94 ff., 5. Auflage, München 2022.
Durchsuchung und Beschlagnahme	*Beulke, Werner; Swoboda, Sabine*: Strafprozessrecht, Rn. 382 ff., 399 ff., 16. Auflage, Heidelberg 2022. *Beulke, Werner; Zimmermann, Frank*: Klausurenkurs im Strafrecht III, Rn. 1048 ff., 6. Auflage, Heidelberg 2023. *Bock, Stefanie*: „Folgenschwere Entdeckungen“, JA 2013, 667. *Duttge, Gunnar; Scheiter, Erik*: Fortgeschrittenenklausur im Strafprozessrecht, JURA 2023, 493. *Knauer, Florian*: Übungsklausur – Strafprozessrecht: Durchsuchung, Beschlagnahme und DNA-Analyse – Pflanzen, Tiere und Kinder, JuS 2009, 227. *Krumdiek, Nicole*: „Der flüchtige T“, JA 2010, 191. *Mitsch, Wolfgang; Ellbogen, Klaus*: Fälle im Strafprozessrecht, Fall 3 und 4, 2. Auflage, München 2020. *Murmann, Uwe*: Prüfungswissen im Strafprozessrecht, Rn. 124 ff., 5. Auflage, München 2022. *Wickel, Tobias*: „Die kriminellen Geschäftsführer“, JA 2019, 747.
Hypothetischer Ersatzeingriff	*Beulke, Werner; Swoboda, Sabine*: Strafprozessrecht, Rn. 360 ff., 16. Auflage, Heidelberg 2022. *Mitsch, Wolfang; Ellbogen, Klaus*: Fälle zum Strafprozessrecht, Fall 7, 2. Auflage, München 2020. *Murmann, Uwe*: Prüfungswissen im Strafprozessrecht, Rn. 66h, 5. Auflage, München 2022.
Reichweite der Ermittlungspflichten des Staatsanwaltes	*Beulke, Werner; Swoboda, Sabine:* Strafprozessrecht, Rn. 147 ff., 16. Auflage, Heidelberg 2022. *Jänicke, Thomas*: Referendarexamensklausur – Strafrecht: Unter Strom, JuS 2016, 1099. *Mitsch, Wolfgang; Ellbogen, Klaus*: Fälle zum Strafprozessrecht, Fall 1, 2. Auflage, München 2020. *Murmann, Uwe*; Prüfungswissen im Strafprozessrecht, Rn. 38 ff., 5. Auflage, München 2022.

Untersuchungshaft und entsprechende Rechtsbehelfe	*Beulke, Werner; Zimmermann, Frank*: Klausurenkurs im Strafrecht III, Rn. 916 ff., 6. Auflage, Heidelberg 2023. *Murmann, Uwe*: Prüfungswissen im Strafprozessrecht, Rn. 67 ff., 5. Auflage, München 2022. *Krumdiek, Nicole*: „Der flüchtige T“, JA 2010, 191. *Kudlich, Hans*: „Fälle aus dem Strafprozessrecht“, JA 2005, 429. *Rackow, Peter*: „Die (folgenschwere) Harzreise“, JA 2011, 23. *Wieneck, Thomas*: Der Haftgrund der Wiederholungsgefahr, NStZ 2019, 702.
Verbotene Vernehmungsmethoden	*Beulke, Werner; Swoboda, Sabine*: Strafprozessrecht, Rn. 202 ff., 16. Auflage, Heidelberg 2022. *Beulke, Werner; Zimmermann, Frank*: Klausurenkurs im Strafrecht III, Rn. 199 ff., 6. Auflage, Heidelberg 2023. *Hillenkamp, Thomas*: (Original-)Referendarexamensklausur – Strafrecht: Ein Schwangerschaftsabbruch und seine Folgen, JuS 2014, 924. *Jäger, Thomas*: Beweisverwertungsverbote nach § 136a III 2 StPO – eine „Rosinenpickerei“?, JA 2023, 432. *Murmann, Uwe*: Prüfungswissen im Strafprozessrecht, Rn. 112 ff., 5. Auflage, München 2022.

Hauptverfahren

Besorgnis der Befangenheit bei Richtern	*Beulke, Werner; Swoboda, Sabine*: Strafprozessrecht, Rn. 111 ff., 16. Auflage, Heidelberg 2022. *Bock, Stefanie*: „Folgenschwere Entdeckungen“, JA 2013, 667. *Eibach, Martin; Wölfel, Johannes*: Besorgnis der Befangenheit: Der Strafrichter bei Facebook – zugleich Besprechung von BGH, Beschl. v. 12.1.2016 – 3 StR 482/15, JURA 2016, 907. *Mosbacher, Andreas*: Aktuelles Strafprozessrecht, JuS 2023, 131. *Nestler, Nina*: Ablehnung eines Schöffen wegen Befangenheit – Verteilung von Süßigkeiten im Strafverfahren, JURA (JK) 2023, 1228.
Besorgnis der Befangenheit bei Staatsanwälten	*Beulke, Werner; Swoboda, Sabine*: Strafprozessrecht, Rn. 150 ff., 16. Auflage, Heidelberg 2022. *Engländer, Armin*: Examens-Repetitorium Strafprozessrecht, Rn. 55, 11. Auflage, München 2022. *Murmann, Uwe*: Prüfungswissen im Strafprozessrecht, Rn. 174 ff., 5. Auflage, München 2022.
Beweisantrag	*Gerhold, Sönke Florian; El-Ghazi, Mohamad*: „Der unaufmerksame Richter“, JA 2016, 910. *Huber, Michael*: Grundwissen – Strafprozessrecht: Änderungen im Beweisantragsrecht, JuS 2022, 624. *Krell, Paul*: Der Beweisantrag und seine Ablehnung im Strafprozess, JURA 2012, 355. *Kröpil, Karl*: Zur Konnexität als Element des strafrechtlichen Beweisantrages, JURA 2012, 459. *Murmann, Uwe*: Prüfungswissen im Strafprozessrecht, Rn. 191 ff., 5. Auflage, München 2022. *Weßlau, Edda; Otto, Alexander*: Fortgeschrittenenklausur – Strafrecht: Strafprozessrecht – Öffentlichkeitsmaxime, Strafzumessung und Beweisantrag, JuS 2009, 430.

Grundsatz der Unmittelbarkeit, Protokollverlesung, Vernehmung der Verhörperson	*Ambos, Kai; Bock, Stefanie*: Beim Strafrecht hört die Freundschaft auf, JURA 2011, 874. *Beulke, Werner; Swoboda, Sabine*: Strafprozessrecht, Rn. 631 ff., 16. Auflage, Heidelberg 2022. *Eicker, Steffen*: Was tun, wenn der Angeklagte schweigt? Zur Verwertbarkeit früherer Äußerungen des Angeklagten im Strafprozess, JA 2023, 327. *Kasiske, Peter*: Ohne Rücksicht auf Verluste, JURA 2012, 736 ff. *Kloke, Stephan*: Zur Zulässigkeit der ergänzenden Verlesung von Vernehmungsprotokollen, die Angaben des Angeklagten enthalten, NStZ 2019, 374. *Ladiges, Manuel; Glückert, Frank*: Der Ganove und der Gärtner, JURA 2011, 557. *Mitsch, Wolfgang; Ellbogen, Klaus*: Fälle im Strafprozessrecht, Fall 5, 2. Auflage, München 2020. *Murmann, Uwe*: Prüfungswissen im Strafprozessrecht, Rn. 213 ff., 5. Auflage, München 2022. *Rackow, Peter*: „Die (folgenschwere) Harzreise", JA 2011, 23. *Roxin, Claus; Schünemann, Bernd*: Strafverfahrensrecht, § 46 Rn. 1 ff., 30. Auflage, München 2022. *Schroeder, Friedrich; Verrel, Torsten*: Strafprozessrecht, Rn. 239 ff., 8. Auflage, München 2022. *Valerius, Brian; Zehetgruber, Christoph*: „Pizzeria criminale", JA 2014, 431.
Selbstleseverfahren	*Schneider, Hartmut*: Grundlegende sowie aktuelle Fragen zum Selbstleseverfahren – Teil 2/2, NStZ 2022, 338.
Verständigung	*Mitsch, Wolfgang; Ellbogen, Klaus*: Fälle im Strafprozessrecht, Fall 11, 2. Auflage, München 2020. *Moldenhauer, Gerwin; Wenske, Marc*: Aktuelle Entwicklungen der Rechtsprechung zur Verständigung, JA 2019, 698. *Murmann, Uwe*: Prüfungswissen im Strafprozessrecht, Rn. 277 ff., 5. Auflage, München 2022.
Rechtsmittelverfahren	
Besetzungsrüge	*Gerhold, Sönke Florian; El-Ghazi, Mohamad*: „Der unaufmerksame Richter", JA 2016, 910. *Mitsch, Wolfgang; Ellbogen, Klaus*: Fälle im Strafprozessrecht, Fall 10, 2. Auflage, München 2020. *Preuß, Tamina*: Ein folgenschwerer Gegenschlag, JURA 2019, 660.
Protokollrüge	*Roxin, Claus; Achenbach, Hans; Jäger, Christian; Heinrich, Manfred*: Strafprozessrecht, S. 275 f., 17. Auflage, München 2019.

Revision	*Engländer, Armin*: Examens-Repetitorium Strafprozessrecht, Rn. 299 ff., 11. Auflage, München 2022. *Fuhrmann, Ben*: Zahlen in der strafrechtlichen Revisionsklausur, JA 2022, 321. *Meglalu, Saber; Berrer, Marwin*: Fortgeschrittenenklausur – Strafrecht: Strafverfahrensrecht – Der revisible Baseballschläger, JuS 2017, 658. *Mitsch, Wolfgang; Ellbogen, Klaus*: Fälle im Strafprozessrecht, Fall 7, 8, 9, 10 und 11, 2. Auflage, München 2020. *Putzke, Holm*: Schwierige Jugend, JURA 2009, 631. *Roxin, Claus; Achenbach, Hans; Jäger, Christian; Heinrich, Manfred*: Strafprozessrecht, S. 314 ff., 17. Auflage, München 2019. *Semmelmayer, Lukas; Semmelmayer, Philipp*: „Die missglückte Hauptverhandlung", JA 2022, 585. *Weidemann, Matthias*: Fälle mit Lösungen zur strafprozessualen Revision – Zulässigkeitsfragen, JA 2019, 222.
Revision und Rügeverkümmerung	*Bertheau, Camilla*: Rügeverkümmerung – Verkümmerung der Revision in Strafsachen, NJW 2010, 973. *Dehne-Niemann, Jan*: Examensrelevante Rechtsprechung zur „Rügeverkümmerung", JA 2012, 59. *Roxin, Claus; Schünemann, Bernd*: Strafverfahrensrecht, § 51 Rn. 10 ff., 30. Auflage, München 2022. *Schünemann, Bernd*: Die Etablierung der Rügeverkümmerung durch den BGH und deren Tolerierung durch das BVerfG: 140 Jahre Rechtsprechung werden zur Makulatur, StV 2010, 538.

Stichwortverzeichnis

Die Angaben beziehen sich auf die Randziffern.